あなたの価値はまだ上がる

デイヴィッド・バックマスター

桐谷知未 訳

解説 楠木建

FAIR PAY

How to Get a Raise, Close the Wage Gap, and Build Stronger Businesses

David Buckmaster

Translated by Tomomi Kiriya

新潮社

トーヴァに。きみが大人になるころには、この本が時代遅れになっていますように。

解説

楠木 建

遅ればせながら日本でも重要視されてきた「賃上げ」はもちろん、「働き方改革」「人的資本経営」「ジョブ型雇用」といったキーワードが示す昨今の経営課題は結局のところ給料の問題に行き着く。企業は従業員の給料をどのように決定すべきなのか。従業員は自らの給料を増やすためにどうすればいいのか。本書は雇う側と雇われる側、双方の視点からあるべき給料の姿を考える。翻訳版の出版は、日本の読者にとっても時宜を得ている。

著者は大企業の人事部で長く実務に従事してきた「給料のプロ」。スターバックスやヤム・ブランズ(ケンタッキーフライドチキンやピザハットを運営する外食企業)、ナイキといった典型的なアメリカ大企業での給与決定に関与してきた。いずれも多くの従業員を雇用する労働集約的な業界だ。著者が給料の問題を議論するときに念頭に置いているのは、投資銀行やコンサルティング会社で仕事をする高収入のエリートや旬の技術分野で卓越したスキルを持つシリコンバレーの花形エンジニアではない。普通の仕事をしている普通の労働者だ。

モノを取引する市場と労働市場は異なる。生身の労働者を雇用し、給料を支払うのは、農作物市場でブルーベリーを買うようにはいかない。給料は労働の対価であると同時に一人の人間への投資だ。公平で透明性のある基準で決定され、働く人が人間らしい生活を営み、自分のキャリアを追求できる「誠意ある給料」でなくてはならないというのが著者の結論だ。

未開の地、日本

平均的な日本の企業は著者の言う「誠意ある給料」からほど遠い状況にある。給料についていえば、日本の企業社会は「未開の地」と言ってもよい。

終身雇用を前提とした働き方、新卒一括採用、年功序列、社歴を基準にした報酬システムや昇進システムが「日本的経営」の特徴だとされてきた。それは日本の文化であって、農耕民族としての日本人の特性である――こういうことを言う人がいまだにいる。私見では、愚論の極みだ。

今も昔もアメリカは世界最大の経済大国だ。100年前の日本でも人々は「アメリカに学べ」と言っていた。ところが、その中身が面白い。日本と違ってアメリカでは、会社がまるで巨大な家族のように経営されている。だから人々はずっと同じ会社で長く仕事をしようと思っている。その結果、技術や技能が1つの組織の中に蓄積されていく。それが自動車産業のフォードに代表される大企業組織となり、ものづくり大国であるアメリカの基盤にある――現在とほとんど逆の意味で「アメリカに学べ」と言っていた。事実、戦前における日本の労働市場の流動性は当時のアメリカよりも高かった。

100年も続かないものは一国の文化とは言えない。明治維新から戦前に至るまで日本の労働市場が流動的だったのは、企業が当時の環境に適応した結果だ。俗に言う「日本的経営」が定着していた戦後から高度経済成長期にかけての四半世紀にしても、終身雇用と年功序列が当時の経営環境にフィットしていたというだけだ。

そもそも終身雇用と年功序列は組み合わせとして非常に不自然だ。いったん就職したらその人の雇用を定年まで保障し、かつ社歴を重ねるとともに昇進し給料が上がる——論理的には破綻している。スーパー右肩上がりの状況においてのみ、終身雇用と年功序列という組み合わせは機能する。とりわけ超論理的なのは年功序列だ。「なぜ僕は課長になれないんですか?」「あと5年足りないからね」「どうしてこの人が部長なんですか?」「彼は勤続25年だから」——論理を超越している。

ただし、終身雇用と年功序列のコンビには、経営コストの大きな部分を占める評価コストを極限まで削減できるという、ウルトラC級の強みがあった。

「あなたにはこういう仕事をしてもらいたいので、こういう成果を上げてください。ついては、こういう報酬とポストをあなたに用意します」——これが普通の雇用の形だ。これを実践するためには、一人ひとりがどのように仕事をしたいか、何が得意で何が不得意なのかを経営側がよく聞き出して理解し、その人が担う仕事を特定し、給料を決めなければならない。もし「その評価じゃ納得できません」となったら、「いや、こういう根拠であなたをこういうふうに評価したんだ」と説明責任が求められる。果てしなく手数がかかる。

これらを全部引っくるめて評価コストと呼ぶとすれば、年功序列は評価コストを一気に大きく削減する。しかも、非常に客観的で透明性が高い。「君、入社何年目?」「8年目です」——これだけでお互いに納得できるのであれば、これほど効率的な仕組みはない。20世紀の日本発の最大級の経営イノベーションと言ってもいい。

言うまでもないが、成熟期に入って久しい今日の日本にあって、年功序列に基づく給与システムは完全に有効性を喪失している。それどころか、組織全体に及ぼす悪影響がはなはだ大きい。にもかかわらず、「これが日本の文化だから」などという蒙昧がいまだに残っている。「メンバーシップ型雇用」

というのは、過去一時的に有効性を発揮した雇用慣行を無理やり一般化したものだとしか思えない。

会社は社会組織ではない。成果を追求する仕事の組織だ。仕事（＝ジョブ）の組織である以上、ジョブ型雇用以外の雇用システムは本来あり得ないはずだ。そこで行われるのは、「仕事をする側」と「雇う側」の価値交換にほかならない。つまり、お互いに選び合い、お互いに折り合ったところで取引が発生する。昨今の人的資本経営やジョブ型雇用への関心は、日本がようやく「普通の雇用」へ向けて動き出したことを示している。

行き過ぎたアメリカ

ただし、である。ジョブ型雇用が完全に定着し、日本と比べて労働市場が流動的なアメリカはどうか。給料に問題がないどころか、大いに問題がある。労働市場が局所的に機能しすぎているゆえに、さまざまなところで歪みが生じ、働く人々が公正な給料を得ることができない状態に陥っている。本書はアメリカにおけるジョブ型雇用の「行き過ぎ」がもたらす問題に光を当てている。

アメリカの企業、とりわけ大企業では人事部の機能が高度に専門化し、著者のような給与チームに所属している専門職が給与水準の決定に深く関わっている。彼らは、競合他社が従業員に払っている給与額とその推移を詳細にわたって把握し、社内のあらゆる仕事について相場に適った給与を提案することに責任を負っている。労働市場が全知全能であるという前提で、市場動向を追うのが彼らの「ジョブ」だ。大企業の給与チームの間には密接な連携があり、著者の言葉でいえば「世界で最も退屈な秘密結社」の様相を呈している。

人々が自由市場の正常で自然な結果として受け入れている現行の給与体系は、ほとんどの労働者にとっては正常でも自然でもない。確かにジョブごとの給与決定という点では労働市場が機能している。

しかし、それは企業を超えて特定の職務についての給料の相場が成立するということだ。給与システムの設計に専門化した職能集団の活動がこれに拍車をかける。彼らは同じデータセットを使っている。職務の詳細についての情報があれば、誤差数%未満の精度で現在どのくらいの報酬を得ているかを答えることができる。

ほとんどの企業は市場価格の中央値を給与の目標としている。スターバックスが大幅な賃上げを決めたとすると、他社もこれに合わせなくてはならない。スターバックスの優位性はすぐに消失する。それでも人件費の増額決定は覆せない。賃上げしても長期的に持続可能なリターンは得られないと経営者は考える。賃上げ競争に飲み込まれないように、ひたすら防御的な構えをとるという成り行きだ。

会計や税にかかわる制度も雇用者が賃上げに消極的になる理由となる。給与を増やすよりも、本社に大きな立体駐車場を建てたほうがいい。営業経費の動向を注視している株主も、1回限りの支出であれば目くじらを立てない。しかも、立体駐車場は減価償却可能な支出とみなされる。減価償却費で課税所得が減少する。経営者の立場からすれば、賃金より駐車場に投資するほうが「合理的」ということになる。

さらに資本市場からの圧力が賃上げを抑制する。上場企業にとっては、余剰資金で自社株を買い戻したり、配当として株主に還元するほうが、人に投資するよりもよほど無難な選択となる。手持ちの資金で労働者の賃金を上げることは可能だが、株式市場にとっては「とんでもないこと」と見なされてしまう。

「周回遅れ」の利点

高度成長期（だけ）に適合的だった雇用システムを引きずる日本。労働市場や資本市場の行き過ぎが公正な給料を阻害しているアメリカ。いずれにせよ、生身の人間を相手にした給料の難しさを物語っている。

私見では、日本には周回遅れゆえの利点がある。今日のアメリカで起きている問題は、将来の日本でも起こり得る問題を暗示している。日本の企業が異常な状態にある給与システムを変える必要に直面しているのは間違いないにせよ、「行き過ぎたアメリカ」の現実を知ることは、アメリカの轍を踏むのを回避するのに役立つだろう。

本書が描くアメリカの現実を知るにつけ、日本の経営にも守るべき美点があることに気づかされる。アメリカの「行き過ぎ」の最たるものが経営者と従業員の給与格差だ。今日のアメリカの経営幹部は株価の上昇に応じて莫大な報酬を得る一方で、損失を被るリスクからはある程度守られている。50年前に一般労働者の30倍だったCEOの給料は、現在では300倍にまで膨れ上がっている。明らかに行き過ぎだ。1984年にピーター・ドラッカーは適切な比率は20倍程度だと主張している。現在でも日本の上場企業はこの水準にあるところが多い。

この背景には、アメリカの人々が経営幹部を「宇宙の支配者」として神格化する傾向があると著者は言う。経営幹部は半神半人の「つくる人」であり、その他大勢は「受け取る人」だという図式だ。不動産業で億万長者になったトランプ元大統領を未だに一部の人が称賛し支持するのは、こうしたアメリカ人の意識が一因となっているのかもしれない。いずれにせよ、分断社会のアメリカでは経営者と従業員が共生するという考え方がすっかり失われている。しかし、日本はまだそうなっていない。今後ともそうなるべきでないのは明らかだ。

給料をめぐる問題は結局のところ企業が掲げる「報酬哲学」に帰結する、と著者は言う。報酬哲学とは誰がいくらの給料を受け取るのかについてのルールのみならず、その企業の給料に対する基本認識——なにゆえ給料を払うのか——を明らかにするものだ。それはまた、競合他社の給与決定にどう対応するかを公に示すものでもある。報酬哲学は一時的な経営環境や状況の変化にかかわらず、すべての給与決定を導く北極星の役割を担う。

給料に関して周回遅れの日本にいま必要なのは、あわてて小手先の指標や手法に手を出すよりも、まずは個々の企業が自らの拠って立つ報酬哲学を打ち立て社内外に公示することだ。過去の因習を断ち切り、その哲学に忠実に報酬システムをゼロベースで組み立てていくことが何よりも大切だ。そうでないと、給料が一貫した論理を持たないピースのつぎはぎになり、日本とアメリカの悪いところ取りのようなシステムになりかねない。

資本市場からのプレッシャーがアメリカほど強くなく、しかも過剰な報酬が経営幹部の既得権益になっていない日本にあって、経営者がステイクホルダーに対して報酬哲学を示すのは相対的に容易なはずだ。しかも、人手不足はこれからも長く続く。働く人々を惹きつけるのは目先の給料ではない。その企業に固有の報酬哲学に対する共感こそが優れた人材を獲得する競争力になることを忘れてはならない。

従来の給与や所得に関する議論のほとんどは、マクロレベルでの制度設計や政策を問題にしていた。しかし、本書が訴えかける対象は、政治家や行政部門の政策決定者ではない。ミクロで見たときの経済主体である個人——給料を払う経営者と受け取る従業員——の思考と行動に一貫して焦点を当てている。だから議論に迫力がある。

世の中は個の集積でできている。個が変わらなければ社会は変わらない。賃上げを実現するのは政府や経団連ではない。経営者の決断と、それを促す従業員の行動がなければ給料は上がらない。経営者はもちろん、すべての働く人々に本書を読んでもらいたい。

給料　あなたの価値はまだ上がる　目次

差とは、突き詰めれば、ある労働集団と別の労働集団の賃金の比率である。その解消に向けた具体的な道筋を示そう。

テクノロジーはあらゆる人の働きかたを根本的に変化させていて、このままいけば雇用は分散化（崩壊）すると言われている。給与もそうなるのだろうか？　フランチャイズ従業員、ギグワーカーを含む非正規雇用者、アーティストなど、これまで都合よく利用されがちだったグループに注目しながら、「公正な給与」について考えを深めたい。

すべての人に開かれた透明性の高い制度をつくることは、弱みを可視化し、それを改善できる柔軟な組織をつくるということでもある。「公正な給与」の根底にあるのは、同じ頂点をめざす多くの道をつくるという信念だ。より多くの給与を得るために、力を合わせて行動しよう――それが公正というものなのだから。

一、本文中の肩書はすべて当時のものである。

一、本文中の訳注は〔 〕で示す。

一、著者による原注（1、2、3……）は、次のサイトに掲載。

（URL）https://www.shinchosha.co.jp/book/507331/#b_othercontents

Fair Pay : How to Get a Raise, Close the Wage Gap, and Build Stronger Businesses
By David Buckmaster

給料

あなたの価値はまだ上がる

第1部　わたしたちの知っているこれまでの給与

1. 給与について語るときに我々が語ってきたこと

「15ドルのための闘い」

2014年9月のある平日の夕方、ワシントン州シアトル南部に位置する百貨店シアーズの古い倉庫前に、人だかりができた。街の港へ向かうコンテナ船を背景に、地元の労働運動の指導者とサービス業の労働者が集まっていた。数人がマイクを持って「15ドルのために闘おう！」というスローガンを叫び、おおぜいがプラカードを振って、建物を出て家路につく会社員に訴えている。抗議活動を目にした人は5000人にのぼったはずだ。古い倉庫はもう、百貨店のカタログ注文に応じるためには使われていなかった。スターバックスのグローバル本社になっていた。

集まった人々は、バリスタだけでなく、すべてのサービス労働者の賃上げを求めていた。時給15ドルは、労働者が尊厳を持って生きるのに必要な最低額だと彼らは主張した。2014年当時、時給9・32ドルだったワシントン州の最低賃金の6割増だ。シアトルの市議会で独自の最低賃金が可決されたのは翌年のことで、その後、11ドルから徐々に引き上げられていった。[1] シアトルの新たな最低賃金は、2009年に連邦政府が設定したあと手つかずだった7・25ドルをはるかに上回り、全米でも最高レベルになった。しかし、それでも労働者が自立した生活を送るための基本的な水準を満たすには充分ではなく、家賃の問題も時とともに悪化していった。2018年の全国調査によると、最低賃金で働く人が寝室ひとつ以上のアパートを借りられるのは、アリゾナ州、カリフォルニア州、コロラド州、オレゴン州、ワシントン州の5州に属する22郡だけだった。[2] これらの州では、地域の最低賃金が連邦政府の最低賃金を少なくとも40%上回っていた。そしてシアトルの大都市圏があるキング郡は、このリストに入っていなかった。

生活できるかどうかという問題は、最低賃金についての国民的議論の中心となってきた。最低賃金の仕事はたいてい、文字どおりの意味で説明される――最低限の技能を持つ最低限の人数の労働者に、最低限の時間分の最低限の賃金を払うこと。最低賃金労働者というと、まるで卒業を控えた学生が会社での〝本物の〟仕事に就く前に基本的な仕事を体験するために、夏休みの臨時アルバイトとして地元の食堂で低賃金の仕事をするかのような、昔懐かしいイメージがある。最低賃金の仕事に必要な技能は軽視されているので（実際には息つく暇もない顧客サービスや肉体的にきつい仕事も多いのだが）、そういう仕事は、生計を維持できるという期待とは切り離して考えられている。

労働統計局の推定によると、最低賃金労働者は数が少ないわけでも、臨時に雇われているわけでもない。また、一般に言われているより年齢層も高い。アメリカでは、約200万人が連邦政府の最低賃金以下で働いている。半数以上が25歳を超えていて、[3] 約80%は20歳以上だ。大半が外食産業に従事している。約3分の1は子どもを抱え、家族のために地位向上をめざしながらも、手ごろな保育施設がなかったり、勤務時間が不規則だったりという、さまざまな障壁に向き合っている。割合で言えば200万人は労働力全体の1%にすぎないので、最低賃金の引き上げを批判する人たちは、法律をつくっても大した意味はないと言う。彼らがその影響を軽視しているのは、所得分布を調べようともしないからだ。そこには、はるかに大きな問題がある。抗議活動の時点で、全米の労働力のほぼ半分は、時給15ドルの水準を下回る給料で働いていたのだ。[4]

そんな折、スターバックスは、抗議活動を行うのに適した場所だった。この会社は当時も今も、「人々の心を豊かで活力あるものにするために」という経営理念にあるとおり、小売業や外食産業のなかで、従業員を大切にすることにかけては他の追随を許さなかったからだ。数カ月前、スターバックスは、全従業員を対象とした長期健康保険とストックオプション制度に加えて、アリゾナ州立大学と提携した新しい大学学位プログラムを開始した。それは画期的なプログラムとして好意的に報道され、卒業証書を手にしたバリスタの写真と「スターバックスは中産階級を救えるか？」[5]という見出しで《アトランティック》誌の特集でも取り上げられた。当時、デモの参加者たちは知らなかったが、会社はすでに、これまでで最大規模の従業員への投資を計画し始めていた。

わたしは、スターバックスのコーポレートチームの一員として、プロジェクトに取り組んでいた。わたしの仕事は、全米に10万人以上いるバリスタを含むスターバックス全店舗の従業員の給与を設定することだった。従業員の平均年齢は、わたしと同じくらいだ。計画では、店舗の「パートナー」（全従業員がそう呼ばれる）の給与、福利厚生、労働条件を改善することになっていた。「パートナー・エクスペリエンス投資」[6]と呼ばれる盛大なお祭りで、初任給の大幅アップ、勤務中の無料の食事、スケジュール管理の改善、キャリアアップ機会の充実、そして待ちに待ったドレスコードの緩和など、すべてが同時に展開される予定だった。わたしたちは提案に自信を持っていたが、時給15ドルは計画に入っていなかったし、ほとんどの都市ではその理想に手が届くはずもなかった。当時、「15ドルのための闘い」は、まだ抗議活動自体が全国の人々の意識に浸透していなかったので、知られていたとしても主流ではないと見なされていた。そこまでの賃上げは前例がなく、それに近い給与を支払っている同規模の企業は一社もなかった。

もっと楽観的だったころなら、わたしたちのあらゆる努力と、スターバックスの段階的な企業努力の歴史があれば、《アトランティック》誌が予想したとおり、経済的公正と善意の新時代をもたらせると考えたかもしれない。わが社の努力によって、いずれ不平等は縮小し、企業の覚醒が連鎖的に起こって、賃上げと福利厚生の充実が徐々に経済全体に波及することで、中所得者層が家を持って家族を養い、破産する心配なく医者にかかり、子どもたちを大学に送り出して安定した生活への道筋をつけてやれた時代へ、もう一度社会を戻せるだろうと。ドナルド・トランプ支持者が赤い帽子にその標語を縫いつけようと思うまでもなく、「アメリカをふたたび偉大な国に」できるだろうと……。当時はもう少し地に足がついていたが、少なくとも翌年度のスターバックスが競合他社から抜きん出た存在になるという自負はあった。

しかしすぐに気づいたのは、住宅や保育施設、交通機関などの経済的な負担があまり重くない田舎町の多くでは昇給の効果があるが、ほとんどの都心部では、わたしたちの提案がバリスタの日常生活を大きく変える見込みはないということだった。それは、外の抗議活動から数歩の距離にあり、わたしもよく前を通る本社併設の店舗で働くバリスタたちも同じだ。

その日、仕事を終えて初めて、わたしは人だかりを目にした。プラカードのあいだを縫うようにして、敷地から数ブロック離れた寂れた通りに停めてある車のほうへ歩いた。比喩的な意味でも文字どおりの意味でも、〝鉄道線路の向こう側〟〔鉄道線路を挟んだ反対側に多い貧しい地区〕だ。当時、会社の駐車場は4年待ちで、遠くの通りに路上駐車していたので、悪化していく街の不動産事情を少しばかり実感できた。原因の一端は、アマゾンにあった。街じゅうの無名のビルを次々と占有するにつれ、住宅価格が人々の所得から懸け離れたものになっていったのだ。ジェフ・ベゾスがダウンタウンのど真ん中にかなりあからさまな男根と見紛う形のビルを建て、公に街を支配していることを象徴的に示す数年前のことだった。

特に込み合う時期、隣でシアトル・マリナーズがデーゲームの試合をしていて、路上駐車場がすぐに埋まってしまうときには、カーキャンパーたちがいる通りの脇に駐車した。自分の車以外に住むところがない人たちだ。80年前、この土地は「フーヴァーヴィル」だった。ハーバート・フーヴァー大統領に対する揶揄(やゆ)として名づけられた、国じゅうに何百もあった間に合わせの居住地のひとつで、大恐慌のさなか貧困にあえぐ家族が暮らしていた。現在ここに住んでいる人たちも、あまり将来に期待を持てそうになかった。わたしはそれまでほとんど、彼らがこういう境遇に追い込まれたいきさつについて深く考えてこなかった。自分の無関心を誇れはしないが、このような光景には慣れてしまっていたし、たいていは、その日の新鮮なサーモンに間に合うよう3階の社員食堂にたどり着くにはどう予定を組めばいいかを考えるのに忙しすぎた。会社のシェフが充分な量をつくることは絶対にないらしく、いつも12時15分にはなくなってしまうのだ。

わたしは会社の平凡なアナリストにすぎなかったが、自分自身の経済的なバブルと職業上の野心によってすでに感覚が鈍っていた。自分のすぐ近くにいる人たちが必要としていること、彼らを支援できるはずの自分の力が見えていなかった。のちに、裕福であることと疎外された人々を見たときの脳の反応には関連性があるという研究結果を知った(7)。簡単に言えば、金持ちになるほど、まわりの貧困に気づきにくくなるのだ。平凡なアナリストとしてのわたしの給料はシアトルの賃金中央値のおよそ2倍で、バリスタの賃金の4倍以上だったが、目の前にいて働く貧困層を、早くも見えない存在のように扱い始めていた。わたしは歴史上最も豊かな国に住んでいたが、新鮮なサーモンなど決して口にできない国民の割合はますます増えていた。なお悪いことに、わたしは仕事でこの問題に直接関わっていた。

デモの参加者たちは、わたしがサービス業の給与を上げられる――時給15ドルを実現できる――数少ない通行人のひとりであることを知らなかった。ただし、実現するには、まずそれが名案だと上の人たちを納得させなければならない。わたしのチームには、競合他社が世界じゅうの従業員に払っている給与の傾向と金額をできるだけ詳細にわたって把握し、社内のあらゆる仕事に対して適切な〝市場相場〟の給与を提案する責任があった。従来、わたしのような仕事をしている者は、市場動向を追うのが自分の役割だと理解している。市場そのものの軌跡にどんな影響を与えられるかには、あまり関心がない。市場が全知の見識を持って、何をすべきかを教えてくれるというわけだ。

どの大企業にも、人事部にこの種の仕事をするグループがある。カリスマ性のある名前は思いつかないので、ここでは「報酬チーム」と呼ぼう。通常は「トータルリワーズ」という地味な名前のグループに所属していることが多い。国際的に広く使われている名称はもっと平凡で、「トータルレミュネレーション（総報酬）」という。この仕事は、なかなかおもしろいパーティーの余興になる。職務の詳細を少しばかり教えてもらえれば、誤差数%未満で、現在どのくらいの報酬を得ているか（あるいは得るべきか）を答えられる。間違えたとしても、うまくはぐらかし、あなたの職務には芸術と科学の両面があるから、たぶん科学の面ばかり見て、芸術を重視する会社の報酬を適切に推定していなかったからだろうと言ってごまかすこともできる。確かに嘘ではないが、たいていは、わたしのような人間が仕事に関わる秘密を守り、質問や説明責任から逃れるために使う便利な言い訳だ。

わたしはスターバックスを辞めたあとも、会社の正式な一員としてではなく、多くの企業に所有されるブランドを運営する国際的なフランチャイズ・コングロマリットの相談役として、バリスタの給与設定に間接的な役割を果たしていた。新しい雇い主はヤム・ブランズだった。ケンタッキーフライドチキン（KFC）、ピザハット、タコベルといった外食産業のブランドを所有し、スターバックスと同じフランチャイズ（またはライセンス）パートナーの多くを抱える企業だ。外食産業の世界を去ったあと、わたしは太平洋岸北西部に戻ってナイキに入社し、本書を執筆している今もそこで働いている。

情報を開示するにあたって、わたしが関わってきたブランドと本書との関係について少し触れておこう。この本を書いているのは自分自身のためで、特定の企業のためではない。ここでは、企業の機密情報や欠点、慣行などはいっさい公表しない。自分の本業について話しているいくつかの場面では、細部を充分に変更し、企業や人の内部事情や失敗を（自分自身のものを除いて）明かすことなく、自分の言いたいことが伝わるようにした。特定の企業の詳細を伝えても、誰もが公正な給与を得られるよう、変えるべきシステムの存在を明らかにし、改善をめざすという執筆の目的に役立つことはほとんどないだろう。わたしが改善したいと思っているのは、たいていの人が囚われている、企業の立場からの給与の見かただ。エコシステム全体に少しでも改善があれば、すべての企業に同じような影響が及ぶだろう。なぜなら、これから見ていくように、世界有数の大企業の給与設計を担っているのは少人数のグループであり、そのグループ間には密接なつながりがあって、同じ独自のデータセットを使っているからだ。世界で最も退屈な秘密結社と呼んでもらってもいい。

シアトルの抗議活動に話を戻そう。もうひとつ知っておいてほしいのは、デモ隊に専門知識を提供したことはいっさいないということだ。当時取り組んでいた給与計画の情報を明かしていたとしたら、職を失い、家族をネオ・フーヴァーヴィルに送り込む危険があったかもしれない。そういう物事を、適切な時に、適切な媒体を通して、適切な専門家による表現を使って話し合うための法的に検証された企業チャンネルがあったので、わたしはそこに力を注いだ。話し合いが実現するまで、わたしには守るべき秘密があった。

給与を吊り上げれば、別の問題が起こる

「15ドルのための闘い」運動が行われていた街の反対側では、違った種類の給与の実験が進行中だった。シアトルを拠点とするクレジットカード決済代行会社グラヴィティ・ペイメンツの最高経営責任者（CEO）であるダン・プライスは、自社の新しい最低賃金を発表した。それは時給15ドルではなく年収7万ドルで、フルタイムの従業員なら時給34ドル近くに相当する。この数字は、どこからともなく出てきたわけではない。人々の精神的な幸福度は収入に応じて上昇するが[8]、年収が7万5000ドルに達すると、ほぼどの地域でも生活必需品をそろえて緊急時に備えた貯金をするのに充分な額になり、幸福度の伸びが止まるという、大きな注目を浴びた研究に基づいていた。予想どおり、ダン・プライスの行動も大きな注目を浴びた。自社の従業員の最低賃金を大幅に引き上げただけでなく、その財源として自分の給与を100万ドルから7万ドルに減らしたのだ。グラヴィティ・ペイメンツの逸話は、世界じゅうで何百ものニュース記事を生み、雑誌の表紙を飾った。なかでも特に褒めそやしていたのが、「アメリカ一の理想の上司？」と題された《インク》誌の特集だった。ほとんど知られていなかった人物に、ずいぶん高い期待が寄せられたものだ。

ダン・プライスは、著書『価値ある決断』（*Worth It*）で、家族の経済的な苦労や宗教的な信念など、幼少期の経験が自分を形成したと語っている[9]。それと同時に、彼のビジネス上の意図も明確だった。グラヴィティ・ペイメンツは、シアトルのいつも新鮮な薄い空気のなかで、ジェフ・ベゾスやビル・ゲイツのような地元の名士と肩を並べて競合するための地位を確立する必要があった。グラヴィテ

ィ・ペイメンツが勝負を挑むテクノロジー業界では、多くの場合、有名であることが一流の人材を集めて生き残るための唯一の方法だ。人工知能や機械学習のようなニッチな分野でも、平均的な技術者と一流の技術者のあいだには仕事の質に劇的な差があることを、業界関係者は知っている。特にシアトルでは、「10Xエンジニア」――同僚の10倍生産性が高いエンジニア――を求める動きが、一流の技術者を見つけて高い報酬を払おうとする企業間の熾烈な競争を招いた。このような探求によって、テクノロジー業界全体の賃金が上昇し、20代のエンジニアたちが100万ドルの仕事のオファーを蹴るという伝説が生まれた。2000年代初頭には競争が激化し、多くのハイテク大手企業が、明らかに給与を抑えることを意図した談合的な取り組みで、互いに〝密猟禁止〟の協定を設けていたとして、集団訴訟を起こされた。アップルの偶像的存在スティーヴ・ジョブズは、裁判所への提出書類として公表された、グーグルの共同創立者セルゲイ・ブリンに宛てたメールで、「この人たちのうちひとりでも雇用するつもりなら、それは戦争を意味します」と警告した。また、グーグルのエリック・シュミットもメールでこう述べた。「グーグルがシリコンバレーでうわさの種になっているのは、全社的に給与を吊り上げているせいだ。みんな、わたしたちが失敗して、その〝不公正な〟給与体系の報いを受けることを待ち構えている」。非武装地帯で勝手な活動をした採用担当者たちは、不服従を理由に解雇された。

グラヴィティ・ペイメンツは、破格の最低賃金を約束することで、有名な同業他社との戦略的な差別化を図ることに成功した。これまでとは異なるタイプの企業だった。この宣伝方法は、一流の人材を引きつけるのに充分な効果があったようだ。そのなかには、ヤフーから80%の減俸で入社したと報じられた最高業務執行責任者（COO）のタミー・クロールもいる。[10] グラヴィティ・ペイメンツをはじめとするすべてのテクノロジー企業が、業界や雇用対象の職種などの要因で法定最低賃金をはるかに上回る賃金をすでに払っていたことや、ダン・プライスの潜在的な収入源のほとんどが、年間の基本給ではなく会社の長期的な株式保有にあることは、問題ではなかった。彼は今やヒーローだった。そして今日でも、グラヴィティ・ペイメンツは成功し続けている。2020年1月のダン・プライスのツイートによると、最低賃金制度を導入してから、同社の収益は200%増加した。

グラヴィティ・ペイメンツの実験が、「15ドルのための闘い」運動のサービス労働者たちに影響を与えることはないだろう。しかし、ダン・プライスの主張は、「15ドルのための闘い」のデモ隊が言っていたことと同じだった。つまり、人々が自由市場の正常で自然な結果として受け入れている現在の給与体系は、ほとんどの労働者にとって正常でも自然でもなく、この市場の失敗は経済システム全体を危険にさらしているというのだ。

COVID-19パンデミックの影響があるのは確かだが、紛れもなくほとんどの労働者は、パンデミック発生直前に見出しを賑わせていた好景気とはそぐわない不安定な給与で生活している。株式市場は急速に回復したものの、アメリカ人の半数はそこにまったく参加しておらず、国民の90%は株式の総価値の12%しか所有していなかった。[11] コメディアンのラッセル・ブランドいわく、「システムがうまく働いていると言う人たちは、システムのために働いている」。いや、わたしはシステムのために働いているが、多くの人にとってシステムがきちんと働いていないとも言っている。エリート技術者のような一部の人にとっては、このシステムはかなり実入りがいいが（場合によっては並外れた高給を受け取れる）、そこにも不公正な給与は存在する。給与の競争を制限しようとする企業や、同一労働同一賃金を保証するための措置を形だけですませている（あるいはまったく講じない）企業には説明責任がほとんどないからだ。大多数の人にとって、システムはうまく機能していない。誰もが満足できる給与を実現し、みんなが幸せになるにはどうすればいいのかを解明することが、本書の目的だ。

想定で起こるはずだったこと

「15ドルのための闘い」運動が全米に広がるまで、最低賃金が突然大きく変わったら地域経済に何が起こるかを示すデータはほとんどなかった。それどころか、(わたしも含めて)ほとんどの人が、先入観に基づいた憶測をしていた。最低賃金が上がれば、失業率と物価も上がるというのが一般的な見かただった。したがって、最低賃金を上げるのは道義に反する悪いことであり、逆効果になるだろう。それが、「経済学概論」の授業で習ったことだった。実際のところ、最低賃金は必要ですらないのかもしれない。デンマークには最低賃金がないのに、なぜアメリカにはあるのか? その答えは、アメリカには経済ショックを吸収したり、雇用者と被雇用者の力関係の均衡を保ったりするための強固な社会的セーフティーネットや幅広い団体交渉制度もないからだが、デモのプラカードや選挙キャンペーンの帽子に書きつけるには長すぎる。

あとになってみれば、最低賃金に現代史上最大の変動があったにもかかわらず、(パンデミック前の)失業率は低下し、物価は暴騰せず、ロボットがあらゆる雇用増大を阻むこともなかった。最低賃金運動の中心地であるシアトルは、失業率が全国平均を下回るなど、多くの雇用指標でアメリカの大半の地域をしのいでいて、2017年までの10年間で最も急速に成長したアメリカの主要都市に挙げられた。[12]

最低賃金の上昇だけでこういう結果になったとはいえないが、経済成長と労働者への大胆な投資が相反する選択でないことは明らかだ。経済学者のジョン・ケネス・ガルブレイスは何十年も前にこう言った。「かつて世紀の社会的対立と言われた保障と進歩の対立は、今では存在しない」[13]。シアトルは大きな経済問題を抱えており、最も目につくのは手ごろな価格の住宅がないことで、多くの人が街の外や路上に追いやられているが、最低賃金を上げても経済成長や雇用機会が失われることはなかったと言って差し支えないだろう。保守派であるアメリカン・エンタープライズ公共政策研究所の言葉を借りれば、シアトルは賃金設定による市場への介入で、「経済的な自殺願望」[14]をいだく都市の増え続けるリストに加わったと見なされた。特にレストランやサービス業は、最低賃金の上昇によって最もひどい打撃を受けると予想されていたが、実際には2019年を通じて雇用がこれまでになく高い伸びを示した。ふたたびガルブレイスの言葉を引用すると、「アメリカや他の西欧諸国の歴史において、生産高が最も驚異的に増加したのは、人が競合システムのリスクを減らそうとし始めてからのことだ」[15]。

要するに、賃金や福利厚生への支出を増やすとビジネスの損失になるのではないかという懸念は間違っていて、明らかに、企業は最低賃金労働者にもっと気前よく投資する余地がある。とはいえ、高い最低賃金が雇用を減少させる推定上の限界点がないわけではなく、まだその点に達してはいないということだ。確かに、時給15ドルの最低賃金が一夜にして100ドルに上がったら、支払い能力の問題が出てくるだろうが、そのような極端な仮定を提示するのは、少しずつ改善するための議論までひどく単純化して退けようとする人々の戦術であることが多い。わたしは経済学者ではないが、賃金決定は通常、絶対的な真と偽の答えがある二元的なものではないという自分の主張を説明するために、少しのあいだ学者を演じてみよう。給与に関する正しい答えは往々にして、「場合による」から「誰にもわからない」までのどこかにある。

給与の大幅な上昇を（法律によって）義務づけたり、（市場の談合や抑制によって）低迷させたりすれば、どこかの時点で被雇用者の数は減るだろう。企業が高い賃金を払っていけるほど商品やサービスの価格を上げられないから、もしくは労働者が朝起きてズボンをはく労力に見合うほどの稼ぎが得られないからだ。多くの人の予測とは違って、最低賃金を時給15ドルに引き上げても、〝山を越える〟ほど失業者を増やすことはなく、賃上げ後の雇用率と事業の成長率の伸びが示すとおり、シアトルの失業率は依然としてグラフの頂点を下回っていた。全国的にも、連邦最低賃金である7・25ドルを引き上げることについて同じ議論が成り立つ。地方最低賃金が上がっていてもいなくても、国じゅうのさまざまな地域で経済成長が続いているからだ。現在わかっているのは、低賃金労働者にとって適切な最低賃金は、「誰にもわからないが、明らかに今より高い」ということだろう。

わたしたちの多くが最低賃金の引き上げについて誤解していたわけだが、この断絶が、悪意ある冷酷な企業の異常性や効率の追求によって形成されたものではないことも事実だ。むしろ、そのパニックは、ふたつの要因が重なったせいだった。ひとつめは、最低賃金の全国的な引き上げで何が起こるかについて、ほとんどエビデンスがなく、未知のものに対する恐怖があったこと。ふたつめは、給与に関する考えの多くがずっと、職務の価値をめぐるわずかばかりの一般的な想定と、それを維持してきた人に支えられていて、そこに惰性があったこと。給与を公正にするには、こういう想定をリセットしなくてはならない。まずは、需要と供給だけが人々の給与を決めるという考えから検証を始めよう。

需要と供給と、その他もろもろのこと

給与に関する最も基本的な想定は、自由市場がいつでもあらゆる人のために、需要と供給に基づいて報酬額を決めてくれるというものだ。わたしたちは給与について、夏に穫(と)れるブルーベリーを冬に買えば、反対側の半球から輸入しなければならないので高くなる、というのと同じ論法で考える。ブルーベリーの場合、需要と供給は、価格の上昇を説明するのに役立つモデルだ。しかし、人はブルー

ベリーのように輸入できないし、取り替えがきかないし、毎年夏に減給されたら黙ってはいないことに気づくと、需要と供給の基本モデルは崩れてしまう。

これまでの理論によれば、仕事の技能が定義可能で、獲得しがたく、他者にとって価値があるなら、賃金は需要と供給の法則に従うはずだ。医師は明らかに、なくてはならない仕事をしていて、仕事に必要な技能と気質を身につけるために長い年月を費やす。医師たちが、需要と供給に基づいて高給を受け取っている理由は理解できる。ところが近年、高齢化が進み、経済は健全だというのに、医師不足が予測されるなか、医師の賃金は低迷している。[16] 投資銀行家や経営コンサルタントのような他の高給の仕事がこの理論に当てはまるかどうかは不明だが、それでも彼らの賃金は上がり続けている。需要と供給は、賃金が上がる仕組みの一部にすぎないようだ。ほかに何が起こっているのか調べるために、民間航空会社のパイロットとホテルの清掃員というふたつの職種の賃金がどうなっているのかを考察してみよう。

パンデミックのせいで空の旅が突然できなくなる前は、民間航空会社のパイロットはなかなか見つからなかった。この仕事に就くには多大な時間と費用がかかり、免許取得にはたいてい10年以上の月日と10万ドル以上の出費が必要になる。こういう障壁によってパイロットの労働市場への供給は減少するので、航空需要が増えれば賃金も上がるのが当然だろう。この仕事は定義可能で、獲得しがたく、他者にとって価値がある。

しかし、それほど単純な話ではない。

少し前まで、格安の地域航空会社では、新人の副操縦士には最低賃金に近い給料を支払うのがふつうだった。[17] 低賃金の原因は、パイロットの供給が急激に増えたことでも、パイロットの技能や免許要件の質が低下したことでも、航空需要が減少したことでもない。給与が下がったのは主として、九・

一一テロ事件のあと航空業界が苦戦していた時期に従業員の交渉力が低下したからだった。新人パイロットだけでなく、ベテランパイロットの賃金も減少した。パイロットになるために時間と金をかけても高給が得られる見込みが薄いことを考えて、未来のパイロットたちは別の職業を選んだ。現在、ひとつの世代のパイロットたちが定年を迎え、新しいパイロットが不足しているせいで、技能に対する極端な需給状況が生まれていて、経験豊富なパイロットは年俸30万ドルを稼げることもある。賃金労働者の上位2％に入るほどの高額だが、調整後の金額では1990年代のパイロットの収入と同程度にすぎない。(18) つまり、30年にわたってパイロットの給与はほとんど上がっていないことになる。ふつうの論理からすれば、需要が多く、供給が少なく、技能が高く、参入障壁が高いパイロットは、どんなときでも高給取りであるはずだ。ここでもやはり、基本モデルが意図したとおりに働くことを、別の何かが邪魔している。この場合は、労働者の力だ。

パイロット不足の解決策として、訓練要件を減らすことを提案する人はほとんどいないだろう。パイロットは自分の行動に対してしっかり規律を持つことが重要だからだ。どれほど熱烈な自由市場主義者でも、飛行機に乗るとき、もし選べるのなら追加の安全訓練を受けたパイロットを選ぶだろう。けれどもこれは、自由市場の自然な需要と供給以外の要因が賃金に影響を与えることを示している。たとえば、規制、経済ショック、企業の選択、交渉力などだ。つまり、誰がいくらの給料をなぜ受け取るかについて、もっと考えを深めなくてはならない。

次に、ホテルの清掃員の給与について考えてみよう。それほど訓練を要さないから、こういう仕事への参入障壁は低く、成功するかどうかは、開胸手術をしたり飛行機を着陸させたりするときほど二者択一的なものでも危険を伴うものでもない（経営コンサルタントよりもはるかに成功が見て取りやすいが）。仕事の技能は定義可能で、他者にとって価値があるが、作業はすぐに覚えられ、自分で給料を決められるほど属人的なものではない。長期間よい働きをするのは簡単ではないものの、基本的な技能は獲得しがたいとまではいえない。市場の供給が少なく、需要が高いという極端な条件下でさえ、清掃員のようなサービス労働者の市場相場は、「15ドルのための闘い」の基準に届かなかった。ホテルの清掃員に医師と同じくらいの高給を期待することはないとしても、需要と供給の基本モデルでは説明できない何かが、賃金の抑制を引き起こしている。

ホテルの清掃員のほとんどは、業務委託契約のもとで働いている。つまり、雇っているホテルブランドやオフィスは、その人がどれほどすばらしい働きをしていようと、賃金水準を設定する権限がない。企業は労働者がいくらもらっているのか（それを言うなら、名前や、どんな待遇を受けているのかなども）、まったく知らない。親会社から仕事が切り離されていることや、労働者の質を見分ける能力には限界があることから、企業は清掃サービスを、きちんとした仕事を与えなくてはならない人々としてではなく、手に入れるべきオフィス用品のひとつくらいにしか見ていない。つまり、実際に清掃員を雇用したり契約を結んだりしている企業（アプリで提供されるような新しいプラットフォームを含む）には、賃金コストを抑えて、労働者をエンドユーザーから見えない存在にする動機が充分にあるのだ。

この場合、賃金上昇を制限しているのは政府の介入や交渉力ではなく、市場を基盤とした民間の構造的な雇用協定だ。企業から労働者が見えないと、賃金上昇の機会は奪われる。労働者たちは目を留められることも、考慮に入れられることもなく、働いている会社の成長や利益も享受できない。用務員から重役にのぼり詰めるというような伝説的な物語は、もはやほとんど不可能になった。用務員はもう会社の一員ではなくなったからだ。

給与には、需要と供給だけでなく、ほかにもたくさんの物事が関わっていることがわかった。需要と供給の役割を軽視すべきではないが、障害となっているものはほかにもあると考えるべきだ。労働者が新しい技能を高め、守り、学べるよう手助けするために、ある種の市場介入や雇用保護が必要であることを進んで認めさえすれば、労働者が自分の技能の需要と供給をコントロールできるようにしていける。とにかく、こういう技能や機会が大きく育つような、あるいはもっと高い報酬を払える別の雇用主のもとへ移れるような企業制度や法制度をつくらなければならない。それが、給与を公正にするということだ。

「公正な給与」とは何か

公正な給与について語るには、まず「給与」と「公正」の意味を定義する必要がある。給与を定義する方法はたくさんあるが、〝公正さ〟は政治的な意味合いの強い言葉で、その意味は人の世界観によって変わる。

わたしは給与と富を分けて考えているが、その理由はふたつある。第1に、富の蓄積は、ビジネスの選択よりも、税金や土地や差別などに対する長期的な構造政策に大きく関わっているから。第2に、給与は、わたしが直接得た専門知識を使って、その決定を行うチームを率いている分野だからだ。本書では、「給与」と「賃金」を、特に区別せずに使う。これらの言葉は、従業員として会社から定期的な給料、ボーナス、福利厚生、株式付与などで得られる金額と定義され、賃貸不動産や投資利益などによる受動的所得は含まれない。起業家が自分の給与をいくらにするかに関心はないが、できればその金額を決める前に本書を読んで、従業員に公正な給与を払うようにしてほしい。

本書では富に重点は置かないが、簡単に触れておくべきだろう。富の不平等は給与の不平等よりさらに深刻な問題だからだ。連邦準備制度理事会によると、アメリカ人の最富裕層の上位10％が国の総資産の70％を所有していて、この数字は1989年の61％から増加している。アメリカ人の下位50％の世帯は純資産をほとんど持っておらず、[19] 1989年には世帯資産総額の4％だったものが、2018年にはたった1％にまで減少した。世界各地でも似たようなことが起こっているが、アメリカの富の実情は、たとえるなら家族の集まりに顔を出したとき、要職に就くふだん電話もかけてこない遠い親戚が、持ち帰り用の箱をいくつも持ってビュッフェの列の先頭に並んでいるのを見るようなものだ。そのあいだ、家族のほとんどは小さなサラダ皿を持って列の後ろに取り残され、苛立ちを募らせている。給与をもっと公正にできれば、富の蓄積に対する構造政策も変わっていき、貧富の差はしだいに縮小するだろう。

本書では、企業がどのように従業員に給与を払っているかに焦点を当てることで、不平等のパズルのなかで見落とされがちだがきわめて重要なピースに着目する。調査によると、所得不平等の原因となっているのは、3分の2が企業間の給与格差、3分の1が企業内の格差だという。[20] 別のいくつかの研究では、不平等は国内では増加しているが、国家間では減少していることが示されている。[21] これらの調査結果をまとめると、不平等のふたつの要因がどこで重なっているかがわかる。ひとつの国のなかで、さまざまな企業が従業員に支払っている給与の格差だ。誰が、いくら、なぜ給与をもらうかについての企業の決定を理解できれば、賃金の不平等のおもな原因に効果的に対処できる。一方の側には、〝わかっている〟企業があり、たとえ全従業員が偏りのない給与を受け取って生活必需品を買えるほどの改革の実現にはまだ時間がかかるとしても、業界のために公正なよい給与を払う道を選んでいる。ずっと数の多いもう一方の側には、すぐに改革を行わず、労働者たちにキャリアや将来の経済状況への不安や悲観をいだかせ続ければ、どれほど遅れを取ってしまうかにまだ気づいていない企業がある。本書は、どちらのタイプの企業にも役立つはずだ。

大企業を憎むのは簡単だが、企業は本来、給与を公正にするための最も系統立った組織といえる。特に大企業には、標準化された職務や企業の慣行を通して給与を分配するインフラがある。こういう職務や慣行は、市場の給与調査に現れ、経済全体の基準をつくる公正さの集合的な参照点になる。本書では、こういう調査の多くの欠点や、大企業が生み出す力の不均衡が公正な給与への迅速な移行を阻んでいることについて検討するが、この参照点がなければ進歩もずっと遅くなるだろう。もしかわりに、給与決定が隔絶された個々の会社でなされていたら、従業員はますます自分の給与について知らされないままになり、新しい雇用主のもとで公正な給与への旅を再開しようとは思えなくなるだろう。少なくとも、企業間の透明性は給与の競争を生み出す。これから論じるように、同じ理由から、企業内で従業員が利用できる給与の透明性を大幅に高める必要がある。また、大企業は、性別や人種に関わる不平等な給与を見直し是正するための充分なデータを提供してくれる。これについては、第7章で詳しく取り上げる。

企業の給与に焦点を当てる方法は、フランスの経済学者トマ・ピケティが世界的なベストセラーとなった著書『21世紀の資本』で行った研究を踏まえている。ピケティと彼の研究チームによれば、特にアメリカでは、いわゆる〝スーパー経営者〟(「大企業重役で、自分の仕事の対価として非常に高額の、歴史的に見ても前例のない報酬を得る人々」)の増加が、賃金格差拡大のおもな原因となっている。[22] この結果は、1979年から2005年にかけて増加した国民所得に占める労働分配率の60%が、経営者、管理者、監督者、そして金融業界に回されたというアメリカでの先行研究を反映している。[23] 所有者や起業家も、これらの結果の重要な部分を占めているが、本書では、企業のスーパー経営者たちと同列に扱うことにする。なぜなら結局のところ、あらゆるレベルの企業でビジネスリーダーはどのように被雇用者の給与を決定すべきなのか、そしてなぜ正しい答えを得れば長期的な強いビジネスの構築に役立つのかに答えることが目的だからだ。不平等を、スーパー経営者ら重役クラスだけの責任にするつもりはない。というのも、わたしの経験では、彼らも公正性をはぐくみながら給与を設計する方法をよく理解していないからだ。また、賃金格差を完全になくすことを成功と見なすわけにはいかない。特別な技能や努力など、説明のつく妥当な理由で他の人より高い給与を受け取る人がいるのは当然だろう。より明確な目標は、給与決定の過程に信頼を築き、より多くの人の懐を潤すことによって、不公正で不平等な給与に対する制度上の不安を和らげることだ。

また、ここでは企業が給与をどう考えているのかに焦点を絞るため、論争を呼んでいる移民問題についてもごく簡単に触れるだけにする。移民は恐るべき存在と言われていながら、企業の報酬計画の意思決定にはまったく盛り込まれていない。第8章で詳しく説明するが、多くの場合、臨時雇用の労働者は、細分化された就労形態に分類されるので、企業の給与方針からは完全に外され、正式な報酬チームに管理されることもない。移民がいくらかでも賃金を下落させることを裏づけるエビデンスはまちまちで、調査対象となる国の地理的条件にも大きく左右される。さらに、《フォーチュン》誌発表の全米上位500社の45%はアメリカ移民一世またはその家族によって設立され、特許の28%は移民が保有しているので[24]、給与を公正にするには、移民を減らすのではなく増やすべきだというのがわたしの考えだ。移民は、競争力のある革新的な企業をつくるのに貢献し、賃金を上げる原動力になる。

それから、テクノロジーと自動化は労働生活の重要な一部だと考えられるが、機械がすぐにもあらゆる仕事を奪うようになるとは思っていない。これは、「6000年にわたる人間の最もありふれた職業[25]」とされた農場労働者に取って代わったトラクターや、現金自動預払機（ATM）の導入など、これまでにも見られた物語だ。ATMが登場したとき、銀行の出納係はすぐに余剰になるだろうと考えられた。しかし実際には、銀行が新たな取扱商品や顧客サービスの方法を見出したことで、雇用は増えた。全体としては、残っている仕事や新しい仕事に人々がどのくらいの価値を見出すかに基づけば、仕事の質が大幅に低下してはいるが、まだ自動化のせいで有効求人の総数が減っているわけではない。[26] もちろんなくなる仕事もあるだろうが、新しい仕事も生まれるはずだ。ドイツ、日本、そして特に韓国のような国々では、アメリカより労働者に対するロボットの割合がはるかに高いが、どの国も失業率はアメリカと同程度で、所得格差はずっと少ない。選択肢は「ロボットか人間か」ではなく、ロボットが人の生み出す仕事（おもにサービスや介護）を向上させるのか、その価値を下げるのか、そして人間が生計を立てて新しい種類の仕事に移行するのをみなでどう支援していくかだ。コーネル大学のルイス・ハイマン教授は、著書『臨時労働者（*Temp*）』のなかで、「重要なのはロボットより優れたロボットになることではなく、先祖たちよりも人間らしい仕事を持つことだ——創造的で、思いやりのある、好奇心にあふれた仕事を」と述べている。[27]

また、本書は経済学の本ではないが、現場での公正な給与に関する豊富な調査と、企業世界から得た洞察をまとめ上げることに最善を尽くすつもりだ。自分の主張を説明するのに、フィリップス曲線（失業率と賃金上昇率の関係を示す曲線）やジニ指数（所得の不平等を表す指数）のようなモデルを使うつもりはない。その理由はおもに、もっと適性のある他の人々がすでにやっているし、ほとんどの読者は、次回の給与査定のとき、上司に名目賃金上昇率の歴史的な推移を示すグラフを一から説明したいとは思わないだろうからだ。そのかわりに、従業員と企業の意思決定者のあいだに日々生じている給与についての摩擦を減らすため、自分たちの仕事の経験に基づくわかりやすい言葉を使おうと思う。

ここで、「給与が不公正」とはどういう意味なのかを定義しておく必要がある。何が公正で何が公正でないかを決めることには議論の余地があり、その人が置かれた状況に左右されることも多い。億万長者の（あるいは億万長者をめざす）起業家は、〝戦利品は勝者のもの〟と考えるのが当然なのだから、公正とは勝者を引きずり下ろそうとする敗者のための無意味な構成概念だと言うかもしれない。一方で、労働者や地球、法制度、あるいはそれらの組み合わせを不当に搾取する以外の手段で、ひとりの人間が10億ドル稼げるような筋書きなど考えられない人々もいる。億万長者にとっては、公正な未来は避けることが望ましい。カート・ヴォネガット・ジュニアの「ハリスン・バージロン」(『モンキー・ハウスへようこそ1』所収、ハヤカワ文庫SF)のような世界になると信じているからだ(彼らは決まってこの小説を引用する)。そこでは、人間の自然な差異に政府がハンディキャップを与えている。知能は医療用インプラントで消され、体力は鳥撃ち用の散弾を詰めた袋で抑えられ、美貌はマスクで覆われる。物語の冒頭にはこうある。「2081年、すべての人々がついに平等になった」[28]。一般人にとっては、公正さは実現するはずのないユートピアのように見える。

いくらの給与が公正なのか公正でないのか、どんなディストピア的あるいはユートピア的未来を築くことになるのかといった、規則や条件が変わり続ける議論を解析するのはやめて、公正さを経営上の考えかたと見なすことを提案したい。給与が公正なら、すべての人が少なくともいくらかの自由裁量所得(可処分所得から基本的な生活費を差し引いた残額)を含む生活に必要な額の給与を支払われるべきだという動かしがたい理解とともに、すべての関係者のあいだでそのプロセスが誠実であるという認識を共有できる。2019年の世界経済フォーラムの報告書にはこうある。「この分野で最も成功している企業は、差別なくまっとうな仕事を提供し、労働者とその家族のまっとうな暮らしを支えられるだけの公正な生活賃金と適切な福利厚生を差し出すだろう」[29]。ダボス会議の参加者の多くは戦利品を手に入れた勝者だが、「公正」という感情的な意味合いの強い言葉を避けてはいない。わたしたちもそうあるべきだ。概念として公正性に同意することは簡単だが、それを実現することははるかにむずかしい。

給与について話し合うには助けが必要だ。これまで見てきたように、強い立場から始められるわけではない。公正な給与については、充分なブランド戦略はあるが、実現できるという信念が不足している。「給与の透明性」とか「給与の平等」といった言葉を耳にはするが、その意味はよくわからず、自分の会社や給料に当てはまるとは思えない。もし給与が本当に透明になったら、自分の価値を同僚が疑うのではないか——先週の戦略会議中にインスタグラムをのぞいていたのを見られたかも——と心配になる。あるいは、ほかの人たちに比べて自分の給与がどれほど少ないかが明らかになっても、その賃金格差が解消されるまで抗議のためストライキをしてくれるほどの応援はしてもらえず、がっかりするかもしれない。高給をもらっている人は、自分の人間性が毎日のように正当性を求められる数字になってしまったのではないかと心配しながら、自分の職務とその報酬を狙う人たちからの攻撃をかわすことになるのかもしれない。だからわたしたちは、誰もが堂々と公正な給与を得られるようにするかわりに、この話題を完全に避けて、やきもきしながら自分の給与がどう決められているのかを知ることができる（かもしれない）わずかな情報にしがみつく。

給与についてきびしい質問をすることをためらっているせいで、ビジネスに悪影響が及び、人が死んでいる。誇張ではない。スタンフォード大学のジェフリー・フェファー教授が主導した調査によると、アメリカでは毎年推定12万人が、職場での不安に関わる病気が原因で死亡しているという。[30] なかでも、給与と福利厚生が重大な要因となっている。これは、交通事故による年間死亡者数の4倍に相当する。[31] 別の研究では、最低賃金が1時間当たり1ドル増加すると、高卒以下の人の自殺率が低下することがわかった。[32] イギリスの慈善団体であるイクオリティ・トラストの研究によると、アメリカ南部の州では、意図的に給与の配分を変えるための州レベルの最低賃金法が数少ないせいもあって、賃金が低く、他の地域に比べて殺人発生率も高いが、その3分の2は所得格差の影響に起因しているという。[33]この研究によると、殺人発生率の差は、給与自体の金額よりも、労働者間の給与の配分に関連していた。とはいえ、金額と配分のどちらも重要だ。「救われた命」の投資利益率を社内指標として考慮し始める人事部が、どのくらいあるだろうか？

結局のところ、給与についての決定は、所得格差による不安を増大させたり抑えられなかったりするという点で、多大な害を及ぼすことも、防ぐことも可能な世界の鍵を握っているのだ。生まれてから「絶望死」と呼ばれる事態に至るまでの人生に所得格差が与える影響は、あまりにもふつうのことになってしまっていて、対策すら考えられていない。賃金については、ほとんどの人がどこから手をつければいいのかわからずにいる。需要と供給のような単純なモデルは単純な解決策を差し出すかもしれないが、不公正な給与という複雑な問題を解決するには役に立たないだろう。経済不安、賃金停滞、所得の不平等など、不公正な給与の下流への影響から人々をすばやく救ってくれる魔法のプログラムはない。規制を撤廃して都市の一部を活性化に専念させる「経済的機会ゾーン」のような構想は、その人の政治的な見解や金銭上の関係によって、経済回復の契機にもディストピアの沼地にもなりうるが、不公正な給与の問題を解決することはない。ユニバーサル・ベーシック・インカム（ＵＢＩ）は、経済的な格差を縮めるために人々に現金を支給するプログラムであり、大きな規模でうまく働くかどうかは不明だが、格差の根本原因である不公正な給与には明らかに対処できない。やはり解決すべき課題は残る。基礎をなすオペレーティング・システムに欠陥があれば、どんなアプリも、この場合にはどんなプログラムも、効果的に動かすことはできない。明らかなのは、給与についての考えかたや話しかたを整理し直す新しい方法が必要だということだ。最も直接的な解決策は、最良の解決策でもある。より多くの人が、より多くのお金を稼げるようにしよう。

給与を公正にするためには、手元にあるあらゆるツールを使ってみるべきだ。給与の現状は取り返しがつかないほどではないと思うし、企業が公正な給与の役割について真剣に考え始めたおかげで、世界じゅうのビジネスリーダーや労働者の前途に光が射すのをこの目で見てきた。進歩を阻む大きな足かせになっているのは、理解や創造力、政治的な意志の不足かもしれない。あるいは、もしかすると、既得権益者の悪意ある主張が足を引っぱっているのかもしれない。どちらも本当だろうが、たいていの場合、変化を起こす力を持つ多くの人は、カフェテリアのサーモンにばかり気を取られて、自分でつくり出した混乱から抜け出せずにいる。

一刻も早く、給与について話し合うもっと優れた方法が必要だ。人々は、所得格差が広がっているというニュースに対して無感覚になってしまった。雇用主にどのように評価され給与を支払われているかに対しても無感覚になってしまったからだ。

こういう重荷を背負っていると、自分自身を苦しめ、ビジネスに悪影響が及ぶだけでなく、ほかの人のために声をあげる勇気を出すのがひどくむずかしくなる。そして多くの人が少しずつ、もしかするとこういう負のスパイラルが〝ニューノーマル〟なのかもしれないという絶対主義的なきびしい見かたを受け入れていった。

2008年の金融危機以降に創出されたアメリカの雇用の4分の3では、中産階級（世帯所得が国の所得中央値の75%から200%の範囲内にある世帯）の収入を下回る給与しか支払われていない。[34] はっきり言うと、これがわたしたちの選択なのだ。労働統計局が、2028年までのあいだに最も雇用が伸びると予測する25の職業では、2018年の賃金の中央値は時給16ドルで、そのうち少なくとも15の職業は基本的に大学の学位を必要としない。これらの仕事はロボット操作ではなく、レストランや介護がトップテンを占めている。[35] わたしたちは、アメリカの非営利団体であるユナイテッド・ウェイがＡＬＩＣＥ時代と呼ぶものに入り込んでしまった。〝Asset Limited, Income Constrained, Employed（財産を制限され、所得を抑制され、雇用されている）〟の頭文字を取ったものだ。そこではもはや、雇用されていることは機会や進歩の指標ではなく、人々が〝持たざるもの〟である印となっている。これではとても持ちこたえられない。

給与とは、自分の意見など考慮もされずに与えられるものだとわたしたちは考える。重役たちが会議室の席について、従業員を貧困に陥れる方法を考案していると思い込んでいる。スターバックスのリーダーたちがシアトルのピュージェット湾を見下ろす高台で、未発表の秘密の代替ミルクを使ったラテを飲みながら陰謀を巡らしているという想像図はなかなか興味深いかもしれない。しかし実際には、「わたしたちを押さえつけている男」は存在しない。たいていの場合、悪巧みなどなく、ただ公正な給与を最優先にはしていないビジネスリーダーたちが、給与決定のインフラを、ひどく一貫性のないやりかたで組織のずっと下へ押しやっているのだ。つまり、その「男」は悪の帝王などではなく、子どもの誕生日に小切手を送ってはくれるが、子どもの友だちの名前はひとつも言えない不在がちな父親のようなものだ。意図ではなく惰性が給与を決定する最も強い力なのだから、誰にでもその議論の方向性を変えるチャンスがある。エクセルのスプレッドシートにひたすら数字を打ち込み、給料が不当に安いと感じている従業員からの怒りのメールに答え、他社の動向をグーグルで調べ、長期的に従業員の給与がどうなるのかの大半を決めているのは、平凡なアナリストたちだ。これはほとんどこのオフィスでも見られる光景で、彼らは同じ第三者のデータセットを使い、改革支持者ではなく会計士の歓心を買おうとしている。思っていたほど異常な状況ではないだろう。だからこそ、わたしは人々が感じているよりずっと早く給与を公正にできるのではないかと、とても大きな希望をいだいている。

ビジネスリーダーたちには、この論争の場に加わって、給与に関するビジョンを打ち出し、公正な賃金上昇を、単なる経費や婉曲的な財政上の逆風としてではなく、健全なビジネスの指標として語ってもらう必要がある。また、労働者には、自分の給与がどのように決定されているのかを理解し、より多くの情報に基づく鋭い議論を通して、雇用主によりよい給与を求めてもらう必要がある。公正な給与は、トップダウンとボトムアップの双方向から追求しなくてはならない。給与とは複雑で、とても個人的なものだ。けれど、給与は難解なロケット科学である必要はなく、ましてや錬金術でもない。誰がなぜ、いくらの給料をもらっているかについての最も基本的な想定は、きちんと検証されて新しい考えかたに置き換えられるべきだ。本書はあらゆる給与問題の解決策を差し出そうとはしないが、現在の常識にとらわれず、給与について力強く透明性の高い議論をするための土台となるだろう。問題を解決するための道のりが不完全だからといって、最初の一歩を踏み出せないはずはない。最も重要なのは、本書を読んだ誰もが、給与について話すとき、実際には人々の生活やのちの世代への影響について話しているという事実を思い出してくれることだ。経済的に安定した家庭に生まれる赤ちゃんが増えることは、誰にとってもよいことであり、高い利益につながる投資だ。わたしたちは誠実な気持ちで、おそらく自分たちの最初の見かたも、周囲に響く最も声高な人たちの見かたも単に間違っているのかもしれないという謙虚な姿勢で、この問題に取り組まなくてはならない。

給与を公正にしようとして、出だしを誤ることもあるだろう。企業は間違った選択をするだろう。方策は失敗するだろう。直属の部下は理不尽な要求をするだろう。昇給を求めれば、上司に「だめだ」あるいは「まだだめだ」と言われるだろう。しかし、積極的に実験を行って、新しい考えもない成り行き任せの給与制度にもっと摩擦を起こさなければならない。変化がなければ、まるでそれに関して個人の主体性も組織の主体性もないかのように、やがて自由市場システムを破綻させてしまうだろう。給与制度に光を当て、公正な変化をめざして給与に対処することで、世界的な賃金上昇を世界的な利益の指標として見られるようになる。

給与に関する本のほとんどは、学者や議員によって書かれ、マクロレベルでの歴史的な、プログラムに従った政策変更に焦点を当てている。どれも重要な本で、わたしもその多くを参照しているが、給与の未来をつくり上げるのは主として、毎日実際に公正な、あるいは不公正な給与決定をしているわたしのような人間や、キャリア全体を通じた自分の給与が公正かどうか確かめる方法を学ぼうとしているあなたのような人だと思う。本書を読んでいるのが、自分のキャリアをうまく活用するためであっても、給与の透明性を高めるよう会社に求める運動をするためであっても、公共政策の変更を訴えるためであっても、わたしが望むのは、あなたが読み終えたときに、少し賢くなった気分で給与について話し、少し大胆になってより多くの給与を求められるようになってほしいということだ。

2.「誠意ある給与」という新しいありかた

数年前、妻とわたしは、ヒューストンで宇宙疑似体験キャンプに参加している娘を迎えに行った。土曜の午後で、待っているあいだ時間をつぶすため、ジョンソン宇宙センターを見学した。NASAの最大級の功績であるサターンV型ロケットには感嘆するばかりだった。人類を月まで運び、アメリカ初の宇宙ステーションであるスカイラブの打ち上げを補助するために建造された史上最も重いロケットだ。[36] 現代の iPhone よりも低い計算能力でどのように宇宙開発の新時代が実現したのかについて解説を読んでいると、ポケットのなかで携帯電話がブーンと鳴るのを感じた。目を向けると同僚からメールが入っていて、いきなり現実に引き戻された。どうしても、あのアポロ13号でおなじみの古くさい冗談を言わずにはいられなかった――「ヒューストン、問題が発生した」。

わたしのチームは、宇宙ステーション打ち上げのために招集されたのではなかった。案件はもっと現実的で、畏敬の念を呼び起こすものでもない。東南アジア勤務のある重役が、持ち株を売ろうとしたが、複雑な書類上のハードルにぶつかってしまったのだ。土曜日だったので、臨時の管制センターに必要な顧問や承認者、予知能力者が待機して問題解決に当たってくれることはなかった。ほとんどの人が家族と過ごすなど、仕事以外のことをしていた。常識的には、どこの会社も休みなのだから、月曜まで株の取引は完了できない。しかし残念ながら、その重役は発射準備に余念がなかったので（宇宙関連の冗談はそろそろやめます）、わたしたちは市場がふたたび開く前に、すべてを中断して打ち上げ前のチェックリストをつくらなければならなかった（本当に、やめます）。たった一本の電話が、おおぜいの人たちの週末をだいなしにした。重役にとっては小さな一歩だが、それ以外の人たちにとっては大きな一歩だった（これで終わりです）。

肩書や収入の額にかかわらず、誰かが給与について不当な扱いを受けたと感じたなら、報酬チームには、話を聞いて対応する義務があると思う。重役たちだって、性別による賃金格差で被害を受けることがある。中間管理職が、市場価値よりはるかに低い給料を受け取っていることもある。そして会社で最も給料の低い（技能の低い、ではないことに注意）労働者はすっかり取り残されていて、キャリアアップのための教育を受けるか電気代を払うかを選ばなくてはならない状況かもしれない。給与制度が秘密にされているせいで、ほとんどの人は、会社が給与について公正な決定をしていないと考えている。給料が生きていくための道具であるなら、食料品の予算で買えるのが鶏肉のワイン煮だろうがカップヌードルだろうが、基本的に期待すべきなのは公正性だ。給与にまつわる共感を期待することが、世界じゅうであたりまえになってほしい。共感は地位や階級には関係なく、人間の本能的な反応なのだから。

低賃金労働者にとって、公正な給与の必要性は、重役の場合よりずっと高い。重役たちは銀行に預金があるだろうし、自分の労働力の価格を制御できるキャリア上の選択肢も多いだろう。会社の立場からすれば、わたしのような地位の人間が、どんなに些細だろうと支離滅裂だろうと、重役の給与問題を解決するためなら週末の予定を快くキャンセルするのが筋だと考えるのも理解できる。なにしろ、自分の給料を決めているのは上司なのだ。しかし相手が低賃金労働者の場合、報酬チームが同じような緊急性を持って行動することはめったにない。重役は独自の個人的な問題を抱えた人間と見なされる一方で、低賃金労働者はその人個人とは切り離された単なるシステムの一部と見なされる。低賃金の人がいるのは、それが世の中の仕組みであり、市場がその仕事の価値を決めているからだと人々は考える。あるいは、初任給が安いのは価格を低く抑えるのに役立つのでよいことであり、あらゆる人のためになると考える。

これまで企業は、次の3つの観点から給与の調整を図ってきた。市場が示すその人の適正な給与はいくらか、従業員が自分の給与をどう感じているか、そして企業が従業員の給与を自社の戦略や使命や価値とどう結びつけるか。市場や戦略などの話題は本書で何度も扱うが、従業員が自分の給与をどう感じているかについては、データを簡単に見ておこう。残念ながら、前向きな結果ではない。

報酬調査会社ペイスケールによると、競争の激しい業界で給与を得ている人の64%は、自分の給与が相場より低いと考えている。[37] また、公正な給与をもらっていると思うかと直接尋ねると、収入や昇進のどの段階にいるかにかかわらず、そう思うと答えたのは21%だけだった。一方、企業側は、従業員の43%が公正な給与をもらっていると答えるのではないかと推測した。[38]

従業員と雇用主のあいだの公正な給与に対する認識の隔たりは、給与についての雇用主のメッセージが響いていないということなので、ひとつの問題ではある。とはいえ、従業員の5人にひとりしか自分が公正な給与をもらっていると考えておらず、企業側の予測でも自社の給与プログラムを公正だと思う従業員は5人にふたりだけという絶対数のほうが、もっとずっと深刻な問題だ。ある企業が、たとえ何も悪いことはしておらず、取引の説明がまずかっただけだとわかっていても、顧客の5人に4人がだまされたと感じていることをなんとも思わなかったとしたら？　その企業はいつまで事業を続けられるだろうか。同じ調査では、過小評価されていると感じた人の60%が、会社を辞めるつもりだと回答した。これは企業にとって、莫大だが隠れがちな時間と人材の再取得コストになる。

給与を公正にするとは、すべての人のために、従業員が稼ぐ給与の絶対額と、給与が決定されるプロセスというふたつの問題を同時に解決することだ。誰がなぜいくらの給与を受け取るのか、どの給与問題に対処してどの問題を未解決のままにするのか、決定した給与をどう伝えるのか、それらを決めるプロセスの何かが破綻していることは、調査で明らかになっている。不公正な給与は、不公正だという認識を含めて、あらゆる人の自己利益のために克服しなければならない問題だ。何が間違った方向へ進んでしまったのかを知るために、ここでは給与戦略と、それがどこから生まれるのかについてお話ししよう。

アメリカの影響力

給与に対する信頼の欠如は、アメリカだけの問題ではない。それは、賃金の停滞や所得の不平等をめぐる世界的な傾向やニュースに見られる徴候であり、それに応じて世界じゅうで新たな賃金法が次々と制定されている。国際労働機関によると、2019年現在、上位10%の労働者は全世界の給与の半分近くを受け取っている一方で、下位50%の人々は6・4%しか受け取っていない[39]。不公正な給与は世界的な問題だが、本書ではおもにアメリカの政策と実行に注目する。信じにくいかもしれないが、世界的な解決策が見つかる可能性が最も高い方法だからだ。その理由は3つある。

①市場データ

報酬コンサルティング会社の最大手は、すべてアメリカで創業されている。本章の初稿では、エーオン、マーサー、ウイリス・タワーズワトソンの「ビッグ3」と書いた。第2稿までには、エーオンがウイリス・タワーズワトソンの買収を発表したので、世界の給与データ収集と方法論決定のほとんどを担うのは2社だけになりそうだ（その後2021年7月、エーオンは買収を断念したと発表）。また、エーオンの傘下には、テクノロジー業界の給与を扱う代表的なコンサルタント会社ラドフォードと、金融サービス業界の給与を主導するマクラガンもある。人事部を持つほどの大きさの企業ならたいていはこういう業者の指導を受けているし、どのコンサルティング会社も世界各地に拠点を置いて現地の専門家を有しているが、給与の報告に使われているインフラは、アメリカで設計され、世界的に適用されているものだ。とりわけ役員報酬については多くの専門会社があるが、ビッグ3ほど重要な企業はほかにない。

②専門教育

報酬の専門家を育てる学校教育の場であるワールドアットワークも、アメリカに拠点を置いている。会員と講義は世界規模だが、公認報酬管理士（CCP）プログラムの認定コースワークは、アメリカ式の市場慣行と個人主義や能力給をめぐる文化的信念を前提としている。これについては、第3章から詳しく取り上げていく。

③内部効率

世界の大企業のリストでは、世界十大上場企業すべてを含め（2019年のデータ）、アメリカの企業が上位を占めている。[40] グローバル企業は、管理を明確にするためと、社内の技術システムを機能させるため、本社でひとつの報酬哲学を設定し、その慣行の多くを世界に輸出する傾向がある。つまり、アメリカで設定された給与決定モデルは、世界の国々で絶大な影響力を持つことになる。

全世界の給与算定の方法論とデータ収集ツールの背景に、確立されたインフラがあることを考えると、アメリカモデルの影響力はすぐには変わらないだろう。こういう集中化は、市場が地域の必要性に適応する能力を制限するが、本書の目的には、この設計が有利に働く。世界じゅうで同様の不公正な給与が支払われているのだから、モデル自体を改善すれば、アメリカ以外の地域にも波及効果があるだろう。まずは、人々の給与を制限しているモデルをよく理解する必要がある。

なぜ昇給はむずかしいのか

わたしを含め、傍らで見ていた多くの人にとっては、時給15ドルを求めるデモも、会社の最低賃金7万ドルも、突拍子もないことに思えた。フォックス・ビジネス・ネットワークでは、ダン・プライスはヒーローとして称えられるどころか「狂人のなかの狂人」と呼ばれ[41]、一時はそれが（すでに高給を得ている人たちの）超党派的な見解だったのかもしれない。実業界では、このような突飛な賃上げ要求はすべて、社会主義者の幻想であり、大量失業やロボットの増加につながる支持しがたい無価値な支出とされた。まるで、完全に機能するロボットの交代要員がずっと休憩室にいて、合図を待っているとでも言わんばかりだった。年俸7万ドルは、ハイテク企業お得意の派手な演出であって、広く普及するようなものではないと退けてしまうのが妥当に思えた。それよりも、時給15ドルは衝撃的な数字で、その潜在的な規模と、レストランなどの利益率の低い事業への影響を考えると、危険に感じられた。もしその考えが広まったら、資本主義の炎は永遠に消え失せ、ほどなく誰もが公営のあばら家に住み、給付金に頼って生きるようになるとわたしたちは考えた。

大企業の賃金上昇による人件費の増加を計算するのに多大な時間を費やしてきた者としては、なぜ多くの人が当初、破滅の日に備えて地下シェルターに飛び込もうとしたのかが理解できる。なぜ大幅な賃上げが企業にとってこれほど理解しがたいのかを知るために、従業員の給与を上げない選択をする戦略的・実務的理由を考えてみよう。

まず、公開情報といくつかの基本的な想定を使って、1社にかかる「15ドルのための闘い」運動のコストを計算できる。スターバックスの場合、平均的なバリスタは、パートタイムで週25時間働いていると想定していいだろう。

次に、バリスタの人数を計算する必要がある。各店舗で全シフトをカバーするためには15人のバリスタが必要だと想定し、さらにスターバックスの投資家向け文書を調べてみると、2019年にはアメリカに約8500店舗を展開していたとあるので、これで計算ができる（空港にあるようなライセンス店舗は、店員がスターバックスの従業員ではないので含めない）。スターバックスが、各バリスタの時給をきっかり1ドル上げるためには、以下のコストがかかる。

（1ドル）×（週25時間）×（年52週）×（バリスタ15人）×（8500店舗）＝1億6500万ドル

この数字には、追加の雇用税や福利厚生費は含まれていない。含めれば、さらに約30％の増額になる。では、すべてのバリスタの時給を1ドル上げるには2億ドルかかるとしておこう。とはいえ、当時の実際の最低賃金は1ドル上げても時給15ドルにはとうてい届かなかったので、この見積もりは控えめな金額であることを忘れないでほしい。目標達成のため、すべてのバリスタの時給を2ドル上げる必要があるとしたら、コストは5億ドル近くにもなる。すべてのバリスタの時給が10ドルだとしたら、それを15ドルに上げるには10億ドルかかる。莫大な金額だが、報酬チームがどう考えているのか、なぜ最低賃金15ドルには実現の見込みがないと見なされたのかを知るための議論は、まだ始まったばかりだ。

すべての労働者が最低でも時給15ドルを稼ぐのなら、昇進をめざして今の地位に就き、その立場を維持したいと考えるひとつ上の管理職の給与にも対処しなくてはならない。これが会社全体で上へ上へと続いていく。企業はこれほどまでの連鎖的な昇給を実現できるのだろうか。そしてひとたび大幅な昇給をすれば、この先何年にもわたる従業員の期待も、更新されてしまうのでは？ 報酬チームはこの問題を「昇給圧力」と呼ぶ。つまり、企業は給与を少しずつ上げてキャリアレベルのあいだに充分な差をつけることで、昇進による昇給の意義と、新しい職務の責任を引き受ける価値を感じさせたいということだ。昇給圧力が高くなりすぎると、企業は階層に属する全員の賃金を上げるかわりに、職階をなくして段階的な昇給をやめてしまう傾向がある。

次に、地理的な問題を考えてみよう。ある企業がシアトルで時給15ドルにしたなら、マンハッタンではもっと上げるべきだろうか？ アラバマ州西部の都市タスカルーサではどうか？ これは、報酬チームが従業員より情報面で優位に立っている多くの分野のひとつだ。両者の見ているデータはまったく違うと言ってもいい。国内のさまざまな地域での給与をいくらにすべきかを把握するため、報酬チームは「労働コストの差」と呼ばれるデータポイントを使用する。正式な給与調査で得られた都市間の賃金の差を示したものだ。ある仕事の全国平均労働コストを100％として指数化し、データを抽出すると、マンハッタンでの同じ仕事の労働コストは120％、タスカルーサでは85％となるかもしれない。これらの金額は各都市の実際の報酬額を使って計算される。つまり、従業員は自分でその差を検証することができない。データは第三者機関であるコンサルティング会社から提供されているからだ。

労働コストは、たとえば食料雑貨類や家賃のコストの違いといった、生活費と混同されやすい。こちらのほうが理解しやすく、オンラインで簡単に調べられるからだ。実に驚くべきことに、ほとんどの企業では、報酬額を設定するときに生活費を考慮に入れない。報酬チームのとある一日は、従業員から個人的な生活費の話を聞くことで過ぎていく。たいていの話には、わたしたちの方法の誤りや性格の悪さがあらわになるような、支出の内訳が添えられている。しかし、生活費を理由に昇給を訴えても、会社は聞く耳を持たないだろう。これから、もっとうまく議論する方法をお教えしよう。給与の地理的な差は重要で、会社は従業員とは違う考えかたをしている。

そして、給与の引き上げを避ける事業戦略的な理由もある。もしスターバックスが大幅な賃上げを決めれば、理論的には他社も同じことをする可能性があるからだ。スターバックスの報酬チームがビジネスリーダーたちを説得するという大仕事に成功し、昇給に向けて最初に行動を起こしたなら、競合他社にとってはあとを追いかけるのが容易になる。ほとんどの企業は市場価格の中央値を給与の目標としているので（これについては後述する）、もしスターバックスが給与の基準を引き上げれば、他社も合わせなくてはならないと考えるだろう。すると、労働者を引きつける企業独自の優位性はなくなり、事実上、投資も業界の利益も失われてしまう。

つまり、給与の引き上げに対する戦略的な議論とは、賃上げしても長期的に持続可能な優位性は得られないどころか、業界全体の利益まで減らしてしまうという主張だ。このように、時給15ドルへの第一歩として賃金に2億ドルを投入すれば、年間コストはみるみる増えて5億ドル以上になるかもしれない。給与に費やすかわりに、本社にもっと大きな立体駐車場を建てるための資金にしたほうがいいかもしれない。そうすれば、投資家のために厳重に監視されている指標である、店舗でコーヒーを売る際の営業経費には加算されない1回限りの支出として、株主の不安も和らげられる。既存の税法は、こちらの選択肢を奨励してさえいる。会計上、立体駐車場は減価償却可能な資本支出と見なされる。つまり、駐車場の建物の通常使用による損傷で課税所得が減少するので、会社は毎年税の優遇を受けられるのだ。現行の制度では、賃金より駐車場に投資するほうが理にかなっている。

このように、賃上げに反対する議論には、見当違いの善意の温情主義から、冷静に計算された財務予測、わたしのような仕事に就く者からの拒絶まで、説明しきれないほどいろいろある。しかし、「15ドルのための闘い」運動を受けて賃上げに対する一般的な反感が生まれたのは、単に多くの企業のリーダーがそんな要求をされることを予測していなかったから、そして、そんな提案に利点や持続可能な見通しがあると考える者がほとんどいなかったからだ。それまでずっと、企業はいつ変化を起こすべきかを教えてくれる市場調査のデータに頼ってきた。最低賃金の引き上げは、労働組合の行動を避けるため、政治運動家となかなか腰を上げないビジネスリーダーのあいだで、少しずつ、妥協による合意で進められることが多かった。ほとんどの人は、両者のダンスが永遠に、あるいは少なくとも法律というお目付け役が割り込んでくるまでは続くと考えていた。

2019年には、「15ドルのための闘い」が議論を制し、賃金の新しい目標が設定された。わたしがシアトルで初めてデモを見た翌年、20を超える州で新しい最低賃金法が可決された。[42] 時給15ドルを支払うこと、あるいは15ドルへの道筋をつくることは、今や全米の常識になっている。小売業界の賃金を決めてきた者としての実体験から言うと、2014年以降に企業が行ってきた賃金投資の大半は、最低賃金の上昇に影響を受ける仕事に向けられていた。しかも、現在の賃金は、法的措置がなかった場合に支払われていたはずの金額よりはるかに高い。「15ドルのための闘い」のような世論喚起の運動と、失業率の低下が相まって、賃金の上昇が促された。2013年から2018年にかけて最低賃金が上昇した州では、他の州よりも賃金の伸びが50％早かった。[43]自由市場の自然な見えざる手や、どの大統領のソーシャルメディアへの投稿も、そこまでの影響力はなかった。

新しい常識を予測して、一部のブランドは給与の見直しを開始し、新しい法的基準を超える取り組みを行った。たいていの企業は好感度を上げたがっているので、給与と福利厚生は広報活動のための重要なツールになり始めた。ウォルマートやマクドナルドのような、これまで労働者階級のための改革に熱心とはいえなかった企業までが、近年はターゲット〔アメリカの大手スーパーマーケット〕やギャップ、イケアと並んで、賃金について大胆な発表をした。他の多くの企業も、追いつくために密かに同じことをしている。このような変化は称賛されるべきだが、給与制度に対する信頼を築くにはまだ長い道のりがあることはわかっている。では、すべての人が公正な給与を得られるようにするには、どうすればいいのだろう？

誠意ある給与

「誠意ある給与」と名づけたものが広まれば、企業の説明責任を問えるようになるとわたしは考えている。では誠意ある給与とは何か。それは、仕事をした人に給与を払うのはひとりの人間に投資することだと認識し、誰がなぜ、いくらの給与をもらうのかについて高い期待が持てるような企業を経営し、従業員がキャリアを追求できるようにする手段のことだ。そこには、人は公正な給与を受け取るべきだという認識がある。人は、生活の資を稼がなくてはならないが、基本的な人間性を働いて手に入れる必要はないからだ。給与への誠意を持った経営とは、ごまかしや皮肉のない、思慮深く誠実な方法で給与を支払うことを意味する。給与に関わる決定は、その人の将来の展望や可能性まで変えることができるからだ。誠意ある給与は、双方向からめざす必要がある。公正な給与の実現に向けた管理と義務を、トップダウンのみではなく、ボトムアップでも負えるように変えていく。そうすれば、給与決定から取り残されていた人々も、今後は自分の権利を主張できるようになる。誠意は追い求める価値のある美徳であり、ビジネスに適用されれば説明責任を測る指標になる。

誠意ある給与とは、公平で透明性のある給与をひたすら追求し、人間らしい生活に必要なものを提供して、人々が自分の貢献と潜在能力に充分な報酬を求められるようにする手段のことだ。

理想的な誠意ある給与は、ブランド戦略のための試みや、1回試しただけで「完了」の印をつけて獲得できるような資格とはまったく違う。それは、企業が重要な給与情報の共有を歓迎し、時間をかけた改善と信頼構築に継続的で誠実な投資を行えるような環境をつくり、維持していく積極的な選択なのだ。会社の給与の支払いかたが間違っている、少なくとも給与決定が明確に伝えられていないと従業員が主張したときには、企業は忌憚のない対話の機会をもうけ、必要なら変更に応じなくてはならない。

誠意ある給与は、給与の透明性を超えるものだ。給与の透明性とはたいてい、給与範囲や公正に支払われた給与の集計結果など、企業のブラックボックスから取り出した基本的な情報を、きれいに整えて一方的に開示することをいう。給与の透明性は重要で、本書でも頻繁に取り上げるが、改善のための説明責任を課しはしない。給与情報が公開されたなら、見つけた問題にどう対処するかを学ばなくてはならない。情報があれば、人は自分の意志でよりよい会社や役割を選べるのだから、自然によりよい決定がなされるはずだという考えかたがある。そんなに簡単ならいいのだが——情報が何を意味するのかや、給与制度自体がうまく機能していない場合、どうすればそれを操作したり改善したりできるのかを理解するには、手助けをしてくれるガイドが必要になる。

なぜ「誠意」という言葉を使うのか？　なにしろ、誠意ある行動が間違っていることだってある。

オスカー・ワイルドはこう言った。「ささやかな誠意は危険であり、度を越した誠意は完全に命取りだ」[44]。皮肉屋や、ヴォネガットの「ハリスン・バージロン」の世界を憂う人たちなら、ユートピアを追い求めて危険を冒せば、害あって益なしと言うかもしれない。多くの企業は、そういう考えのもとで経営されていて、対話よりも管理を優先し、給与情報を共有することで無防備になることを嫌う。改善に向けて小さな一歩を踏み出すことで生じるかもしれない反発や訴訟、失態を恐れるあまり、できるだけ抵抗が少ない道を選んでしまう。最悪の場合、企業は、特に男女間や人種間の格差に対して、真剣に給与を評価することを意図的に避ける。なぜなら、評価作業をすれば法的に格差を見つけることが可能になり、賃金の問題が発覚した時点で変更しなければ責任を問われることを知っているからだ。しかし給与は、労働生活のなかで最もわかりやすく改善の余地がある部分なのだから、「尋ねない、言わない」という立場を受け入れてはいけない。

討論シリーズ『インテリジェンス・スクエアード』の司会者であるジョン・ドンヴァンは、「誠意」という言葉を使って、わたしがめざすことの核心に迫っている。ノーベル賞を受賞した経済学者ジョセフ・スティグリッツが出演した2020年1月の討論で、ドンヴァンは、株主の利益のためだけに企業を経営しても社会の幸福を生み出せないことには「今や企業のリーダーたちでさえ同意している」というスティグリッツの主張に疑問を投げかけている。スティグリッツは、次章で取り上げるビジネス・ラウンドテーブルという大企業の利益団体の決定を踏まえてそう述べたのだった。この団体は最近、株主のためだけでなく、社会全体の利益のために会社を経営するという公約声明を発表していた。ドンヴァンは直感的な反応として、たいていの人がこういう企業のたわごとを聞いたときに考えることを口に出して言った。「誠意ある動機からではなく、広報活動としてやったことだとは思わないのですか?」。

企業が従業員の給与を上げるという話を聞いても、ほとんどの人は、実際に自分の給与明細にそれが反映されるまでは、公正な給与の約束を信じないだろう。では、企業環境のなかで誠意を示すとはどういうことなのだろう?

わたしは、誠意とは結果を伴う約束だと考える。不愉快な態度を見せることや「ありのままを言う」ことと同義だと考える人もいるが、誠意はそういう姿勢を援護するものではない。誠意とは、嘘偽りなく正直に行動し、物事がうまくいかないときには説明責任を負うことを意味する。職業生活では、間違ったときに方針を変えるための謙虚さと企業インフラを持つということだ。誰もがそれぞれの役割を果たし、異なるやりかたで責任を負う。給与についての情報を持つ人たちは、従業員が自分の給与について正しい認識を持ち、キャリアアップする方法を理解できるよう手助けする義務がある。懸命に働き、よい選択をしているにもかかわらず家計をやりくりできない人がいると知っている人たちは、声をあげて彼らを擁護する義務がある。そして、変化をもたらす力がある人たちは、耳を傾け、公正な給与の未来に向けて全員を引っぱっていけるようなむずかしい決断をする義務がある。たとえ短期的にはコストがかかっても、たとえ勇気が必要でも、たとえ恥をかくことになっても。

ベトナム戦争の機密解除文書のなかで、アメリカ国防次官補のジョン・マクノートンは、この戦争におけるアメリカの目的は、70%が屈辱を避けること、20%が中国と共産主義の拡大を抑えること、10%が「よりよい、自由な生活」をベトナム国民が享受できるようにすることにあったと書いた(45)。わたしはこの配分が、給与プログラムの情報の共有に対するほとんどの企業の考えかたに似ていると思う。目的の70%は屈辱を避けること、20%は訴訟や組合活動を抑えること、そして10%は従業員がよりよい生活を送るのを助けること——。実際には、誰もが公正な給与を得られるような基準を確立するまでに、企業はまだまだ長い道のりを歩まなければならず、自分たちの経営方針と恥をかくことをいとわない姿勢があるかどうかを、すぐにでも正直に評価する必要がある。未来の最優良企業は、誠意ある給与という課題に取り組む企業だと、わたしは確信している。一流企業の多くが、製品戦略やサプライチェーン戦略を取り巻く効果的な堀を築くのと同じように、誠意ある給与を中核に据える企業は、従業員とのあいだに深い信頼関係を築くことができるので、一時的な失策があったとしても踏みこたえられる。

今下す決断が、これからつくりたい、働きたいと思える企業を実現していく。給与は、タスクリストや、受信箱を毎日整理する能力より重要なのだから、恥をかきたくないという理由だけで行動すると、その選択に伴う影響が長引くだろう。スローガンを掲げるだけでは、給与は公正にならない。これまでとは違う新しい働きかたと、自ら企業の責任を問う方法が必要だ。

未払いの光熱費

給与については、ふたつの相反する世間の声がある。どちらも、報酬の専門家が吹聴しているというわけではない。第1のグループによれば、何十年もの停滞を経て、COVID－19パンデミック前までは、すべての人——特に歴史的に最も不利な立場にあった人々——の賃金が、かつてないほど急速に伸びていた。賃金格差に関する報道は誇張されていて、実際の格差は数ポイントだけであり、職業選択ですべて説明できると彼らは言う。第2のグループは、賃金停滞があったことには同意するが、持てる者と持たざる者のあいだの格差はかつてないほど悪化していると強調する。少し検索するだけで、双方がそれぞれの情報源から得たデータで武装し、何が真実なのか誰にもわからず、変革を訴えるためにどんな役割を果たせばいいのかもわからないという緊張状態を生み出していることが見て取れる。

わたしは世界経済における実際の給与データや給与慣行を参照し、より公正な給与の実現に直接影響を与えられる者として、どうしてこうなってしまったのか、いまだによくわからないでいる。報酬管理の世界では、基本的に何も変わっていない。第1のグループの声も第2のグループの声も、企業が給与を決めるのに使っている意思決定のフレームワークと完全には一致していない。企業は給与について、従業員とはまったく違う考えを持っているので、結果として、従業員が最も重要と感じている物事に満足のいく答えをほとんど差し出せない。わたしのような立場の人間は、デザートがおいしいレストランを選んでほしいと頼まれたとしたら、乳製品価格の高騰で新しいアイスクリームフレーバーへの投資が減った結果、この地域のアイスクリームはどれも似たようなものになってしまったので、いちばん近い店に行くのが合理的だと言うだろう。あなたは楽しい経験がしたいだけなのに、いらない情報を教えられる。わたしの同僚たちはデートが苦手だ。

労使が相容れないこういう状況をよく表しているのが、カリフォルニア州オレンジ郡の大半を代表する下院議員ケイティ・ポーターと、大手銀行JPモルガン・チェースのCEOジェイミー・ダイモンが2019年に行ったやりとりだ。ポーター議員は、『現代の消費者法（*Modern Consumer Law*）』という消費者保護についての教科書を書いた法律学の教授でもある。議会の公聴会でダイモンCEOに対し、ポーター議員は、ある有権者の毎月の生活費を詳しく説明した。ジェイミー・ダイモンが経営するチェース系列の銀行の支店でフルタイム勤務をする子どもひとりのシングルマザーの例だ。その女性の生活費は、控えめどころではなかった。寝室がひとつのアパートに住んで、娘と同じ部屋で眠り、10年前の車に乗って、どうしても必要な食べ物だけにお金を使い、個人的な娯楽費や医療費、遠足などのための予算はなかった。毎月、生活に必要な費用を計上したあと、最終的な予算は500ドル以上の赤字だった。仕事がら世界で指折りの金融の魔術師と言われるダイモンに対し、ポーター議員は、母親が生活費の不足を補うには、どんな呪文を使えばいいのかと問うた。
ダイモンの答えは「わからない」、「よく考えなければお答えできない」というもので、補足の質問があるたびに同じ答えが繰り返された。それは嘘偽りのないところだろう。会社で最も給料の低い人がいくらもらっているかを知っている重役はほとんどいないし、尋ねられることもあまりない。のちに自社の広報部門、IR（投資家向け活動）部門、報酬担当部門の責任者たちと相談したあと、ダイモンCEOが述べたところによれば「当行は下級職を大切に扱ってきたと感じている」とのことだった。従業員は年収3万5000ドル（時給に換算すると約17ドル）からスタートし、医療手当や退職手当も受け取れるという。賃金を見る際には他の人々を見回してみるとよい、銀行業界は相対的にかなり優秀だ、とダイモンは締めくくった。[46]
さて、問題なのは、ポーター議員も、ダイモンCEOも間違っていないということだ。ふたりはただ、異なる疑問に答えていただけだった。ポーターは、ひとりの母親が自分の価値を感じられることを願っている。ダイモンは、自分の銀行が企業価値を生み出せることを願っている。公正な給与は、誰の視点から見るかによって、異なる尺度で測られることになる。ポーター議員が、余裕のある生活がますます実現困難になっていることを訴えたのは理にかなっていた。出世の階段を数段のぼって、フルタイムで働き、よい人生の選択をしていても、生きていくにはなんらかの幸運や、家族や政府からの援助が必要だ。さらにいくつか講習を受け（実際には授業料を払う余裕はなく、出席するあいだ子どもを預ける当てもない）、新しい技能を学び（経営陣による定義はあいまいだけれど）、付き合いにも応じて（請求書の支払期限が迫っているのに）、機会があったら大きな仕事に応募する（結局は上司のお気に入りが獲得する）ことを考えると、予測可能で意義のあるキャリアアップなどというものは、まるで言葉巧みなおとり商法のように見えてくる。幸いにしてキャリアアップの試練をうまく乗り切った人たちでも、今より安定した生活を送る余裕はないかもしれない。

一方のダイモンCEOは、銀行の賃金が、地域の給与水準の底辺よりかなり上だという点では正しい。アメリカ国勢調査局のアメリカ地域社会調査によると、カリフォルニア州アーヴァインでは、年収3万5000ドルの母と子は、地域の人口の約20%より恵まれた立場にある。[47] 医療手当や退職手当を含めると、銀行は、ほとんどの企業が業界の下級職の賃金より高いと考える金額を支払っていると言っていい。世の中にはもっとずっと腹黒い企業もあり、自分の銀行はそれに比べれば「かなり優秀だ」と言ったダイモンCEOは間違っていなかった。しかし、基準値があまりにも低いとすれば、それは鉛の含有量が最も少ないペンキ缶を売っていることを自慢するようなものだ。

その後、ダイモンCEOは当初の発言に修正を加え、「人々の生活賃金を増やさなくてはならない」、そして「もし連邦［最低賃金］が上がるなら、各州はあまり経済に損害を与えないよう、地域ごとに上げていくべきだ」と述べた。ダイモンCEOは、他行との「軍拡競争」はしない、とも言った。つまり、強制されないかぎり、独自に賃金を上げるつもりはないということだ。

忘れないでほしい、企業には給与で他社と競争する戦略的な理由などないのだ。ダイモンCEOが言ったことは、理屈の上では何ひとつ間違っていないし、標準的な報酬管理の慣行から外れているわけでもない。とはいえその発言は、果敢な挑戦を表明してもいなかった。言外の意味は、創業者のジョン・ピアポント（J・P）・モルガンが言ったとされる「人が何かをするときには必ずふたつの理由がある。よい理由と、本当の理由だ」[48]という発言に似ていなくもない。給与の場合、「本当の理由」は、もっとよい制度の運用のしかたがあるのではないかときびしく自問してこなかったことだけかもしれない。

ここで強調しておきたいことがある。公正な給与とは、電気代の支払いのように、維持管理をする活動だということだ。支払いが期限内に行われなければ、電気は止められてしまう。それでは遅い。公正な給与の維持は、華やかな仕事とは言いがたいのだ。定期的に点検し、時には前もってすべての配線を交換する必要がある。ロッド・ワグナーは、著書『ウィジェット——従業員を人間として管理するための12の新しいルール（*Widgets: The 12 New Rules for Managing Your Employees as if They're Real People*）』のなかで、給与についてこう述べている。「間違いを犯して問題になれば、それはたいてい、いつまでも続く問題になるだろう[49]」。困ったことに、多くの企業はいまだに公正な給与を、衝動買いや贅沢品のように、つまり他のあらゆる請求書（と、たまの派手な買い物）の支払いを終えたあとで対処すべきもののように扱っている。

会社が従業員に安い給料を払っていれば、その代償はなんらかの形で会社に返ってくる。もし賃金が信頼性に欠けるほど他社に劣る金額なら、人はその会社で働こうと思わないだろう。もし社内に悪い習慣があれば、従業員との軋轢や顧客の苦情に時間が費やされ、本業がおろそかになるだろう。そしてもし、同業者すべてが同じように安い給料を払っていれば、いずれ法律が、低賃金労働に染まっていた業界全体のビジネスモデルを根底から覆すような方法で軌道修正を求めるだろう。言い換えるなら、きちんと支払いをしなければ、永遠に電気を止められてしまうだろう。

変わらないわけにはいかない理由

企業が給与について正しい行動を取ることを期待するのは世間知らずに聞こえるかもしれないし、組織の腐敗や偏向がひどすぎて修正や持続可能性に向けた変化は起こせないと多くの人が考えるのも理解できる。しかし、給与決定に関わっている立場からすると、そうは思えない。公正な給与の実現に向けた急速な変化は、可能であるだけでなく、おそらく実際に起こるだろう。給与決定をわたしのような企業内の意思決定者数人のブラックボックス化された閉鎖システムにゆだねるべきだという考えは、ほとんど信頼を生み出せなかったうえに、そのシステムをまさに疲弊させた。誠意ある給与が求められる新しい時代が来ている。公正で透明性のある給与が期待されるようになった今、企業もそれに追いつく必要がある。

いずれ企業は、公正な給与を競争上の強みと見なすようになるとわたしは思う。誠意ある給与は、単なるコストの問題ではなく、品格と部門間の連携の問題でもある。品格と連携のそれぞれが、もう一方を強化するのに重要な役割を果たす。品格の高い企業は目的を持って創業され、その価値を維持するために予算を配分する。部門間の明確な連携があれば、望ましい変化を達成できるよう微調整されたプロセスを経て、確実に予算を使うことができる。有能なコストマネージャーはこのプロセスを頼みとして、より多くの利益を生み出し、新たな賃金支出を補う。ビジネススクールでは、優れたビジネスモデルを使えば、「よりよく」、「より速く」、あるいは「より安く」を実現できるが、会社を成功させるには3つのうちふたつしか選べないという考えかたを教えている。一方で、給与モデルは「より安く」という考えのみを中心にすべてを最適化してきた。ビジネススクールは、「よりよく、より速く、より安く」のうちふたつしか選べないトレードオフだけでなく、「品格、連携、コスト管理」という公正な給与の3要素も教えるべきだ。その場合、賢い企業は3つすべてを選ぶ。

給与はふつう、企業にとって年間で最も大きな支出なので、給与制度の改善に乗り気でない場合、昇給分を支払う余裕があるのかという疑問に始まり、そのまま終わることが多い。議論はたいてい、中途半端になるか誇張されるかだ。給与を支出としてしか見ていないと、公正な給与の高潔さがもたらす売上高と純利益への効果を無視することになる。人は、使えるお金が増えるとそれを使い、新たな消費者需要を生み出す。消費者は、幸福そうな従業員が提供するサービスを受ければ、繰り返し足

	計　算	結　果
支払給与総額（A）	―――	1000万ドル
昇給対象者の割合（B）	―――	20%
昇給対象となる給与（C）	（A）×（B）	200万ドル
昇給率（D）	―――	20%
昇給の総コスト（E）	（C）×（D）	40万ドル
給与総額増加率（F）	（E）÷（A）	4%

【表】下位半数の従業員の給与を20%上げた場合の効果

を運んでくれるようになる。そして従業員が幸福になれば、会社を辞めることはなく、やがて生産性は向上し、離職率が低下してコスト削減につながる。

わたしの経験では、賃上げと有害な物価高を直接結びつけるのは、恐怖をあおる誤った行為だ。コンサルティング会社のマッキンゼーは、企業が利益率を拡大するための売上高と純利益の選択肢を考察し、同様の結果を見出している。商品の価格を1％上げて、安定した売上が維持されると仮定すると、平均的な企業の営業利益は8％増加する。もうひとつの選択肢を取って、賃金などの変動費を1％減らせば、利益に対するプラス効果は約半分に留まる。[50]

値上げはすべての顧客に薄くまんべんなく行き渡るが、賃上げは従業員に集中してなされるものだ。下位半数の従業員の給与を20％上げた場合、企業に及ぶ総合的な効果を考えてみよう。どの国であっても、かなり大幅な賃上げになる。下位半数の賃金労働者は、合計で会社の給与支出の20％を占めていると仮定する。

会社が負担する給与総額の増加率は、財務部の怒りを買いそうな20％という恐ろしい数字ではなく、わずか4％にすぎない。重要なのは、商品の価格や賃金の上昇が無限に続く可能性ではなく、商品の価格と賃金の市場がどちらもバランスを崩す可能性があることだ。しかし、小さな価格調整なら、たいていの製品に対するたいていの顧客の購買決定に影響することはないだろう。賃上げはひとつの企業から別の企業へと伝播するので、商品カテゴリー全体の価格がひとつのブランドを越えて上がり、低価格を求める市場圧力が弱まることを考えればなおさらだ。2015年に行われたパデュー大学の研究によると、最低賃金を時給15ドルに引き上げても、マクドナルドのビッグマックの価格は25セント未満しか変わらないという。これは、マクドナルドが相殺のためのコスト削減策を何も取らなかったと仮定した場合だが、もちろん企業は策を講じるだろう（そして労働時間を減らせばコスト削減がうまくいくという保証はどこにもない）。たとえ新価格になってもハンバーガーの売上が大幅に下がることはないと思うが、ハンバーガーを減らしてもっとよいものを買うことで得られる環境面や健康面の利益について考えてみるのもいい。

値ごろ感を第一に考えるのは、企業のバランスシートの現実とも一致しない。2019年、アメリカの企業は、2兆ドル近い現金準備を保有していて[51]、2020年のパンデミックの前には、どう使えばいいのかわからないと公言していたほどだ。蓄えの約3分の1は、ひと握りの大手テクノロジー企業が保有しているので、留保をつけて見る余地はある。しかし、あらゆる企業、少なくとも上場企業にとっては、複雑な法律があるせいで、通常の事業拡大や賃上げに投資するよりも、外国に資金を預けたり、金融投資という形で預金を増やしたり、自社株を買い戻したり、余剰資金を配当という形で株主に還元したりするほうが無難なのだ。こういう記録的な現金の山と、企業がそれを使う際にどんな妥協をするかについて、キャピタル・エコノミクスのチーフエコノミストであるニール・シアリングは冗談交じりに、企業が労働者の賃金を上げることは可能だが「株式市場にとってはとんでもないことだ」と語ったといわれる[52]。企業がどうしてこういう決断をするのかについては、第4章で見ていく。明らかなのは、中核となるビジネスモデルがうまく機能していること（2019年には全米で2兆3000億ドルという記録的な利益を達成）[53]、そして給与に投資しない方針を積極的に選択してきたことだ。大企業が従業員への投資を率先して行えば、すぐに投資できるほど予算に余裕のない中小企業でも、賃金（および価格）をめぐる市場の規範を見直す余地が生まれる。だからこそ、大企業が、公正で公平な給与の実現に向けて最初の一歩を踏み出すことが重要なのだ。

給与をめぐる進歩は、長期間にわたって常によりよい選択をするために、互いに責任を負うことから生まれる。給与体系を変えるには時間がかかるので、協力者が必要だ。大手資産運用会社のCEOであるラリー・フィンクは、投資先企業のCEOらに宛てた年次書簡のなかで、「長年にわたる賃金停滞への不満」が、世間の人々の「大きな不安と恐怖をあおる」一因となっていると書いた。さらに、「特に世界の将来の繁栄にとって重要な問題に関して、事業拠点のある国、地域、コミュニティーに貢献すること」を同業者たちに強く求めている[54]。あきれ顔をしながら、暴風雨に傘で耐えるような思いでこの文面を眺める人もいるだろう。けれども、問題を認識することは（自身の業界が直接関わっていることを認めはしなくても）重要な第一歩であり、影響力を持つ地位にあるリーダーたちがこのように考え始めていることを歓迎する必要があると思う。あらゆる世代の人々は、どれほど長く根づいていようと過去の慣習を捨てなければならないし、誠意のない不公正な給与を、古びたファックスや流行遅れのカーゴショーツをまとめて放り込んできたのと同じゴミ箱に追いやることだってできるはずだ。

目の前に立ちはだかる課題の大きさに比べて、今ある資源がどれほど貧弱に見えようとも、それを有効に使えば、アポロ計画のためにサターンV型ロケットを建造したときのように、大きな問題を解決することができる。どのような企業をつくり、人々がどのような働きかたをするかについて、わたしたちの前には選択肢がある。常に正しい選択ができるわけではないが、間違いを少なくすることはできるはずだ。

3. 給与の歴史を振り返る

公正な給与は、強い企業をつくる。先にも述べたとおり、従業員が生活への不安を減らし、雇用主への信頼を深めれば、顧客への対応が改善され、仕事の効率も上がる。顧客は、よい対応をされれば、その企業に対してもっとお金を使ってくれる。そして顧客がもっとお金を使ってくれれば、もっと多くを公正な給与に再投資できる――。

筋書きは単純で論理はわかりやすいが、その流れは失われてしまった。もう一度見つけなくてはならない。時とともに給与がどう変わったのか、まずは1940年代の企業経営者から調べてみよう。

企業経営者に対して、また経営者と労働者の関係に対して寛大な世界観を持っている人なら、誠意ある給与は、リーダーが名誉を挽回し、上層部から気風をがらりと変えるチャンスと考えるかもしれない。それほど寛大でない人なら、やはり上層部に目を向けるだろうが、それは単に魚が頭から腐っていることを指摘するためだ。どちらにしても、企業が給与戦略をトップダウンで決めていることは普遍的な事実といえる。そこから下の階層の人たちについて決定していくと、給与や福利厚生は徐々に小さくなり、多くの会社では、従業員の求めに応じる意欲は低下していく。つまり、なぜ給与がこのような仕組みになっているのかを解明するには、上層部から始めなくてはならない。

1940年代後半、アメリカのビジネスリーダーたちには、密かに恥じていることがあった。ウィリアム・R・バセットもそのひとりだった。バセットは家庭用クリーニング用品から工業用化学薬品まで幅広い製品を扱う複数の企業で重役を務めていたが、社長のひとりの報酬があまりに不充分で、むしろ不公正だと思っていた。重役の給与が低いと、他の社員の給与に人為的に上限を定めることになるのではないかとバセットは考えた。1942年、《ウォールストリート・ジャーナル》紙は、「新たな貧困層――スミス氏と同僚の銀行重役たちをめぐる給与上限の物語」といったタイトルで、きびしさを増す重役たちの苦境を伝える一連の記事を掲載した。もしかすると公正な市場価値を下回る給与で働く重役が増えているのかもしれず、もしそうなら何か手を打たなければならなかった。

バセットは、自分の直感を確かめるため、マッキンゼーのコンサルタントであるアーチ・パットンと連絡を取った。コンサルタントの調査は、バセットの疑念を裏づけるものだった。重役たちの給与の伸びは実際に鈍化していて、労働の成果をもっと受け取ってしかるべきであることを示すデータがあった。パットンは自分の調査結果に胸を張り、こう述べた。「当時、役員報酬を取り囲んでいた秘密の壁に、この研究が与えた衝撃は強烈なものだった」。のちにパットンは、このテーマを扱った本、『男と金とモチベーション（*Men, Money, and Motivation*）』を発表した。女性が公正な給与の議論に加わるなど想像すらできなかった時代を反映しているタイトルだ（そしてもちろん、著者は白人男性だけを念頭に置いていた）。パットンの言葉を借りれば、その研究は役員報酬にとっての「まさに転換点」[55]であり、のちの爆発的な成長の基礎をつくった。

アーチ・パットンは、現代の給与調査を発明した人物だ。今日、第三者機関が報酬を得て企業の競合他社から実際の情報を集めるという給与調査はすっかり普及し、必要不可欠な業務となっている。給与調査を理解することはとても重要なので、第5章で詳しく取り上げる。給与調査は今やあらゆる報酬決定の基礎となっていて、マーケティング・コーディネーターからマリファナの栽培人まで、ありとあらゆる仕事に利用されている。通常の給与調査では、さまざまな企業から従業員データの一覧表を入手したあと、それを集計して、クライアント企業に報告を返す。調査データは、職務内容、勤務地、企業規模などの特徴ごとにまとめられるが、法的ガイドラインに沿って個人情報が隠されているので、どの会社で誰がいくら受け取っているかが直接明かされることはない。上場企業の場合は少しルールが異なり、経営トップの給与はいっさい隠されない。むしろそのデータは現在、完全に公開され、識別可能であることが求められている。それを読む人は、何十ページにもわたる法律用語や、「ダブルトリガー・アクセラレーション」(自分の株式に対する会社の買戻権が外れ、権利の確定を早めてもらえる要件がふたつある場合のこと)などの難解な専門用語に目を通す忍耐力を持つことが前提になる。パットンが発見したのは、最低限の給与の透明性を確保するだけでも、給与の上がりかたに劇的な変化をもたらすということだ。

パットンの最初の調査結果は、《ハーバード・ビジネス・レビュー》誌1951年3月号に発表された。パットンによれば、「役員報酬の伸びは、時間給従業員や管理職の報酬に比べてはるかに遅れを取っていた」。1939年から1950年のあいだに、低い時給で働いていた従業員の給与は2倍になっていた。これに対して、中間管理職の給与は45%上昇していたが、重役の給与は35%の上昇に留まっていた。税制とインフレの影響を調整したあとの重役の手取り収入は、実際には59%減少していた。それまで、誰もお偉方(常に男(ガイ)だ)のことは考えていなかったのだ。こうして初めて、ひとつの秘密が明かされたのだった。

パットンは分析を行う際、イタリアの経済学者ヴィルフレド・パレートが提唱した著名な数学的概念「パレートの法則」を援用した。物事の結果の80％は、たいてい20％の原因によってもたらされるという考えだ。80／20の法則は今や、ソフトウェアのバグの除去から、セールスファネル（潜在顧客を受注客へと絞り込んでいく手法）の構築、人材や業績評価の管理など、さまざまなビジネス分野で共通の認識となっている。皮肉なことに、この法則はもともと、富の集中と不均衡を実証するのに使われていた。ヴィルフレド・パレートは、イタリアの土地の80％を20％の人が所有していることに気づいたのだ。パットンは、トップにいる20％（2％のこともある）の苦境に対する懸念を示すために、80／20の法則を逆さにした。そして、一組織の賃金は上位の賃金と比例すべきであることを示し、要するに、最も高い給与に、次に高い給与、さらにその次に高い給与と順に足して、「その結果を幾何学的なグラフで表すと、直線になる」と述べた。パットンの考えでは、この直線から外れた値はどれも、相対的に見て給与が高すぎるか低すぎる仕事、または人を表していた。一部の企業では今日でも、この回帰方程式によって役員報酬を設定する方法を使っている。

ほとんどの報酬策定者ならいやというほどわかっているのだが、この方法についてはもっと特筆すべきことがある。自分が伝えたい（あるいは求められている）筋書きと現実のデータが一致しない場合、じっと目を凝らしていればデータが適合したように思えてくるという罠だ。イギリスの首相ベンジャミン・ディズレーリが言ったとされる、「嘘と、大嘘、そして統計」を用いればたいていの議論はうまくいくという警句は、他の分野と同じくらい、給与の分野にも当てはまる。そういうわけでわたしは、公正な給与を求めるうえで、市場データに健全な懐疑心を持つことの重要性を伝えたいと思う。

コンサルタントが雇い主の報酬を増やす方法を見つけたとすれば、当然そのうわさはすばやく広まる。実際、さまざまな経営者たちが、アーチ・パットンに自分の賃金に関わる悩みを調査するよう依頼し始めた。パンアメリカン航空の当時のCEOフアン・トリップは、自社の経営陣のストックオプションを調べてほしいとパットンに依頼した。ただしパンナムが疑わしい報酬実験の歴史に参入するのは、これが初めてではなかった。1938年、パンナムは、自社のストックオプションの価格を改定した最初の企業のひとつだったと言われる。[56] これは現在ではひどく嫌われる行為で、購入の権利を付与されたときより安い価格で重役が自社株を購入できるようにし、ストックオプション本来の目的を阻害しながら、利益を保証するものだ。ストックオプションの価格改定を、こんなふうに考えてみてほしい。新しいズボンを買ったのだが、翌週店が同じズボンを安売りするとわかったので、自分が買ったものを値引きするだけでなく、迷惑料としてもう5本おまけするよう頼むのだ。『金のパスポート(*The Golden Passport*)』の著者であるダフ・マクドナルドがパットンのパンナム調査について述べているとおり、そこから役員報酬の高騰を正当化するための作業は「永久機関」となった。[57] 経営者はコンサルタントを雇い、コンサルタントは経営者が受け取る(そして自分が受け取る)報酬を増やす、その繰り返し。現在では、重役の給与が安いというエビデンスを見つけるには必死で目を凝らさなければならないが、それでもこのサイクルは止まらない。役員報酬の仕組みについては、第8章でさらに検討しよう。

一部の人々、特に金メッキ時代(1870年代から1880年代、アメリカ合衆国において資本主義が急速に発展を遂げた時代を指す)や大恐慌などの景気変動を生き抜いた人にとって、1940年代の役員報酬の低迷は、夢のようなシナリオだったかもしれない。労働者の賃金は上がり、重役の賃金は下がったのだから。第二次世界大戦後、景気変動の時代に不況の影響をまともに受けた人にとって、それは正義のように感じられたに違いない。現在、所得格差がふたたび金メッキ時代の水準に達し、ますます激しくなる経済恐慌に直面するなか、多くの人はふたたびあのときと似たような結果にならないかと期待している。このような感覚は超党派的なもので、アメリカ人の約3分の2は、平均的な労働者の賃金に応じてCEOの報酬に上限を設けるべきだと考えている。(58) 振り返って、労働者の給与が役員報酬に比べて上昇するに至った状況と、本当に同じような歴史を繰り返していいのかどうかを検討してみよう。

1940年代は、報酬に関して類を見ない時代で、しばしば「大圧縮(グレート・コンプレッション)」と呼ばれる。この時代は、政府が賃金に関する対策を講じ、それに応じて高所得者層と低所得者層の賃金格差が縮小したからだ。地球規模で相互につながった今の経済では、少なくとも当時の手段を使って再現することはできないだろう。圧縮が起こったのはおもに、戦争努力を促すための行政命令を通じた、一時的で強引な方策によるものだった。戦時体制下にあった政府は、愛国心を喚起するためのプラットフォーム構築に力を入れ、より深刻な危機に対応するために、国の自由経済システムを一時停止した。この時代に行われた改革のなかには、1938年に制定されたアメリカ初の最低賃金や時間外労働に関する法律などのニューディール政策立法を始め、戦後もずっと続いているものもある。ただし、第7章で男女間や人種間の賃金格差を扱うときに見ていくように、すべての労働者がこの条件に含まれていたわけではなかった。

1942年に戦争が激化すると、ローズヴェルト大統領は、「我々の軍事的努力と国内経済構造を脅かす」インフレを抑制するため、「そして戦争をより効果的に遂行するため」、大統領令9250号に署名した。大統領令では、新たに設立された全国戦時労働委員会に、賃上げを承認する権限が与えられた。命令は「すべての産業、すべての従業員」を対象としていて、昇給は「生活水準の低さを解消するため、不均衡あるいは不平等を」是正するか、「著しい不公平を是正すること」のみに限定されていた。5000ドル（2020年では約8万ドルに相当）を超える給与を受け取っている人の賃上げは、職務に大幅な変更がないかぎり禁止された。結果として、昇給はほとんど低賃金労働者だけに行われることになった。[59] 低賃金労働者以外の人の賃金を上げるのはあまりにもむずかしかった（そして愛国心がないと非難された）からだ。管理職の給与は事実上、上限が設けられた状態だった。

この大統領令は、「ありとあらゆる形態、または媒体」の給与の構成要素すべてを対象としていて、そこには現物支給やボーナスも含まれていたが、福利厚生は明確に除外されていた。労働者の給与を上げる選択肢がほかになくなると、アメリカの雇用主たちは従業員に追加の健康保険を提供し始めた。今日に至るまで、アメリカの健康保険と雇用主を独自に結びつけている慣行だ。現在、アメリカに住むほとんどの人は雇用主が提供する健康保険に加入しているが、彼らにとって、毎年の昇給のかなりの部分が給料にはならず、ますます高額になっている医療保険という形で隠されている。こういう歴史上の偶然が現在どれほど経済的な重荷になり、イノベーションや起業家精神、そして正常な賃金上昇を妨げているかを認識しなければ、給与の停滞について語ることはできない。福利厚生を失ったり、主治医を変える必要があったりという、経済学者が「転職障害」と呼ぶもののせいで労働者が転職や起業を恐れていると、賃金や経済成長が停滞し、国民の暮らし向きが悪くなる。

とはいえ、政府が役員報酬を制限したからといって、経営者たちが何もせずに受け入れ、インフレで自分の購買力が年々落ちていくのを黙って見ていたわけではない。かわりに経営者たちは、まだ影響力を行使できる所得の方程式の反対側へと焦点を移し、現行の報酬パッケージに対する税負担を減らしてほしいと考えた。マッキンゼーのコンサルタントであるアーチ・パットンが言ったように、第二次世界大戦後、「急増した報酬対策は（中略）経営者の収入にかかる税金を減らす目的で考え出された」。当時アメリカの最高限界税率は、現在の37%に対して90%以上と高く、納税回避の試みは、より複雑な給与設計につながった。今日、上場企業の年次財務情報開示では、さまざまな役員報酬パッケージを説明するのに20ページ以上が費やされ、会社の業績や認識されている事業リスクなどにはほんの数ページしか割かれていないこともある。平均的な労働者の報酬に対する役員報酬の不均衡な伸びを真剣に抑制するつもりなら、会社が提供できる報酬の種類をもう一度簡素化し、回避法として利用できる税体系を減らすために、多くの立法作業が必要になるだろう。上層部の報酬総額に注目するだけでは、今や円滑に機能しているアーチ・パットン業界を出し抜くことはできない。

1946年にトルーマン大統領はローズヴェルトの大統領令を廃止したが、賃金への介入を行う風潮は、1950年代に国が朝鮮半島で新たな戦争をしているあいだも続いた。トルーマンは、1950年9月6日に新たな大統領令に署名し、政府の賃金安定委員会をつくって、全時給(低賃金)労働者の賃金を管理する権限を与えた。[60] 委員会は9人のメンバーで構成されることになっていた。一般市民の代表が3名、労働者の代表が3名、そして産業界の代表が3名。一般市民を代表するメンバーのひとりが、大統領に指名され、委員会の議長を務めた。

今日では多くの国に同様の制度があり、いくつかは戦時中の同盟関係から生まれた。一般市民、政府、産業界の説明責任を分担する人たちが、給与体系全体の信頼性を確保するための代理人を務める仕組みだ。たとえばドイツでは、今日の企業は「共同決定」と呼ばれる取り決めを結ぶふたつの取締役会から成っている。すなわち、アメリカ人には伝統的な独立取締役会と認識されている執行役会と、メンバーの半数が従業員の投票で選ばれる監査役会だ。この構造は、戦後の市場経済を支えるのに必要な信頼を回復するための妥協案だった。大戦中、アドルフ・ヒトラーは労働組合を禁止していた。[61] そして、ナチ党に協力していたドイツの大企業の経営者やオーナーの多くはニュルンベルク裁判で戦争犯罪によって裁かれた。今日、ドイツ企業の報酬チームは、ふたつのグループに重要な決定を承認してもらい、彼らと良好な仕事関係を維持しなくてはならない。アメリカでは、賃金安定委員会による共同決定という実験は、1953年までしか続かなかった。ちょうどそのころ、アーチ・パットンの調査が、新たに生まれつつあったアメリカの報酬業界で反響を呼び始めていた。

企業は誰のものか？

大圧縮（グレート・コンプレッション）は1960年代まで続き、終わりは物理的な戦争ではなく、ビジネス自体の目的に関わるもっとイデオロギー的な論争と時を同じくしていた。少なくとも1910年代から、企業の法的な最優先事項は、株主の利益を従業員や顧客よりも重視することとされ、こういう考えかたは「株主至上主義」と呼ばれた。会社の所有者である株主の利益を最優先にすれば、会社の経営者が自衛本能によって世話役を務め、従業員や顧客、地球環境などの二次的な利害関係者にとって最善のことをするはずだという発想だ。株主至上主義の最も重要な点は、あらゆる決定で株主が最優先されなければならないことにある。労働者が（よくて）二番手に追いやられた以上、賃金を上げるには、政府の命令か、株主が自分の利益になると自発的に気づくかのどちらかしかなかった。

この階層制は、1919年のダッジ対フォード・モーター・カンパニーの訴訟で、法的なお墨付きが与えられた。ヘンリー・フォードが工場の報酬額を倍増して日給5ドルにし、悪評を買ってからのことだった。[62] フォードは、「効率賃金」と呼ばれる、意図的に市場価格より高い賃金を払うことで、提供している仕事の需要を増やし、よい給料に満足している新たな労働者の生産性を高めようとした。フォードの構想は明るいものばかりではなかったが――なにしろ「倹約、清潔、節制、家族の価値観、一般的な道徳心」[63] という観点で労働者の私生活を監視するため200人もの探偵を雇ったのだ――自らの企業の財政的健全性が労働者たちのそれと結びついていると考えていたので、株主よりも従業員の利益を率直に優先することを選んだ。ところが、これは好意的には受け取られなかった。株主は、賃金への追加投資は必要ないと考えたからだ。他社はどこもそんなことをやっていなかったし、余剰現金は配当という形で自分たちのものになるはずだと考えた株主たちは、フォードを訴えた。裁判で、フォードは高い賃金を払う権利を認められたが、配当を支払うことも強いられた。ダッジ兄弟はそれを使って、競合の自動車会社を設立した。

1950年代になると、判事は、同様の事例があまりに多いので、株主が最優先されるにとどまらず常に唯一の存在であるという、あからさまな株主至上主義の考えを退けるようになった。その後数年間にわたって、裁判所は株主至上主義を緩和し、企業経営者が、予算支出の選択肢をめぐって法的に体系化された裁量権を持てるようにした。1968年の有名な事例では、大リーグのシカゴ・カブスの社長と取締役会が、本拠地リグレー・フィールドに照明を設置することを拒否したとして訴えられた。野球は昼間のスポーツであるべきだと球団の経営陣は主張したが、これに対して株主は、ナイトゲームをしないことで自分たちが利益を得る機会を失っていると主張したのだ。裁判所は球団側を支持する判決を下し、企業が不正行為やその他の違法行為を働いていることが示されないかぎり、経営者はいわゆる「経営判断の原則」のもとで事業を営む幅広い裁量権を持つと述べた。シカゴ・カブスは1988年になって初めてナイトゲームを行うようになったが、これはリーグが球団に、照明が設置されるまではリグレー・フィールドでプレーオフ戦を開催することはできないと警告したからだ。

当時、経営に関わる知識人は経営判断の原則に賛同し、経営者には、経営を任されている会社について全般的な選択をする裁量があるべきだと考えていた。おそらく前世紀に最も影響力のある経営思想家だったピーター・ドラッカーは、さらに一歩踏み込んで、企業の最優先事項は株主に奉仕することではないとし、1954年の著書『現代の経営』で、「企業の正当な目的はただひとつ、顧客を創造することだ」と述べている。

ドラッカーは、顧客を第一に考えるには、ビジネスリーダーが世の役に立ちたい、顧客に信頼されたいという内発的な動機を持たなければならないとした。したがって、給与によって顧客と株主の利害を一致させる必要はなかった。顧客を創造する活動と、株主に奉仕する活動は自然に両立するはずで、報奨金（インセンティブ）は、顧客に売り手の動機を疑わせる不必要な利益の衝突と見なされていた。ところが、現在はその逆が真実になっていて、役員報酬のほとんどはもっぱらインセンティブを基本としている（いわゆる給料は役員報酬パッケージ全体の15％以下であることが多い）。しかしかつては、株主の利益を最大化するために余計なリスクと結びついた報酬を増やすことは一般的ではなく、推奨もされていなかった。1951年の経営学の教科書にはこうある。「一般に、役員報酬の大部分をインセンティブで構成するのは賢明ではない[64]」。日々の支出の選択に経営判断の原則を適用するための法的保護があったので、ビジネスリーダーたちは大きな懸念もなく、安心して賃上げに投資できた。どのようにして従業員の給与を上げるかという哲学的な議論は、1950年代後半に登場した。けれどもそれは、ドラッカーの先の忠告からではなく、新たな「能力給」モデルの普及によるものだった。

能力主義（メリトクラシー）という殺し文句

ここ数十年の給与に関する哲学的基盤は、成果に応じて給与を支払うという考えにある。ある人が特別な技能を持っていたり、他の人より優れていたりすれば、高い報酬が得られる。これがわたしたちの理解する、正しく機能している職場であり、能力主義のありかただ。「能力主義（メリトクラシー）」という言葉が生まれたのは、ドラッカーとその同業者たちがビジネスそれ自体の目的を問い直していたのと同じ時期だった。1958年、イギリスの社会学者マイケル・ヤングは『メリトクラシー』という本を書き、新語をつくると同時に、意図せずにビジネスを永遠に変える基礎もつくった。なぜ〝意図せずに〟なのかというと、ヤングは、真の能力主義を構築する人間の力など冗談のようなものでしかないと考えていたからだ。

ヤングは『メリトクラシー』を、2034年のディストピア的な未来世界を舞台にした風刺小説として書いた。その世界では、エリート層は際立った努力と生まれつきの知能によって桁外れの報酬を受け取るにふさわしい人々と見なされている[65](IQ+努力=能力という完全な公式)。物語によると、下層階級の人々は、社会的地位を変える機会から締め出されている。公式に必要な要素の半分でしかないパフォーマンスのせいではなく、さまざまなIQテストによってあらかじめ固定された地位のせいだ。

60年以上にわたって、おおぜいの人々はこの冗談を理解できずにいる。マイケル・ヤングは、新装版の序文で似たようなことを述べ、一部の読者は「内容を読まずに(中略)、本書が風刺であることを無視しているか、わかっていないのではないか」といぶかっている。給与を実力の評価のみに連動させるという、すっかり定着し、神話化している現在の企業理念は、正しく公正に聞こえるものの、処方箋としてではなく、「能力主義社会がいかに悲しく脆いものになりうるか」という警告として受け取られるはずだった。ところが今では、ぴったりすぎるほど息を合わせて、たいていの企業が毎年の昇給プロセスで使っている共通言語は「能力給」だ(「定期昇給」と言うほうが一般的な国もある。そのほうが、決まった業務以外の従業員のパフォーマンスを公正に評価するむずかしさを率直に表していると思う)。

能力という言葉を採用したのは実業界だけではなかった。給与における男女差別をなくすことを目的とした1963年のアメリカ同一賃金法は、能力ベースのプログラムによる賃金格差は許容の範囲内であり、規制の対象外と定めた。第7章で見ていくとおり、これは、従業員が自らの給与を不公正と見なしても、会社が考えるほど客観的とはいえない能力プログラムのせいにできるという点で、雇用主をかなり優位に立たせている。マイケル・ヤングなら予測できただろうが、給与とパフォーマンスを正確かつ公正に結びつける力を疑問視する研究は増えている。理論的には業績給はもっともらしく、賢明にさえ聞こえるが、うまく機能させるには多くの計画と維持管理が必要になる。業績給を正しく機能させるためには、人材探しの段階から、採用、従業員のライフサイクル全体に至るまで、客観的で偏りのないプロセスが必要だ。これを一貫してうまく実行できる企業など、ほとんどないだろう。

しかし1970年代までには、能力に基づいた昇給が勝利を収めた。能力給は一般的な慣習というだけでなく、道徳的に不可欠なこととされた。そして、業績給への移行にとって、経済学者のミルトン・フリードマンほど重要な役割を果たした人物はいなかった。現代の不平等についてのあらゆる論考は、つまるところフリードマンに行き着く。本書も例外ではない。フリードマンは1970年、《ニューヨーク・タイムズ・マガジン》に、「ビジネスの社会的責任は利益を増やすことである」と題した小論を寄稿した。これは、株主至上主義の福音をふたたび伝えるものだった。フリードマンは、社会的な目的を追求するというビジネスリーダーたちの欲求が高まっていることを、20世紀前半のダッジ兄弟やフォードの株主と同じく懸念していた。この小論がその後何十年にもわたって世界のビジネスに与えた影響は、軽視できない。フリードマンによれば、企業の「スローガン」も社会的な目的のひとつだった。たとえば、差別の解消や公害の回避などだ。どちらも、パフォーマンスに基づく報酬を保証してはくれない。株主に最も直接的な利益をもたらす方策以外はなんであれ「ほとんど詐欺」であり、経営判断の原則が越えてはならない基準であり、最も障害が多い道を選んだ者は、「知らず知らずのうちに操り人形になり（中略）自由社会の基盤をむしばみ」、「混じりけのないまったくの社会主義を唱道しているのだ」。ミルトン・フリードマンは婉曲な表現とは無縁で、どう考えてもパーティーの主催者には不向きだったに違いない。

フリードマンの論理では、企業が生み出すあらゆる利益は、当然のごとく株主が所有している。もちろん法的にはそのとおりだ。会社の利益を社会問題に費やせば、「その行動が従業員の誰かの賃金を下げるのだから、その従業員の金を使っていることになる」。つまり、理論的には、あらゆる賃金の支出は、低賃金労働者の時給引き上げだろうと、重役が乗りたがる社用ジェット機のような特典だろうと、優先順位づけされるべき選択肢のひとつだということだ。最も価値のある賃金支出は、必要性とパフォーマンスを通じて――従業員個人のパフォーマンスだけでなく、予測される株価パフォーマンスとも比較して――正当化されるべきだという。

フリードマンの理論は学界の一部では共感を得ているかもしれないが、そこには企業が誰に、なぜ、いくら支払うかを決めるに際しての、現実的な判断の余地がない。給与に関する実際の判断は、平等な評価に基づいてはいない。わたしの経験では、給与の決定は階層に従って行われ、組織の下層へ行くほどルールはきびしくなる。だからこそ、経営陣のなかにも、常に反対意見を唱える人がいる。彼らは利益の追求が不可欠であることを理解しているが、フリードマンの世界観に全面的に賛同するほど愚かではない。ゼネラル・エレクトリックの元CEOジャック・ウェルチは、株主至上主義を「世界で最もばかげた考え」と呼んだ。ユニリーバの元CEOポール・ポールマンは、その考えを「カルト」とさえ呼んだ。より多くの人により多くの給与を支払うということは、決して私情を交えない数学的な作業だけを指すのではないし、上層部の人たちには別のルールがある。第6章で見ていくように、給与をどう決めるかは、どのくらい力を持っているかだけでなく、企業のプロセスの有効性やビジネスの優先順位、支障なく給与について話す許可が得られる文化にも左右される。

なにもフリードマンは、自由主義の熱に浮かされた夢ばかりを提唱していたわけではない。ビジネスリーダーには「できるだけ多くの金を稼ぎながら、社会の基本的なルールに従う」責任がある、と言っていることも確かだ。しかし、どうも納得できない。まわりの人々の幸福に対する深い配慮と責任なくしては、社会の基本的なルールなど存在しえないと思うからだ。フリードマンの考えは、誰もが自分の利益を最優先にして行動し、自分の誤りを正す力をみなが等しく持ち、それを実行するためにいつも理性的にふるまうことが前提となっている。「民間企業が競争することの大きな美徳は、人々が自分の行動に責任を持つように仕向け、その目的が利己的であれ利他的であれ、他者を搾取しにくくすることである」とフリードマンは述べた。つまり、フリードマンの考えがうまく機能するには、出発点となる世界観が、世界に本質的な正義が存在するという前提、あるいは世界に搾取は存在するが自ら正すことができるという前提に基づいていなければならない。けれども、人々が現実に暮らす世界では不均衡な力が働いていて、社会からの疎外を克服し、防ぐためには、絶え間なく構造的障壁を取り除く必要がある。

フリードマンの考えでは、賃金を引き上げようとする政府の行動は特に問題視された。そういう政策を奨励するビジネスリーダーたちを、フリードマンは「近視眼的で頭が悪い」と評した。賃金に対する政府の行動を称賛したビジネスリーダーたちからすれば、自分たちの視点はいたって論理的だった。とりわけ新入社員の給与への介入は歓迎されたが、フリードマンは企業が「社会的責任にかこつけて」行動していると批判した。ビジネスリーダーたちは、利益を追求するために賃上げの熾烈な競争を避けたがるものであり、互いに競争するよりも最小限の政府の介入によって同業他社と共存できるよう、社会の基本ルールが設定されることを望む。歴史的背景を見てみると、フリードマンは1946年にはシカゴ大学に在籍していて、ローズヴェルトとトルーマンが大統領令で賃上げを制限していた時期に自らの考えを形成していった。フリードマンの頭には戦後の賃金統制があったに違いないが、彼の予測に反して、政府の介入があっても市場が破壊されることはなかった。

フリードマンはニクソン大統領の顧問になったあとも考えを変えなかったが、1973年にはニクソンも一時的な賃金凍結を行った。フリードマンののちも、賃金への小さな介入を経済の大災厄を招くものと解釈する心配性の人たちが、次々と登場している。世代が変わるたびに、政府と民間産業はたびたび緊張関係に陥ることになり、適切にバランスを取るのはむずかしい。ミレニアル世代に当たるわたしの世代は、ドアベルから離婚まであらゆるものを絶滅させたと非難されているが、もっと機敏なリーダーシップを求めている人たちも、殺害予定リストに自由市場を入れるべきとは考えていない。若い世代はよく、いつも自分の功績を認めてもらいたがっているとけなされるが、それは成功するための唯一の選択肢だと若者たちが教え込まれ理解するようになった、能力主義のシステムゆえなのだ。かわりにもし、誰もがあのマイケル・ヤングの冗談をよくわかっていて、純粋な能力主義というイデオロギーが社会的状況の現実と背中合わせの関係にあることを理解していたらどうだろう？よい仕事が報われるべきなのは確かだが、それをしっかり実現していくには、警戒（そして、ときには介入）が必要になる。

勢いづいた役員報酬の伸び

株主が自分たちの頭上に直接スポットライトを当て始めたからといって、経営者たちがバックシンガーとして株主といっしょにステージに立てないわけではなかった。企業の幸福を株主の幸福と結びつけることで、企業は、役員報酬プログラムと株主の成功をきっちりとそろえるようになった。報酬策定者が「ライン・オブ・サイト」と呼ぶ考えかただ。この考えかたについては、第4章でもう一度検討するが、今のところ知っておくべき重要な点は、株主が利益を得て、株主至上主義のもとで組織の目的を果たすには、株価を上げることに重役のあらゆる意思決定を集中させなくてはならないということだ。

意識があからさまに株主へ移ったことは、ほとんどすぐさま賃金に影響を与えた。1973年、フリードマンの小論から3年後、労働者の生産性と賃金の伸びが初めて連動しなくなり、企業の収益は増えたが、従業員の賃金の伸びは鈍化した。1948年から1973年にかけては、生産性は96％、賃金は91％上昇した。つまり、経済学者が長年のあいだ想定してきたように、労働者の賃金は、企業への貢献度が増すのに比例して上昇していたことになる。しかし、1973年から2014年にかけて、労働者の生産性は72％上昇したが、実質賃金は9％しか伸びなかった。(66)

自動化が進んだグローバル化経済のなかで、このデータを分析する方法はいくつもあるし、論点に応じて生産性と賃金を定義する方法もたくさんある。けれども、たいていの人が肌で感じているように、テレビが安くなり、雇用主が補助してくれる健康保険は以前と同じ契約内容でも（もしくは質が落ちても）高くなっているのに、子どもを大学に進学させたり、心豊かな休暇を過ごしたり、老後に備えて貯金したりなど、上昇志向を持って生活を送るための経済的な基盤を整えることは、ずっとむずかしくなっている。統計の話を長々と語ることもできるが、本書を読んでいる人なら、おそらくどこかで契約が破綻してしまったかのような、自分の仕事の生産性は上がっているのに利益は受け取っていないような気がしているだろう。能力主義が前提とされ、評価を受ける基準が生産性だとするなら、賃金との関係が意味をなさなくなった場合、どうすれば賃金が上がるのだろう？　わたしが知っている報酬チームのなかで、給与計画の一部として生産性を追跡しているチームは皆無だ。

ビジネスの新たなオペレーティング・システムが明確に株主の利益のためにあるとされたからには、立法と税制のインフラを、株価に応じた配当の受け取りを期待する株主や重役を優遇できる形に変えなくてはならなかった。1970年に新時代の株主至上主義モデルが確立されたとして、その後3つの年になされた選択に焦点を当ててみよう。1982年、1990年、1993年だ。


1982年以前、企業が自社株を購入することは「株式買い戻し」（または「自社株買い」）と呼ばれ、まれにしか行われないうえに、あいまいなルールのもとで稼働していた。第4章ではこのテーマをさらに詳しく取り上げ、企業が収益を事業（または従業員）に再投資せずに、自社株を買い戻すことをどのように正当化しているのかを明らかにしていくが、本節ではこの行為を、株主至上主義の延長線上にあるものと見る。企業は株式買い戻しで、自社の発行済み株式の一部を購入することによって、市場に向けて自社株が割安だという合図を送ることができる。企業は一般的な投資家より自社の将来の成長見通しについて多くの情報を持っているので、買い戻しは株式の需要をつくり、株価の上昇を生み出す方法になる。また、給与のほとんどを株式で支払われ、一株当たり利益（EPS）のような基準で評価される重役たちには、株価を上げて、発行済み株式数を減らすためにできることならなんでもするという強いインセンティブがあり、買い戻しはその両方を達成するために行われる。理論的には、これは会社の退職金制度に加入しているほとんどの従業員を含め、社内で株式を所有するすべての人にとってうまく機能する。重役たちにとっては特に喜ばしいことだ。

タイミングという観点からすると、買い戻しが彼らの目的にかなうことははっきりしている。重役たちは、平均市場価格よりも低い株価で買い戻しをするタイミングを図ることができたからだ。[67] 買い戻しがたまにしか行われない場合はなおさらだった。株主の利益を第一に考えて行動するというのが会社からの指示であるなら、特にその行為が成功しているのなら、不合理な点は何もない。しかし、1982年までは、買い戻しの仕組みは簡単ではなかった。レーガン政権と、1930年代以来初めてウォール街出身者から委員長に登用されたジョン・シャッド率いる証券取引委員会（SEC）は、企業がもっと買い戻しを利用できるようルールを変更した。証券取引法規則10b-18は、「安全港（セーフハーバー）」の条件を定めたもので、それに従えば、企業は詐欺罪に問われることなく自社株を買い戻すことができる。透明性の高いルールが定められ、不正を告発される恐れがなくなったので、自社株買いは急速に増えていった。2019年には、企業の自社株買いは総計で年間1兆ドル以上になり、企業は自社の利益を資金源にするだけでなく、株式を買い増すためだけに借金までした。

自社株買いに対するおもな批判はふたつある。第1に、自社株買いは、重役たちが自分の給与を税率の低いキャピタルゲイン（株式や債券など、保有資産の売買差益）にロンダリングするための手段と考えられることだ。重役の報酬パッケージのほとんどは株式という形で支払われているので、定期的に基本給を引き上げてもらうよりも、所得税率の低いこちらの報酬が増えるほうが望ましい。第2に、自社株買いは無責任な現金の使いかたであり、金は株主への還元ではなく会社自体や労働者への投資に使ったほうがよいという議論がある。また、COVID-19パンデミックが続くなか、多くの企業がどれほどあっさり現金を使い果たしてしまったかが判明し、理性ある人々は、なぜ家庭に期待されるような、万一に備える充分な資金を企業が持っていなかったのかと疑問に感じた。わたしはどちらの批判にも共感するが、自社株買いと従業員への投資を比較する際には、もっと明確なエビデンスを挙げて論じる必要があると思う。

自社株買い全般を非難するより効果的なのは、「比率」に注目することだ。ある企業が「給与を上げる余裕がない」と言うときは、まず最初に、他の投資にどのような優先順位をつけているかを尋ねたほうがいい。従業員への投資は、社員と家族に多世代にわたる影響を及ぼす一方で、自社株買いのような支出は、たとえ最良の筋書きで行われたとしても、システムに依存する制御不能な市場変動のせいで、影響は一時的で限られたものにすぎない。株式買い戻しを優先させるということは、企業が、たとえば研究開発や従業員への投資といった使い道よりも、短期的な株価上昇への期待を優先させる選択をしていることを意味する。もし企業が、性別や人種による賃金格差をなくすための1000万ドルの投資や、すべての従業員が生活必需品を買えるようにするための1億ドルの投資を拒絶する一方で、10億ドルの株式買い戻しには賛成したとすれば、従業員は経営陣の誠意と意思決定能力を疑ってしかるべきだ。

1990年には、アーチ・パットンの影響がふたたび顕在化した。経営者たちが、自分たちの努力に見合うだけの配慮をされていないのではないかと気を揉み始めたからだ。《ハーバード・ビジネス・レビュー》はまたしても、「CEOのインセンティブ——それはいくら払うかではなく、どのようにして払うかにある」と題した記事で、経営者を擁護する役割を果たした[68]。今回のバージョンでは、給与がパフォーマンスと充分に結びついていないとされた。つまり、経営者は徐々に報われなくなっており、それは能力主義時代の大罪だというのだ。解決策は、役員の持ち株を増やし、さらに株主と利害を一致させることとされた。記事では相変わらずパットンの脚本が用いられ、持ち株が10倍多かった1930年代のCEOに比べて、現代のCEOがどれほど「企業価値に占める株式保有の割合」で劣っているかが示された。なんたることだ、このままではいけない！　株式の付与を強化してさらに株主と経営者の利害を一致させれば、「優れたパフォーマンスには大きな報酬を、さえないパフォーマンスには大きな罰則を」与えることができる。当然ながら、役員報酬のうち大きな割合を占めるのは、固定給から、現金賞与やさらに増えたストックオプションなどの業績連動型報酬へと着実に移行していった。この変動給と固定給が合わさって、いわゆる「ペイミックス」が構成されるわけだが、一般社員と重役の給与の差は広がり続け、1993年には巨大な裂け目となった。

企業は1993年まで、金額や種類にかかわらず報酬を通常の事業活動費として、税控除を受けることができた。当時の大統領候補だったビル・クリントンは、CEOと労働者の給与格差拡大に対する世間の風当たりの強さを感じ取り、税制改革によって過剰な役員報酬を追及するつもりだと選挙戦で訴えた。クリントン政権は初年度に、企業の取締役会の行き過ぎを抑えるため、経営トップの報酬のうち最初の100万ドルだけを控除対象とした。このルールは、基本給、ボーナス、定期的な株式付与などを含む従来の給与パッケージに適用された。しかし、おもにストックオプションに当たる追加的な業績連動型報酬は控除の制限から外された[69]。それが、典型的な重役のペイミックスの市場基準に即座に影響を与えた。というわけで、今日の大企業のCEOは、100万ドルぴったりかそれに近い金額の給与と、報酬の大部分を占める税金面でさらに有利なインセンティブを受け取っている。

1990年には、ストックオプションの形で自社株を受け取った従業員は100万人に満たなかった。2000年には、その数は1000万人になった[70]。すべての株式付与がストックオプションというわけではなく、ふたつの言葉は誤って同じ意味で使われている。ストックオプションは、一般的な投資家が購入して保有する株式とは違って、毎日価格を調べたり、損益を簡単に計算したりできない。オプションは、付与されたときの設定価格より売値が高くなって初めて価値を持つ。たとえば、オプションに与えられた価格（権利行使価格）が一株当たり60ドルで、市場価格が一株当たり80ドルだとすれば、従業員は60ドルで株式を購入して80ドルで売却し、差額の20ドルを受け取るオプションを持つ。しかし、もし市場価格が59ドルなら、従業員のオプションの価値はゼロになる。他の人たちと同じように、公開市場で権利行使価格よりも安値で株を買えてしまうからだ。つまり、オプションの価値は行使される日までは理論上のものと見なされるので、付与時には直接価格をつけることができず、企業が自由に配布してよいものと考えられた。会計業界は、最新の役員報酬の策謀を阻止することを事実上あきらめていた。筋が通っているかどうかはともかく、企業ができるだけ多くのストックオプションを配布しない理由はなかった。会社の視点からすれば、ストックオプションは重役と株主の利害を一致させ、業績（と見なされるもの）と給与を結びつけるうえに、無償で配ることができるのだ！　これを気に入らない株主至上主義者がいるだろうか？

ストックオプションの価値は、ほとんどの人が退職金口座に保有している種類の株式よりずっと急速に高まるので、CEOと従業員の給与格差は爆発的に拡大した。スティーヴン・クリフォードの著書『CEO報酬のからくり（*The CEO Pay Machine*）』によると、一般社員の給与との格差は1965年には20倍、1987年には87倍だったが、1994年から2004年にかけて、その4倍以上に膨れ上がって376倍になった。[7-1] 企業の規模拡大では説明できないほどの格差だ。

2006年になると、CEOたちのパーティーは終わった。ブッシュ（第43代）政権下での新たなルール変更によって、企業はストックオプションの費用計上を求められるようになった。要するに、もはや無償ではなくなったのだ。理論上のものが実体のあるものとされると、ほとんどの企業はブラック・ショールズと呼ばれる気が遠くなるほど複雑な数式を使ってオプションの評価額を策定することを選んだ。数式は以前から存在していて、ミルトン・フリードマンの小論と同時期の1973年に発表されたが、当時の実業界は使わないことに決めたのだった。とりわけシリコンバレーには、このルール変更を、イノベーションやビジネスの成長を損なうものだと考える人たちもいた。しかし、その後業績を上げた業種を見れば明らかなように、特にシリコンバレーの人々にとって、それは杞憂だった。また、ウォーレン・バフェットのように、ストックオプションは常に企業がリスクや利益の不足を隠す手段だったと言う人もいた。バフェットはこの信念を貫いていると言われ、企業を買収するときには通常、オプション制度を破棄して、価格操作できない同等の現金制度に置き換えるという。[72] ルールが変更されたにもかかわらず、競争力のある役員報酬の新たな基準はすでに確立されていた。もう後戻りはできなかった。

忠誠を誓っても、その中身は？

実業界では多くの人々が、ルールも金もトップの意のままという、これまで築かれてきた現代の給与体系が失敗していることを理解し、もっと公正な体系にする方法を提案してきた。2011年に（これまた）《ハーバード・ビジネス・レビュー》に発表されたひとつのモデルは、「大計画（ビッグ・アイデア）――みなで共有できる価値の創造」というものだった。この小論の著者であるハーバード・ビジネス・スクールのマイケル・E・ポーター教授とマーク・R・クレイマー教授によれば、企業は、周辺部（たとえば慈善活動や持続可能性を通じて）ではなく、ビジネスモデルの中枢で社会のニーズに対処してこそ、業績を上げることができるという。[73] 著者らは、こういう考えかたが「ビジネス思考の次なる大きな変革を起こす」と述べた。経済効率と社会の進歩は相反するものではないのだが、企業の方針の多くは、何十年にもわたる制度化された惰性で動いている、と議論は続く。彼らによれば、「企業は先頭に立って、ビジネスと社会をふたたびひとつにしなければならない」が、それは企業が生み出した価値を再配分するためではなく、「プール全体を拡大する」ためだ。著者らは、企業のリーダーシップだけでなく、政府による規制の重要性も認識し、「賃金水準の抑制や、福利厚生の削減、オフショアリング〔業務の一部または全体を海外へ移すこと〕への注力は徐々に考え直され、従業員の生活賃金、安全、健康、訓練、生産性にプラス効果をもたらす昇進の機会に意識が向けられている」と見ている。つまり、いちばん深いところをロープで囲っていては、賃金のプールは拡大できないということだ。

わたしには、ピーター・ドラッカーの「ビジネスの目的は顧客を創造することである」という信念から出発し、ポーターとクレイマーの共有価値モデルを経て、MITスローンスクール教授のゼイネップ・トンが『よい仕事の戦略（*The Good Jobs Strategy*）』で提示したような新しい発見に至るまでの進歩が見て取れる。顧客を創造するには（＝ドラッカー）、従業員は顧客のために最善を尽くさなくてはならないが（＝ポーターとクレイマー）、それは必ずしも会社の直接的な財務上の利害とは一致しないうえに、従業員は会社から公正に扱われ、自主性を与えられなければ行動しないだろう（＝トン）。どのモデルでも、相手（人）に対する義務が、個人の進歩の前提条件となっている。川がよごれていたり、道具が手に入らなかったりすれば、人は魚の釣りかたを教わることができず、自力で食べていくこともできない。こういう考えかたはまったくアメリカ的ではなく、集産主義的すぎてこの国の特性とは相容れないと思う人もいるだろう。しかし、特にトンと彼女が創業した非営利組織であるグッド・ジョブズ・インスティテュートのチームの研究が明らかにしているのは、従業員を大切にすることがビジネスを大切にすることであり、公正な給与と出世の機会があるよい仕事を提供する雇用主は競合他社をしのぐということだ。次の段階として、複雑な企業環境のなかでどうやってそれを実行するかを考えなくてはならない。まだその段階まで進んでいないひとつの理由は、給与を決定する権限を持つ人たちに説明責任を負わせる手段がなかったからだ。

けれども、それを変えられる団体がある。

アメリカの大企業のＣＥＯが集まる財界ロビー団体ビジネス・ラウンドテーブルは、より公平なビジネスの枠組みをめざそうと、継続的に挑戦してきた。最近では2019年に、JPモルガン・チェースのジェイミー・ダイモンCEOが（おそらくポーター下院議員との舌戦をいまだに気に病んでいたのだろう）同業者たちとともに、同団体の「企業の目的に関する声明」の最新版を発表し、その一部でこう述べている。「1997年から発行を続けてきたこの文書では、どの版においても、企業は主として株主に奉仕するために存在すると述べてきた。だが企業の目的に関するこの文言は、我々および同業のCEOたちが日々あらゆる利害関係者のために価値を創造しようと努力している過程を正確には表現していないことが明らかになった。あらゆる利害関係者の長期的な利益を、切り離して考えることはできない」。それは、株主だけを尊重すべきだというフリードマンの考えの否定であり、先のマイケル・E・ポーターとマーク・R・クレイマー、ゼイネップ・トンの考えの採用だった。

しかしながらあいにく、これは以前の焼き直しにすぎなかった。2019年の声明は、逆戻りからの逆戻りだったのだ。ポーターとクレイマーが論文を発表するずっと前の1981年、企業の目的に関するラウンドテーブルの考えは、「自らの行動が、株主から社会全体まで、すべての人に与える影響を考慮すること」だった。ところが、経費のかからないストックオプションが湯水のごとく流れ出るようになった1997年には、ラウンドテーブルはふたたび株主を中心に置き、企業の「最も重要な義務は（中略）株主に対するもので、他の利害関係者の利益は、株主に対する義務の派生物としての意味合いを持つ」と主張していたのだ。[74]

幸いにも、これまでのラウンドテーブルの規定とは違って、2019年版は具体的に5つのコミットメントを掲げていた。[75] なかには、給与と従業員への投資の重要性についてのコミットメントもあった。「これは、従業員に公正な報酬を支払い、重要な福利厚生を提供することから始まる」。

コミットメントを進展させるためには、ビジネス・ラウンドテーブル自らがどのように説明責任を負うのかについて合意する必要がある。そうでなければ、5つのコミットメントはすべて看板倒れで終わってしまう。公正な報酬を支払い、重要な福利厚生を提供するために、会員企業が具体的にどのような財務上のコミットメント、定義、方法論、スケジュール、犠牲、妥協、指標などを定めるのか、注視していく必要がある。公正な給与の実現に向けた方策は、企業によって当然異なるだろうが、ビジネス・ラウンドテーブルの会員企業で働いている報酬担当の同業者たちは、自分の仕事をラウンドテーブルの対外的な採点表とはっきり結びつけているとはいえない。透明性のある共通の道筋がなければ、報酬チームは地図も道標もないまま車を運転することになる。もしラウンドテーブルがふたたび考えを変えて、株主を運転席に戻してしまえば、その決定は、道半ばで公正な給与から車のキーを奪い去るということだ。そして、すでにそれは起こりつつある。5つのコミットメントを発表して1カ月もたたないうちに、誓約に署名した、ラウンドテーブルのなかでも屈指の著名な会員企業が、パートタイム労働者の（明らかに「重要な福利厚生」である）健康保険を削減すると公式に発表した。これは、従業員にとって不可欠なものを重視する誠意ある給与という世界観に、大きな衝撃を与えた。

このように社会に対して誓約をするという動きは、アメリカだけの現象ではない。ビジネス・ラウンドテーブルが最新の誓約を発表した4日後には、アメリカの団体と一部重なるグローバル企業の団体が、経済協力開発機構（OECD）のコミットメントの一環として、「不平等に対するビジネス誓約」に署名した。こちらには、「よい仕事に対する適正な賃金」と「すべての平等分野（性別、民族、障害、性的指向など）での賃金平等の実現に向けた前進」へのコミットメントが盛り込まれている。[76] しかしながら、ここでもやはり説明責任を果たすための手段や実現に至るスケジュールについての合意がなければ、所得の不平等に取り組むというこれらの誓約がただのブランド構築目的であることは、皮肉屋でなくても察するだろう。トマ・ピケティの『21世紀の資本』を担当した編集者イアン・マルコムは、これを、ドイツ統一の中心人物だったプロイセン首相にちなんで、ビスマルク・アプローチと呼んだと言われる。エリートの関心事は、真価に基づいて正義の世界を追求するよりも、たいていは「自分たちが傑出している世界」での地位を維持することにある、とマルコムは懸念する。[77] 公正な給与のあくなき追求において、わたしたちの仕事は、企業に約束の責任を取らせることなのだ。

代わり映えのしない新しい上司

労働者のパフォーマンスと可能性（今ではその人が属する社会階級に左右されてしまうと判明している）という認識だけを頼りに、人々の将来と生活を人質にして何十年ものあいだ能力主義の実験を行ってきた今、そろそろ気づくべきなのは、製品の製造にとどまらない複雑な働きをしている経済のなか、パフォーマンスや価値で給与を評価することのむずかしさだ。ひとつの世代が引退し、次の世代が引き継ぐとき、新たな体制を敷いても解決が保証されるわけではないことも認識しなければならない。給与を適正にするためのきびしい決断をしないかぎり、昔ながらの給与の問題はさらに悪化して大惨事になるだろう。わたしの意見では、次世代のリーダーたちは――わたしもその一員ではあるが――すでに試験に落第しかけている。

技術進歩の名のもとに、世界はあまりにも急速に、労働力を提供する労働者から、ほぼすべての利益を受け取る（おもに白人男性の）創業者や経営者層への極端な富の移転を歓迎するようになった。一例を挙げると、ギグエコノミー（労働力の短期的な切り売り。ウーバーがその典型）で働く人々は、法的に契約者と被雇用者の中間的な立場にあって、従業員のように福利厚生や保障、自分の給与を左右する力を与えられないが、会社の利益が上がらなければ100％の責任を負わされる。さかのぼれば、昔も似たようなことがあった。たとえば、1930年代に制定されたアメリカの公正労働基準法は、超過勤務手当の適用対象に、これと同様の疑わしい除外規定を設けていた。当初、レストランやホテル、農業など、女性や人種的マイノリティーが多数を占める産業全体が除外されていたのだ。

　アプリベースのギグエコノミーにおいて急速に拡大しつつある問題は、労働市場全体を後戻りできない段階までリセットしてしまう可能性がある。既存の企業は、あまり明白ではないルールブックに従って好き勝手なことをする者たちを見て、合理的な判断から似たような行動に出るだろう。ニューエコノミー、オールドエコノミーを問わず、さまざまな企業の報酬策定者との会議やミーティングに出席すると、ビジネスリーダーたちが将来どのように職員を配置するつもりなのかを直接耳にする。それは、現在の法律や給与の枠組みのもとで働く低賃金労働者にとって本質的に有利なものではない。多くの人がデータを「新しい石油」と呼ぶ環境のなかで、まるで社会のあらゆる問題はソフトウェアコードをいじれば解決できるかのように、次のビジネスブームは最適化の追求によって勢いづくだろう。しかし、公平で公正な給与は最適化されるべき問題ではなく、育成されるべき世界観なのだ。

　わたしが思うに、適切なオペレーティング・システムは、ビジネスリーダーが誠意ある給与という考えかたを受け入れることから始まり、人間に関しては最適化の追求に意図的な制限を設けるべきだ。これによって、実験をしたり、何かを間違えたり、誰かの成功を助けたり、あらゆる利害関係者の向上のためにともに前進したりする余裕が生まれる。旧約聖書にこんな教訓がある。レビ記の律法では、ユダヤ人の土地所有者（パレートの法則の20%にあたる人物）は、自分の畑を一度耕したあとは、他の人たちが積極的に働いたり食物を受け取ったりする余地を残すことになっている。「あなたがたが土地の実りの刈り入れをするとき、畑の隅まで刈り尽くしてはならない。刈り入れの落ち穂を拾い集めてはならない。貧しい人や寄留者のために残しなさい」（レビ記23章22節、聖書協会共同訳）。土地所有者は、他の人たちの生活向上を妨げるような方法で自分たちのシステム上の技術的優位性を利用することは許されなかったし、市場の効率性や自己決定、最適化を装って、収穫物を100%手に入れることはできなかった。

現代の給与調査を発明したマッキンゼーのコンサルタント、アーチ・パットンの著書を70年近くたってから読むと、報酬策定者たちの運用上の考えかたや日々の仕事がほとんど変わっていないことに驚く。1996年の追悼記事によると、1980年代後半のあるとき、パットンは役員報酬の爆発的な増加に果たした自分の役割をどう思うかと尋ねられた。「責任を感じる」とパットンは答えたが、同時に、経営陣は「自社の役員全員が並外れた業績を上げていると想定し」、彼の調査結果をひどく悪用していたとも答えている。[78] 長年にわたって、報酬策定者たちは公正な給与に対して消極的な姿勢を取り、進んで擁護者としての役割を担うことはほとんどなく、市場の名のもとに、とりわけ所得体系の上層と下層でのこのような格差が生じることを黙認してきた。現状の報酬の世界を変えようとしない業界の無責任について、ウォーレン・バフェットはこう言った。「経営陣は、ドーベルマンのような［報酬］コンサルタントは推薦しない。確実に尻尾を振ってくれるコッカースパニエルを雇うのだ」。[79]

わたしは今の給与制度を捨て去るべきだとは思っていないし、誰にとってもうまく働く公正な給与の世界をつくるために、制度を改善していくことができると信じている。経済学者のジョン・メイナード・ケインズは、労働者の賃金が生産性に比例して自動的に上がると考え、2030年までには人々の労働時間は週15時間になるだろうと言った。[80] つまり、生産性が飛躍的に向上して重労働を機械に任せられるだけでなく、当然ながら誰もが共通の進歩の利益を享受できるようになる、あるいはケインズの言葉を借りれば、「パンをできるだけ薄く切ってたっぷりバターを塗るために、まだ残っている仕事をできるだけ広く分配する」ようになるということだろう。ケインズと同時代に活躍したマイケル・ヤングも、能力主義を風刺した著作のなかで2030年代について予測しているが、富を価値と結びつける人間の傾向を考えると、あらゆる人にとっての進歩を実現するにはもっと積極的な取り組みが必要だと考えていた。現実の2030年には、技術の進歩と人間の意思決定は、そのふたつの統合をめざしてわたしたちが今行う選択によって、すばらしいものにも危険なものにもなるだろう。

セントルイス連邦準備銀行は、2018年の報告書で企業の利益と従業員の賃金の比率について検討し、企業の利益が賃金を上回る気がかりな傾向を指摘した。以前にも同様の傾向を指摘したことはあったが、今回はこう警告している。「この15年は今までと様子が異なる。企業の利益がこれほど明確に、これほど長期間にわたって従業員の報酬を上回る速さで成長したことはなかった」[81]。わたしたちが進んでいる道は持続可能ではないが、その道を歩むことを運命づけられているわけでもない。市場経済を運営する唯一の解はなく、それは常に人々の選択が生み出すものなのだ。歴史を振り返ってみると、市場への介入が経済の崩壊や破局、あるいは共産主義に一歩近づくことになるという警告をどれだけ耳にしようとも、市場は人間の介入に対して柔軟であることがわかる。公正な給与に向けてすぐに対策を講じることは可能だ。まずはブラックボックスをあけて、企業が現在の給与をどのように考え、計画を立てているのかを確かめ、その知識を使って、給与が公正に支払われているか否かをどう判断すべきか、そして、あらゆる人のための誠実な報酬環境を実現するうえでどんな役割を果たすべきなのかを見ていこう。

4. 企業は給与をどう考えているか

企業が給与計画を立てる方法には、手で卵の黄身と白身を分けるときのような感覚がある。厨房では欠かせない技能だが、いつもうまくいくとはかぎらない。手をよごさずに作業を進めることはできないし、白身が指のあいだをすり抜けるのを見つめながら、大事な黄身を有効に利用できるよう、形をきちんと保つことだけに集中する。しかしどんなにがんばっても、黄身が潰れたり、殻の小さなかけらがすべり落ちて白身のなかに交じってしまったりすることもある。すべてが失われるわけではないが、すべてがうまくいくわけでもない。

うまく分けられた卵を見ても誰も感動しないのは、その作業が完璧にやり遂げるべき日々の業務とされているからだ。同じく、公正な給与を支払っても誰も感動しないのは、公正さが期待されて当然の基準となっているからだ。あなたがつくったおいしいオランデーズソースは、必要な最初の段階や、卵を扱う基礎的な技術ではなく、レシピの次の段階があって初めて称賛される。気づいてもらえるのは、レモンとバターと塩の割合、特に泡立ての腕前だ。ただし、ソースのなかに卵の殻が残っていた場合には、すべてがだいなしになる。

たとえ話をもう少し続けると、あなたの会社の報酬担当者は、偏見のない報酬プロセスや業績賞与基金を導入しても称賛はされない。それは期待されて当然だからだ。本当に評価されるのは、その結果を活用して、昇進や専門能力の開発にふさわしい人材を公平に識別し、もっと大きな利益を生み出して賃金格差をなくせるような、多様な代表者からなる首脳部をつくれたときだ。企業が自らの過ちを認めてやり直すか、それともこっそり隠してしまうか。それが、誠意ある給与を支払うためのきびしい選択が行われる局面だ。

構造的な違いや不測の事態など、外部要因も大きな問題になる。常温の卵のほうが、冷蔵庫から出したばかりの卵よりも割りやすい。有機卵は、「ブルーム」と呼ばれる天然の保護膜があるので割りにくい。シェフが手を洗わなかったら、食べる人が病気になる可能性がある。黄身と白身を分けることは、単なる日々の業務ではないとわかってくる。ひとつのプロセスであり、それぞれの段階が重要なのだ。給与の場合、外部要因は無限にあって、常に変化している。

・市場調査のデータで、ある年には専門職の人に比べて総合職の人のほうが急速な給与の伸びを示し、翌年にはその逆を示すことがある。ここで報酬策定者は、市場を追いかけて毎年特定のグループの給与を上げるか、何もしないで長期的なトレンドの推移を見るかを判断しなくてはならない。
・昇給率を一定の割合に制限するという会社の古びた方針のせいで、現在の従業員の給与が転職者の給与に追いつけなくなることがある。ここで報酬策定者は、遅れを取っている人たちを一時的に昇給させるかどうか、そして誰がそれに該当するのか、さらに困ったことに、どの部署の内部予算を充てるのかも決めなくてはならない。

・会社が新しい経営陣のもとで再編成され、全社員が新しい階層のもとで別の仕事に就くことがある。ここで報酬策定者は、給与制度全体の秩序と公正さを保つために、一部の社員の給与を大幅に上げるか下げるかを判断しなくてはならない。

・あるマネージャーが、辞めると脅しをかけてきた男性社員に残留特別手当を与えたが、何も言わずに他社の面接を受けていた女性社員には与えなかったとする。ところが男性は、残留するという約束の期限が切れて手当が入金されるとすぐさま辞めてしまった。ここで報酬策定者は、報酬を決定する権限をマネージャーから剝奪して、標準化された公平な基準のもとで中央のチームに権限を移すかどうかを決めなくてはならない。

・責任者が交代し、またもや会社が再編成されることもある。

・買収によって、社内の既存のグループと同じ仕事をしていながら、はるかに給与水準の高い新入社員が加わることがある。ここで報酬策定者は、新たに獲得した社員の給与を下げるようなことをして初対面から嫌われないようにしつつ、ふたつの体系からなる給与制度をいつまで許容できるかを決めなければならない。

・そしてまたもや、会社が再編成される。

いつでもどんな状況でも公正な給与を実現できる決まった手順や解決策はない――殻のかけらは避けられない――ので、わたしのような役割に就く者たちは、すべてを正しく行うことは不可能だとしても、最善の判断をするための枠組みやガイドラインに頼らなければならない。ここで塩を少々加え、次に酢をちょっぴり入れて、心を込めて泡立て、最後にはおいしくなることを願う。ときには、ソースをぜんぶ捨ててやり直さなくてはならない。

一見理不尽な報酬にも、いくらかは論理がある。たいていの企業の給与がどういう仕組みで支払われているのかを説明しよう。まずは、給与の市場が実際どのくらい自由なのかを評価することから始める。次に、給与に関する企業の実際の思考プロセスを取り上げ、すべての給与決定のガイドとして使われる枠組み、「報酬哲学」から始める。給与にひとつの哲学をあてがうのは大げさに思えるが、そこにはしきたりや儀式、シャーマンや聖典はない。本章では、報酬哲学の有用性と、公正な給与への影響を問う。次章では、その哲学のなかに居場所を見つける方法を示し、第6章では、自分の給与が哲学に沿っていないとき、そして昇給を求めるべきときの見極めかたについて検討する。特定の業界や企業規模に焦点を絞っても、あまり意味はない。あらゆる形態と規模の企業に、同じ原則が当てはまるからだ。報酬の世界のシェフにとっては、地元の屋台もミシュランの星付きレストランも同じ基本材料を使っているのだから、古典的な技術を身につけるだけでいいのだ。

市場は自由なのか

給与についての重大な変化は自然に起こるとはかぎらず、給与の市場を自由と表現するのはひいき目に見ても不完全だ。ビジネス文化では、市場の自由度を疑うことは危険な考えで、介入によって間違いを正したりバランスを取り直したりすれば、聖書に出てくるロトの妻のように、不遜な行いによって塩の柱に変えられてしまうかもしれない。市場第一主義者の言うことにも一理ある。市場は不完全ではあっても、生活水準を向上させたり、極貧のなかで暮らす世界人口の割合を減らしたりするのにこれほど貢献した経済システムはほかにない。わたしは自由市場の完全な否定を持ちかけているわけではないが、給与が公正かどうかを確かめるには、現状のシステムがうまく機能していない部分を率直に指摘し、システム全体を維持するうえで権力の不均衡に対する監視と介入が重要であることを認めなければならない。アダム・スミスが『国富論』で述べているように、「労働の価格を下げるために団結することを禁じる法令はないが、上げるために団結することを禁じる法令は山ほどある」[82]。

あなたもなんらかの形態を取った市場を信じていて、給与決定は自由市場にゆだねるのが最善だという共通の信念が出発点にあるとするなら、市場が実際に自由であることを確かめる必要がある。ここではかなり簡略化するが、市場が自由であるためには、少なくとも条件がひとつある。意思決定が分散化していることだ。自由市場の参加者は全員、行動する能力を構造的な障壁に妨げられることなく、一方的に自分の利益にかなう意思決定ができなくてはならない。自由市場は、この意思決定能力がひとつの存在に集中しすぎると自由度が低下する。政府がその役割を踏み越えて自由市場を妨げることもあれば、経営者個人や会社全体、法制度が妨げることもある。理論的にはまずありえないが、労働者の力が集中したときにも同じことがいえる。

給与と自由市場の関係について真実だと考えられていることと、企業が報酬額を設定するとき実際に起こっていることのあいだには断絶がある。報酬は、徹底して指標に基づいて決定される分野なので、給与設計はたいてい多くの企業間で一致している。これは、自由市場に必要な分散化された意思決定のしるしではなく、周囲と一致した行動を取る人間の傾向と、異なる行動を取る責任の欠如を示すものだ。哲学者のエリック・ホッファーがこれをうまく言い表している。「人は好きなことを自由にできるとき、たいてい互いのまねをする」。給与を一致させるおもな手段は、給与調査だ。給与調査を、ビジネスにおける最高の取引だと考えてみてほしい。

毎年春に、報酬策定者は自社の給与データをいくつかの業者に提出する。そして毎年秋に、そのデータは集計され、市場と呼ばれるもののスナップショットとして戻される。1回の調査につき数千ドルで、企業は「市場相場」と呼んでかまわない閾値を知ることができる。もし、わたしの会社に50

0人のソフトウェアエンジニアがいて、ひとり当たりの給与が12万ドルだとして、あるマネージャーが（根拠もなく）12万5000ドルにしたほうが他社に比べて有利だと言ったなら、わたしは喜んで5000ドルの調査費用を払い、ひとり当たり12万5000ドル払う必要がないことを知りたいと思うだろう。調査を購入することで、わたしは250万ドル（差額5000ドル×500人）節約でき、投資に対する利益は500倍になった。給与調査は、会社が従業員にすでに信頼できる市場相場を払っているかぎり、賃上げを避ける手段になる。賃金を公正にするには、会社だけが情報を入手できる給与調査という報酬産業複合体をすり抜ける方法を見つけなければならない。

この状況では、給与は自由市場のなかで常に競争している企業のダイナミックなオリンピック短距離走ではなく、みんながひもでつながれてほぼ同じ速度で進むぎこちない二人三脚のように見える。これを「二人三脚問題」と呼ぶことにしよう。企業の視点で見れば、システムはみごとに機能している。自社の報酬額に競争力があることが保証され、そのために必要な費用は最小限ですむ。しかし従業員にとっては、同じ質の情報が入手できないと、給与をめぐる本当に自由な市場力学が阻害される。自己申告制の給与サイトの透明性をもっと高めて改善を行えば、給与水準のバランスを取るのに役立つかもしれない。特に、固まって走る遅い集団にさえ追いついていない企業の説明責任を問えるようになるからだ。

現実の世界で二人三脚問題が実際にどう働くのか見てみよう。あるテレビ番組のコーナーで、債券トレーダーから作家に転身したクリス・アーネイドと、彼の著書『尊厳――後列にいるアメリカの人々に敬意を（*Dignity : Seeking Respect in Back Row America*）』について対談していたケーブルニュースの人気キャスターが、企業は給与をめぐって互いに競争するためならなんでもするという一般的な想定を口にした。それに対してアーネイドは、働く貧困層の経済の実態を説明し、苦しい生活を送る人々から直接聞いた話を伝えたが、キャスターは、自由市場が機能していない可能性があるという考えを頭から否定し、当然のこととして、次のように理解していると言った。「ウォルマートが充分な給与を払っていないなら、ターゲットが払う。市場の力はそんなふうにうまく働くものだ。アマゾンが充分な給与を払っていないなら、市場が動く。経済が成長すれば、給料も上がる」。

この信念を、競合3社の最近の行動を使って、直接検証してみよう。

2019年、ウォルマートのCEOダグ・マクミロンは、連邦最低賃金が低すぎると公言し、賃金を上げるための「思慮深い計画を実行する」よう議会に求めた。[83] 第2章でジェイミー・ダイモンが言っていたことによく似ている。その前年、ウォルマートは、アメリカ国内の労働者の社内最低賃金を、連邦最低賃金より約50％高い時給11ドルに引き上げていた。

アマゾンも同様のパターンに従って賃金を上げ、CEOの演説の場を利用して、他の企業もあとに続くよう呼びかけた。株主に向けた2018年の年次書簡で、アマゾンのCEOジェフ・ベゾスはこう述べた。「きょうわたしは、競合するトップ小売企業（どの企業かはご存じだろう）に、当社の従業員福利厚生と最低賃金15ドルに合わせてみることを提案する。ぜひやってみてほしい！　いっそのこと16ドルにして、逆に当社に挑戦状をたたきつけてくれればいい。あらゆる人のためになる一種の競争だ」。

ターゲットは先手を打って、社内の最低賃金を毎年着実に引き上げ、2017年の10ドルから2020年には15ドルにして3年間で50％上げると発表していた。

3社が呼応して賃上げを始めるなら、それは、意図したとおりに自由市場が機能していて、賃金は自然に上昇し、市場への干渉をやめさえすれば、不平等にまつわるすべての問題がほどなく解決するというしるしではないのか？　わたしはケーブルニュースのキャスターが正しいことを証明したのでは？

いや、そうではない。なぜなら、実はベゾスは隠された部分をはっきり口に出して、アマゾンは、やむをえない場合にかぎって賃金を上げるつもりであり、賃上げをよりよい労働力への投資や競争上の強みと見なしているわけではないと認めていたからだ。アマゾンほど、大規模な賃上げで確実に競合他社を打ち負かせる企業はほかにないが、依然としてその選択肢を選んではいない。ウォルマートも、世界最大の民間雇用主、全体で第3位の雇用主としてなかなかうまくやっている。同社の人員数をしのぐのは、アメリカと中国の軍隊だけだ。

ウォルマートとアマゾンが経営のトップレベルで言っているのは（ターゲットはあまり声高に主張しない）、超巨大企業であっても、単独で大幅な賃上げをする気はないということだ。彼らの善意には限界があり、さらに賃金投資を推し進めるつもりなら、法律による強制か、なんらかの協力合意かで、もっと多くの企業が手を取り合い、ともに行動しなければならない。実際には3社とも、「15ドルのための闘い」運動に端を発した最低賃金投資の活発化に応じて給与を上げ始めた。同じ立場にあり、この時期に小売業界の給与計画を担当していた者として確信を持って言えるのは、当時ほとんどの企業が発表した賃金の水準（そして広報活動の熱意！）は、法律なしでは実現しなかったということだ。自然な市場の成長は、二次的な余波を除けばほとんど関係なかった。

大企業はいつでも賃金を上げられる力を持っているが、そうする意向や動機は持たない。大企業には賃金を上げる余裕があるが、実行するときにはいまだに他社の許可を求めている。これは、調整されすぎていて役に立たず、不透明すぎて疑問を唱えられず、従業員の幸福ではなく他社と比べた給与にばかり注目している報酬アプローチの本質的な欠陥だ。給与が自由市場で機能しているとするなら、労働者が自由に労働市場を動き回って最良の待遇を探すあいだに、市場独自のスケジュールと条件に従って給与は上昇して公正になるはずだが、これまで予定どおりにそれが実現したことは一度もない。

同一性の哲学

報酬哲学とその仕組みを掘り下げる前に、なぜ自社の給与に関する世界観を伝える必要があると企業が感じるのかを理解しなくてはならない。報酬哲学とは、誰がなぜいくらの給与を受け取るかについて、企業のルールを定めるものとされている。〝いくら〟に関わる実際の意思決定プロセスは、企業によって精度や一貫した適用に違いがあるかもしれないが、報酬哲学の意図は、すべての給与決定を導く北極星としての〝なぜ〟に焦点を当てることにある。わたしが思うに、報酬哲学を持つことのあまり目立たないが重要な理由は、企業が競合他社の給与決定にどう対応するかを公に示すことだ。これをはっきり口にする企業はないが、報酬哲学は、自由市場に参加する企業の意欲に制限を設ける。企業は給与で他社と競争することに戦略的なメリットを感じていないことを忘れてはならない。

上場企業は、報酬哲学を公開している。あなたの会社が上場企業（つまり誰でも株式を買える）だとして、もし報酬哲学を公開していないのなら、この本をいったん置いて、「（あなたの会社名）proxy（直近の終了した年）」で検索してみよう。膨大な量の文書が出てくるが、そのなかに「報酬についての議論と分析」のようなセクションがあり、重要な情報が書かれている。ここでの文言は、会社のトップ5人の役員（経営幹部）のことが中心だろう。彼らの報酬と、その報酬を設定する重要な原則は、法的に開示しなければならないからだ。この原則が、組織のあらゆるレベルに適用される。小企業や非上場企業なら、同様の文書を会社のイントラネットのページに掲載しているかもしれない。会社の報酬哲学が見つからなかったら、上司か人事部に訊いてみよう。こういう基本的なことさえ人事部に訊きづらいとすれば、転職を考え始めることをお勧めする。その会社の社風には深刻な問題があるからだ。会社が給与をどう考えているかがわからなければ、会社の説明責任を問うことも、独自のルールに従って給与が公正に支払われているのかを知ることもむずかしくなるだろう。

ここで、現存の報酬哲学すべてを要約してみる。会社の哲学をざっと読むと、表現は少し違うかもしれないが、次のような文章が見つかるだろう。「当社の報酬哲学は、戦略目標を達成するのに必要な人材を誘致し、つなぎ留めるために存在する」。

新鮮な驚きはまったく感じられないだろうが、これにつけ加えることはあまりない。一般的なモデルのあらゆる給与プログラムは、人々に毎日きちんと出勤してもらい、もっと条件のいい別の職場に移らせないようにするためだけに存在する。これまで見てきたとおり、すべての企業が同様の基本的な制度を提供していると、報酬哲学は野心的な世界観というより、コンプライアンスの実践のように見えてくる。

企業が意図的に報酬哲学を、公正な給与を阻止するための共謀や防御の策として設定しているとは思わない。むしろ、非対称的な市場の力による合理的な結果といえるだろう。基本的に、誰からも行動を変えるよう強制されていないので、現在の報酬哲学に効果がないのは、悪意というより怠慢のせいであり、インセンティブが絡んでいるせいだ。ほとんどの企業は、自社の哲学を防御的だとはまったく考えず、報酬哲学の実際の文言が雇用の能動的な取引の部分に焦点を当てているという点で攻撃的だと考えているだろう。ほぼすべての報酬哲学に欠けているのは、公正で公平な給与を実現するための明確な規定と、物事の秩序を保つためのガバナンスの原則だ。つなぎ留めることは、従業員が自分の能力を測る尺度にはならず、公正さや公平さを評価する基準としては間接的すぎる。もし会社が「辞めないこと」を「公正に扱われていること」と同じと見なしているなら、従業員が給与について実際にどう感じているのかを知るために、従業員意識調査のデータを再検討したほうがいい。

残念ながら、報酬哲学の変更に関わる法体系とインセンティブ構造のせいで、何かを変えることや、これまでと少しでも違うものを追求することはむずかしく、得策ではなくなっている。企業が他社と足並みをそろえなければ、たとえ正当で立派な理由があったとしても、世間のきびしい目にさらされ、列に戻されてしまう恐れがある。独立の議決権行使助言会社は、あなたの会社が違いを生み出そうとしていることに気づいて非難するだろう。極端な例では、〝物言う株主〟がこういう違いを理由に訴訟を起こしたり、会社の支配権を握ろうとしたりする。理解できる部分もある。会社のなかには、人があまり大きな創造性を発揮することを歓迎しない部署がいくつかある。会計監査がそのよい例だ。税務もそのひとつだが、「ダブルアイリッシュ・ダッチサンドイッチ」のような楽しい名前のついた同分野の新しいイノベーションはその限りではない。本国での利益をアイルランドの企業を経由してオランダの企業に移し、バミューダやマン島などのタックスヘイブンを拠点とするもうひとつのアイルランドの企業に戻すことで、税金を減らす（そして株主をなだめる）方法だ。誠意ある給与を支払うつもりなら、税務担当チームも会議の席に着かせなければならない。この種の〝イノベーション〟をなくせば、そもそも会社の不公正な給与に苦しめられている人々を支える行政サービスに資金を回せるだろう。

標準的な報酬哲学の言葉は、不出来でもなければ間違ってもいないが、不完全だ。たとえば会社が公正で公平な給与を支払うことを示すなんらかの保証など、報酬環境がうまく機能している場合の重要な利点が抜け落ちている。給与については同じ話を繰り返すだけで、功績と能力給、人材の誘致とつなぎ留めについても同じ目標を掲げていれば、同じ給与の問題が続くことになる。給与を改革するには、まず報酬哲学を改革しなければならない。

現在実施されている哲学上の水準は低すぎる。ほとんどの場合、既存の報酬哲学は、会社が従う一般的な倫理基準の概要を示すことに細心の注意を払っている。それはよいことだし、必要なことだが、誠意ある給与を支払う会社の義務は、もっと具体的でなくてはならない。多くの会社には、公正な給与に向けた環境づくりのための運営方法について、補足の詳細な文言や精密な社内文書がある。このような文書はふつう、人事部の外には共有されないが、賢明な企業は、詳細を全従業員や株主とも快く共有するはずだ。誠意ある給与とは、この情報を、「知る必要がある」から「あなたが知る必要がある」へと拡大することを意味する。一般的な企業用語で書かれた報酬哲学を、従業員の利益を考えた具体的な約束に変えれば、人材を誘致し、つなぎ留めるのに何より役立つだろう。

他社のまねをして安全策を取るという現在のモデルでは、独創的な考え、進歩、説明責任という面から見て、多くのものを取りこぼしている。表現をくふうするうえで、企業によって多少の違いが出てくるだろうが、手始めとして、標準的なモデルを誠意ある給与を表す言葉と組み合わせてみた。「当社の報酬哲学は、すべての従業員が生活に必要なものを手に入れ、公平で透明性のある給与の情報を得て、自らの貢献と潜在能力に対して充分な報酬を受け取れるようにすることによって、当社の戦略的目標を達成するのに必要な人材を誘致し、つなぎ留めるために存在する」。

多くの企業が、すでにさまざまな表現で社内文書にこういう言葉を盛り込んでいるだろうが、取締役会が証券取引委員会への提出書類で発表すれば、もっと効果がある。改正された報酬哲学は、自社にとっての公正な給与の意味を企業が追求するにつれて、しだいに洗練されていくだろう。この点については、ジェフ・ベゾスの挑戦に応じるべきだ。あらゆる人のためになる一種の自由市場の競争なのだから。

ビジネス・ラウンドテーブルが「よい仕事に対する適正な賃金」と「賃金平等の実現に向けた前進」を真摯に訴えるつもりなら、まずは報酬哲学の改正から始めなければならない。各メンバー企業は、誠意ある給与を形づくる要素を中心に据えて、公的な報酬哲学を同じ年にそろって更新することに同意すべきだ。そうすれば、他の企業はまねするしかなくなるだろう。二人三脚の競争は続くが、ともにならば、ずっと遠くまで行けるだろう。

実用最小限の給与

オンラインファイル共有ツール、ドロップボックスの開発者たちは、製品をつくる前に、それがどんな製品なのか、どんなふうに機能するのかを説明する短い動画をつくった。動画は効果を発揮して、創業間もない企業が新規ユーザーのウェイティングリストを5000人から7万5000人に増やすのに役立った。[84] 今日、ドロップボックスは、年間売上高10億ドル以上の機能的な製品を有している。

エリック・リースは、著書『リーン・スタートアップ――ムダのない起業プロセスでイノベーションを生みだす』で、このエピソードとともに、アイデアをしっかり検証してから実現のために努力を尽くすことの重要性を広めた。リースによれば、企業は実用最小限の製品（minimum viable product）と呼ばれるものを使って、手際よく失敗を試してみるべきだという。[85] ドロップボックスの場合、それが動画だった。MVPは、販売したい製品に対する市場の興味を安価にテストする手段になる。適切なMVPは、市場での特異性をアピールできるように最終製品のかなめとなる特徴を充分に備えていながらも、製品のアイデアが不発に終わったときはすぐにあきらめがつくよう、余計な付属品は省かなければならない。

企業は、給与についても同じように考えている。報酬チームも、手際よく安価に失敗を試したいと思っている。これを、「実用最小限の給与（minimum viable pay）」アプローチと呼ぶことにしよう。報酬チームは、その人に入社してもらい（誘致する）、会社にとどまってもらい（つなぎ留める）、給与に不満を持たずに業績を上げてもらうのに必要な最小限の給与を支払う。給与は、〝ちょうどよい温度のお粥〟を探す「ゴルディロックスの問題」で、市場に比べて高額すぎれば、従業員は会社にとらわれ満足に浸ってしまい、低額すぎれば怒りを募らせて会社を辞めたり、そもそも入社してくれなかったりする。会社は、礼儀上そうは言わないだろうが、従業員の仕事とその人自身に対して実用最小限の数字を持っている。そして従業員は、会社が冷たい粥の入ったボウルを渡しているのではないことを確認するため、給与の仕組みを充分に知らなければならない。

マイク・アイザックは、著書『ウーバー戦記――いかにして台頭し席巻し社会から憎まれたか』で、あまり礼儀正しくない例を紹介している。アイザックは、ウーバーが急成長していたころの給与に対するアプローチをこう描写している。「会社は、志望者が受け入れるであろう最低の給与額を決定するアルゴリズムを設計し、それに基づいて給与のオファーを出していた。ウーバーはこの無慈悲なほど効率的なテクニックを使い、株式付与に換算して何百万ドルも節約できた[86]」。わたしが思うに、むしろこのツールは、志望者の過去の報酬額と比較して求人を設計するために使われていたのだろう。非道とまではいえないが、やはり問題はある。最近まで、この分野ではありふれたことだったが、現在では多くの場所で違法となっている。企業は給与の履歴を尋ねることができなくなったからだ（第6章では、実用最小限の給与を前提とした世界で求人に応募したとき交渉する方法について、詳しく説明する）。

実用最小限の給与は、企業が給与面での競争をせず、かわりに社風、有意義な仕事、バランスなど、より抽象的な（そして定義しにくく説明責任を負わずにすむ）差別化要因に頼ることにした結果生まれた。このアプローチは有益であり、給与面での競争を避けることは、長いあいだ標準的なモデルとなってきた。ジョージ・ルーカスは、1980年代の裁判ではっきりこう言った。「わたしたちが守っていたルール、あるいはわたしがみんなに提示したルール」は、「他社と入札合戦をすることはできない、そんな余裕はないから」というものだった、と。『スター・ウォーズ』の生みの親が、給与でうまく競争する方法を思いつけなかったのだとすれば、あなたの会社の人事部にそれより独創的な素質があることは期待できないだろう。

給与は、企業が愛情を買うのに最も費用がかかる（しかも効果が薄い）方法だ。研究がはっきり示している。従業員が自分の給与を、信頼できるプロセスに基づく確かなものだと感じている場合、人材への投資を徐々に増やすなら、市場より高い賃金よりも、自己啓発講座やしっかりした休暇制度など、自己実現の感覚を与える戦術に費やしたほうがいい。アブラハム・マズロー（心理学者。人間は自己実現に向かって絶えず成長するという自己実現理論を提唱）は、前世では報酬のプロだったに違いない。

報酬チームは、資金の優先順位をつけることさえできればいつでも給与を上げられるが（詳しくは後述）、報酬策定者なら誰でも、過去に気前のよさを発揮しすぎて痛い目に遭ったことがある。効果のない給与決定を覆さなくてはならないのは悪夢で、最も高くつく失敗になる。インセンティブ・プログラムが失敗しているのに、プログラムは中止にならず、追加分のお金が基本給に組み込まれ、ひとつのチームのメンバー全員が他の従業員より明らかに高い給与を受け取るようになった例もたくさん見てきた。必須の人材と目された人に破格の給与が提示されたが、結局その人の貢献度は平均的だったという状況も見慣れている。また、アメリカに転勤になって5年たてばシンガポール在住時の住宅手当は出なくなると言われたときの役員の怒りほど恐ろしいものはない。報酬策定者はみんな、似たような経験をしている。

そういう特別な苦痛を避けようとして、嘆かわしいことに、多くの不公正な給与決定が行われる。

人々が不平を言う。対案が出される。例外がつくられる。どのくらい力を持っているかに応じて、同様のことが会社のあらゆるレベルで起こる。騒ぎ立てれば要求を聞き入れてもらえるような環境では、やがてシステム全体が滞ってしまう。つまり、公正な給与があたりまえという社風をつくるには、公正な給与を会社の方針として、一貫した方策と運用を通じてマネージャーの行動にも根づかせなくてはならない。会社の立場からすれば、騒ぎ立てる人をきっぱり拒むことが、公正な給与制度を維持するいちばん有効な手段であることが多い。あなたが騒ぎ立てる人になる場合、自分の給与について率直に話すのがまったく正しいことだとしても、担っている使命が会社とは異なることを忘れないでほしい。あなたは自分のために最適な給与を得ようとしているが、会社は制度のために最適な給与を支払おうとしているのだ。

会社の報酬哲学について尋ねたなら、自分の実用最小限の給与がいくらかを決める時だ（以降の説明はおもに企業の仕事に適用されることに注意。低賃金の製造やサービスの仕事をしている人は、第6章で概説している戦略に従うとよい）。自分のMVPを知れば、公正な給与を受け取っているかを評価するのに役立つ。次の質問から始めよう。

1. それぞれの給与プログラムは、市場の何パーセンタイル〈数量データを順位で100等分した点で、50番めが中央値にあたる〉を基準にしているのか？
2. 会社が市場との調整を行うのは、一年のうちいつなのか？
3. 会社はどの業界または企業を比較の基準にしているのか？

最初の質問はとても重要だが、またもや期待外れになる覚悟をしておいてほしい。目新しいことが聞ける可能性は低いからだ。哲学上でも数学上でも、企業にとって最も一般的な答えは、給与プログラムの目標を市場の中央値に照らして定めることだ。ここでも、会社が給与では競争しようとせず、他の企業と同じ報酬額を基準にしていることがうかがえる。市場の中央値、つまり50パーセンタイルは、給与調査が示すとおり、他社であなたと同じ仕事に就く人が得ている実際の給与の中央値だ。求人情報で「他社に負けない給与」というフレーズを目にしたら、たいていそれは市場の中央値を意味する。

企業によっては、60あるいは70パーセンタイルなど、50パーセンタイルより高い目標を定めているところもある。特に、インセンティブ・プログラムの基準を設定する場合だ。一般的な方法では、決まった給与である基本給を50パーセンタイルとして、長期的な業績向上とつなぎ留めを図るため、ボーナスや株式についてはもっと高いパーセンタイルを目標とする。50パーセンタイルと75パーセンタイルの中間を取って62・5パーセンタイルを目標とする企業もいくつかあると聞いた。そういう細かいこだわりに惑わされてはいけない。いかにも精密に見えるのはほぼ間違いなくうわべだけで、いわば、中古車販売員が締めくくりにトランクをバシッとたたいて「ええもちろん、こいつにはすべてがそろってますよ」と言うようなものだ。そうしているあいだも、ブレーキラインはネズミにかじられている。

フェイスブックのCOOで『LEAN IN（リーン・イン）――女性、仕事、リーダーへの意欲』の著者であるシェリル・サンドバーグが「バレーから生まれた最も重要な文書」と呼び、広く読まれたネットフリックスのプレゼンテーションには、当社の報酬哲学に基づいて「全社員の個人市場で最高レベルの」給与を支払うとあり、大きな話題となった[87]。その場合、少なくとも90パーセンタイルを基準にすることになる。同文書がこれほど重大だと考えられていることを見ても、一般的ではない給与制度を選択する企業がいかにまれかがわかる。あなたの会社が市場の何パーセンタイルを使っているのか、直接訊いてみるのがいちばんだ。そしてここでも、もし人事部が教えてくれないようなら、履歴書の更新を始める頃合いだろう。

ふたつめの質問は、タイミングに関わっていて、具体的には会社が毎年何月に、選択した市場での地位に合わせて給与の範囲を設定するのかを尋ねている。たいていの場合、市場調査のデータは毎年秋に入手可能になるので、年間を通じて競争力を維持するために、会社は一定の割合を加えて市場データをエージング〔経過した年月に合わせて調整〕する。もし会社が、今年の経理マネージャーの市場は3％上昇すると予測していて、10月に発効日4月1日の市場データを受け取ったとしたら、どの時期の望ましい市場での地位にデータを合わせるかを決める必要がある。この場合は、翌年の1月1日としよう。

ここでは、「市場の先を行く」「市場から遅れる」「市場の先を行く／遅れる」という3つの戦術がある。「市場の先を行く」場合、会社は年度初めに、予測される市場相場に合わせて給与プログラムを設定する。通常、給与体系の見直しは年1回しか行われないので、年度末に市場が追いつくことになる。新しい人材の獲得を最も重視する企業や現金があり余っている企業なら、この方策を選ぶかもしれない。「市場から遅れる」戦術の場合はその逆で、コストを削減するため、年度末に、望ましい市場での地位に合わせて給与プログラムを設定する。多くの企業は、理想的な妥協策として、中間の選択肢である「市場の先を行く／遅れる」を選び、市場の目標日を年度の半ばに設定する。高インフレの国では低インフレの国より企業の市場での地位が重要になるが、どちらにしても、自分自身の市場での地位を見極めるときには、タイミングが重要なデータポイントになる（第6章で、年間のどの時期に昇給を求めるべきかについて話すときのために、この情報を憶えておいてほしい）。

4月1日の調査市場相場	9万ドル
予測年間市場変化	3.0%
エージングする月数(4月から1月まで)	9カ月
エージング率(月数÷12×年間市場変化)	2.3%
1月1日の予測市場相場	9万2070ドル

◆4月1日時点での「給与の市場データ」を翌年1月1日の予測に合わせていくには

最後に、基準となる業界と同業他社の設定は重要だが、あなたが考える重要さとは意味が違うかもしれない。ほとんどの国では、同規模の企業は同程度の給与を支払っていて、業界や、(大企業の場合は)都市や地域による差もほとんどない。どこも似通っているのは、企業が同じ給与調査に参加し、各キャリアレベルで同じ人材を求めて競争しているからだ。けれどもたとえば、ダラスの世界的な保険コングロマリットの経理ディレクターは、地方の監査事務所の気さくな経理ディレクターと同等の給与を受け取っているわけではない。むしろ、デンヴァーの巨大バイオテクノロジー企業の経理ディレクターと同等の給与を受け取っている可能性が高い。その理由は、経理の技能がほとんど業界を問わないこと、そして〝ディレクター〟という役職名がどの大企業でもたいてい同じ意味を持つことにある。大企業はなんらかの形の「ジョブレベリング」を利用しているからだ。地方の会社のディレクターという肩書は、リーダーシップの技能がそれほどなく、あちこちに転勤になることは望まない、大企業ではマネージャーと呼ばれる役職に近い人を想定している。誠意ある給与に取り組んでいる企業は、自社のジョブレベルと役職名のつけかたについての情報、できれば比較対象にしている企業の種類のあらましも、快く提供すべきだ。

この段階では答えより疑問のほうが多いはずだし、なぜ報酬がこれまでブラックボックスのなかで運用されてきたのかが見え始めただろう。会社が望む市場での地位、タイミング、比較対象の同業他社、実際のジョブレベルに照らして自分の経験や能力が評価できるようになれば、市場での競争力や公正な給与についての可能性は、狭い範囲に収まることがわかる。第1章で、報酬の専門家はパーティーの余興で、いくつかの情報があれば、あなたがどのくらいの報酬をもらっているかを推測できると言ったことを思い出してほしい。これから見ていくように、標準的な用語や給与調査のパターンがわかるようになれば、あなたもすぐに、自分の会社が公正な給与を実現できる構造になっているか、もっと重要なこととして、あなたが公正な給与を受け取っているかを評価できる。まっとうな報酬チームは、こういう具体的な基準の測定方法を知っている。しかし、給与としてあなたに支払われるのは、それを達成するのに必要な最小限の金額だけだ。それ以上支払っても、会社は特別な戦略的優位性を得られないし、もしあなたが、昇給を求めたということ以外なんの正当性もなく同僚より高い給与を受け取ることになれば、不公正な給与が新たに生まれてしまうからだ。MVPの数字を超えて昇給を求められた場合、報酬策定者が公正な給与の環境をつくるには、その人たちの要求を常に拒む必要があることを知っておいてほしい。例外はない。

ライン・オブ・サイト

もし報酬の分野にマントラ、つまり気高く誠実に生きるための知恵とつながる呪文があるとすれば、それは小声で繰り返す「ライン・オブ・サイト」という言葉だろう。わたしたち報酬策定者は、鏡に向かって毎朝、通勤の帰り道でも毎日、同じことを自分に言い聞かせながら、高次元の意識へとのぼっていく。「ライン・オブ・サイト、ライン・オブ・サイト、ライン・オブ・サイト」。

ライン・オブ・サイトとは、給与を受け取る側と支払う側の利益が一致すべきであるという考えかただ。もし、わたしがジェットコースターの運転手としてあなたから給与をもらうなら、わたしの仕事は、自分がコントロールできる範囲で、目の前で誰も死なないようにすることだ。だから、ジェットコースターが動き出す前に、全員が安全ベルトを締めていることを確かめる。これでみんなが満足する。特に、乗り物を楽しんだうえに、死なずにすんだ人たちは。

とはいえ、乗り物に並ぶ人の数や、機械のメンテナンスなど、コントロールできないこともある。もしわたしが、健康上の理由で乗るのをやめようと思っていた人まで説得してもっと多くの人に乗ってもらうことや、自分なりの判断で機械の設定を変更して速度を上げたり乗り心地をよくしたりすることでインセンティブをもらっているとしたら、ジェットコースターの所有者を含め、システム全体を危険にさらすことになる。

ライン・オブ・サイトは重要な概念で、正しく理解するのがむずかしい。この概念は、あらゆるボーナス計画の哲学的な基礎になっている。つまり、企業が適切に設計すれば、従業員がますます仕事に励み、会社のためにもなるなら適度な新しいリスクを引き受けようとするという考えかただ。ボーナスの支給が発案された背景には、追加の給与を払わなければ、労働者が最高の働きをすることはないという考えがある。後述するように、これは疑わしい推論だ。確かに、特別に努力しなければ給与の一部を失う恐れがあるなら（解雇されればすべての給与を失う恐れがあることはあまり考慮されていないようだが）、人はその報酬を得るためになんでもするかもしれない。鼻先にニンジンをぶら下げれば、人は設定された目標に向かって行動するのではないか？　そうかもしれないし、そうでないかもしれない。

失敗したインセンティブにまつわる古典的な（そしておそらくでまかせの）物語は、ソビエト時代の釘工場が舞台だ。その釘工場は、政府による計画経済のもと、モスクワの指導者たちによって、製造される釘の数に基づくノルマを達成するよう命じられていた。与えられた指示は量だけだったので、工場労働者はできるだけ多くの金を稼ぐため、いちばん小さく、いちばん役に立たない釘をつくった。モスクワのお偉方たちはこのもくろみに気づき、ノルマを重量に変えた。当然ながら、工場労働者たちは同じくらい役に立たない釘をつくり始めたが、今度は鉄道線路用の大釘のように大きく重い釘だった。

過ぎ去った時代の愚かな事例として片づけることもできるが、現代の市場ベースの物語にはもっと悪質なものもある。

少なくとも2015年まで、パーデュー・ファーマの営業担当者は、訪問した医師の数に応じてボーナスを支給され、オキシコンチンという依存性のあるオピオイド系鎮痛剤の不必要に高用量の投与を推奨するよう、会社の最高幹部たちに強要されていたという。最終的には同社を破産に追い込んだ一連の訴訟で、検察は会社が「たびたび不正行為」に関与し、製品の売上を増やすとともに自分たちが生み出した依存症患者の治療からも利益を得ていたと主張した。(88)

2016年、ウェルズ・ファーゴのリテールバンク支店の従業員は、給与の一部を、いかにうまく商品の抱き合わせ販売をするかに応じて受け取っていた。たとえば、顧客に当座預金をつくらせ、さらに住宅ローンを組ませるのだ。量だけを基準にしたインセンティブの支給は、小さな釘の例と同じような結果を招いた。銀行の従業員は、顧客の同意なしに何百万もの偽の口座を開設し、ときには自分自身の住所を使って、効率をよくするために新しい暗証番号を「0000」にしていた。(89) 銀行業が大切にすべき究極の価値である信用を築くかわりに、ウェルズ・ファーゴはCEOを失い、27億ドルの和解金を支払うことになった。

2019年、フェイスブックは、政治広告を販売する営業担当者への手数料の支払いを停止した。(90)

あとになって判断するのはいつだって簡単だが、2016年のアメリカ大統領選挙中に起こったように、アメリカの選挙に関わる広告にロシアのルーブルで支払いを受けたことには、疑問が投げかけられるべきだった。フェイスブックの営業担当者は、ボーナスの機会を失った分、基本給が増えたと言われている。この営業担当者たちの給与が、インセンティブプランに失敗しなかった社内の他の営業グループの給与と比べてどうなのか見てみたい気がするが、少なくとも一時期は政治広告のチームのほうが給与が高かったのではないだろうか。先ほども言ったように、失敗した報酬プログラムを修正するのは悪夢なので、報酬プログラムは慎重に構築したほうがいい。

ライン・オブ・サイトの失敗による悪影響の、最も一般的だが気づかれにくい例は、サービス労働者へのチップの習慣だ。チップの歴史には（少なくともチップを渡すのが一般的なアメリカでは）異論があるが、多くの人は、現代のチップが再建時代に端を発すると考えている。南北戦争後の経済に解放されたばかりの奴隷を組み込むため、一部の雇用者は直接賃金を払わずに、労働者がチップだけを受け取るようにした。当時はまだ、社会の構造上、解放された奴隷は完全な人間ではなく、力のある者に依存して生きていくと見なされていたのだ。

経済学者たち、たとえば1916年に『欲深い手（*The Itching Palm*）』という論文を書いたウィリアム・R・スコットは、チップの習慣を人間生活の価値に対する直接的な冒瀆だと考え、チップとは「ひとりのアメリカ人が、もうひとりのアメリカ人に、相手が劣っていることを認めさせるために進んで支払うもの」であり、貴族社会に反対する建国の精神に照らして、「アメリカで渡されるすべてのチップは、民主主義を進めるための実験に打撃を与えている」とまで言っている。[91] スコットによれば、企業は「チップの習慣をアメリカ人に根づかせ、黒人をその道具として利用した」。また、こういう企業は、業績向上を促すと称して給与計画を悪用していた。あるホテルの支配人は、「客が従業員にチップを渡すことを想定したうえで（従業員の）賃金表を調整し、自らの不誠実さをはっきり示している！」という。この遺産の一部は今日まで続いていて、ある調査によると、レストランの3人以上の客は、白人の接客係には平均で請求金額の19・4％、黒人の接客係には平均で14・6％のチップを払っていた。[92]

アメリカでは18の州が、チップを受け取る労働者に対し、チップがあれば少なくともチップなしの最低賃金と同程度になるという想定で、別途設けられた2・13ドルという低い連邦最低賃金水準を採用している。驚くまでもなく、これらの州はアメリカ南部に集中していて、この地域に奴隷制の歴史が影響を残していることがわかる。次回これらの州にあるレストランで食事するときには、他の仕事では法律で定められている最低賃金をその人が得られるかどうかを、あなたの善意が決めることを忘れないでほしい。客がチップを渡さなかったときに限って会社が不足を補うことになっているが、それでも、会社がきちんと公平に払っているという保証はない。だからといって、特に、最低賃金を気にしなくていい高級サービス業（あるいはコミッションプランに基づいて給料を受け取っている人たち）の場合、チップの習慣を完全になくす必要はないが、わたしはチップ制労働者の最低賃金は廃止すべきだと思う。チップの影響力や、人々の選択が現在のシステムにどのように組み込まれているかを認識することが重要だ。

このように、ボーナスプランがひどい結果を招くことがあり、メリットは比較的少ないにもかかわらず、企業はなぜ、いまだにそれに頼っているのだろうか？　なぜ報酬策定者はライン・オブ・サイトをこれほど重視するのだろう？　わたしが報酬の仕事でこれまでに見てきた最も凶悪な争いは、会社のインセンティブプランで誰がどんな功績を認められるかをめぐるもので、事態が悪化すると、そもそもの目標が現実的で公正だったのかも問題になった。ボーナスプランほど、労働者と経営者の信頼関係を壊すのに効果的な給与プログラムはほかにない。なのに、なぜやめないのか？

ボーナスプランが存続しているのは、それが行動の変化を促すという信念があるからだ。行動の変化自体は、企業環境のなかで単独で計測したり証明したりすることはできない。実のところ、わたしのような立場の人間には、そういうプランが正しい行動を促すのかどうかはわからないのだ。営業マネージャーは、成果を認められて昇給したから営業の計画を一新したのか、それとも成功したのは、別のチームがつくった新しい製品ラインが単純に魅力的だからなのか？　レストランの責任者は、ナプキンをカウンターの後ろに隠すことで利益を上げようとしているのか、それとも単にもう二度と来そうにない客に不便を強いているのか？　会社が測れるのは意図ではなく、給与を支払って手に入れるべき釘の数や重さだけなのだ。

インセンティブプランには、実は別の要素も絡んでいることがわかっている。

・惰性——たとえば給与調査など、誰もがやっているから。

・コスト削減——業績の悪い年には、ボーナスを払わなければ賃金ベースの何％かを引ける（あるいは顧客のチップに負担させることができる）から。

・責任転嫁——インセンティブを設定すれば、発言権のない達成目標を課された従業員に対する低賃金の説明責任を回避できるから。

また、節税対策も重要な要素になっている。最近ネットフリックスは、2017年税制改革法によって、100万ドル以上の報酬を得ている役員の業績連動型賞与に対する課税控除が認められなくなったので、役員の現金ボーナスプランを廃止した。[93] 目標のボーナス額は、増額した基本給に組み込まれたと報じられた。つまり、プランのおもな目的は、望ましい行動を促すことではなく、市場に見合う額の給与を支払うことにあったわけだ。クレディ・スイスの2008年のボーナスプランはさらに奇妙で、この投資銀行は従業員の一部に、2008年の不況で無価値になっていた住宅ローンのデリバティブで報酬を支払っていた。総合情報サービス会社ブルームバーグによると、そのプランは銀行と従業員の双方に利益をもたらした。銀行は不良資産を処分してバランスシートを改善でき、その過程で商品が時とともに価値を取り戻し、従業員は「大儲けした」という。[94]

ボーナスプランは、慎重に設計すれば、公平な給与プログラムに組み入れることができる。特に、反復的で測定可能なタスクやチームの目標に基づいたボーナスなら、従業員の基本的な生活からリスクや不安を切り離せる。インセンティブの設計がまずいと、誠意ある給与が妨げられ、公平で透明性のある給与を追い求めることができなくなる。もしボーナスプランの対象になっているなら、目標はどのように設定されているのか、全社員に対してどのように支払われているのか尋ねてみよう。もしあなたがインセンティブプランの実施を検討しているマネージャーや報酬策定者である場合、あるいはその役割を担っているが現行のプランの健全性をしばらく見直していない場合、各目標設定の会議や支払い計算の前に、潜在的な偏りを監視するために必ず調整段階を設け、有効な例外と紛争解決プロセスをつくってほしい。しかしまずは、手間をかけてインセンティブを導入する価値があるのか、あるいは基本給の増額や、株式報奨などのもっと客観的で個人的でないツールによって、会社のプランを効果の高い方法に置き換えられないか、考えてみよう。

リストの最後の項目

給与と福利厚生は、たいていの企業にとって、毎年、群を抜いて最大の支出となる。ほとんどの業界で、成熟と安定を得た企業は売上の15〜30％、サービス業では最大50％を給与と福利厚生に費やす。個人の予算に最も近いのは、毎月の家賃や住宅ローンだろう。そして住宅ローンの予算と同じように、時とともに会社の給与に対する支出計画も自動的になり、新たな発想がプロセスに加えられることはめったになくなる。給与を公正にするためには、自動化されたこの方法を見直さなければならない。

このセクションをわかりやすくするために、あなたがドッグフードを年間10億ドル売り上げる好調な企業を経営していると想像してみよう。不確実性に満ちた、競争の激しい業界だ。原材料、給与と福利厚生、事務所と備品、広告などの明らかな経費を払ったあとも、ローンの利子や保険、そしてもちろん税金など、あまり明らかではない経費がかかる。あなたの企業は、ダブルアイリッシュ・ダッチサンドイッチ作戦を実行できるほどまだ大きくもなければグローバルでもないので、税金の額は、割合からすると競合の大きな企業より高くなる。年度末に、あなたの手元には純利益として1億ドルが残る。おめでとう、ドッグフード起業家として、あなたは成功した。

残ったお金で、あなたはどんな選択をするだろうか？　それを決めるには、企業財務の簡単な手引が必要になる。できるだけわかりやすく解説しよう。

選択肢はふたつある。資金を取っておくか、株主に還元するかだ。どちらも、「機会費用」の評価から始まる。機会費用とは、資金を使って別の決断をしていれば得られたかもしれない潜在的な利益のことだ。もし映画を見ることが、利付預金口座にお金を貯めておくより、今のあなたにとって個人的な価値が高いなら、映画を見に行ったほうがいい。チケットの本当のコストは、時間がたつにつれて増える。ご存じのとおり、そのお金を貯金していれば利子がついたからだ。10年後、高くなった新しいコストでも、映画に出費したことにやはり価値があると思うなら、チケットを買ったのは合理的な選択だったといえる。このような考えかたで日々の選択をすることはないかもしれないが、企業は常に、予想利益が機会費用を上回る投資を優先して、最大の支出をする。

第1の選択肢は、最も明白に思えるもので、資金を社内に残すことだ。しかし、どのように残すかについて、新たな選択肢が生まれる。

◆事業を拡大する――あなたのドッグフードはオンラインでしか購入できないが、来年はいろいろな新しいフレーバーを加えて小売店で販売したいと考えているなら、もっと多くの営業部員、経理マネージャー、そしてシェフが必要になる。また、契約書を作成する法務担当者、出荷を担当する物流チーム、そしてすべての動きを管理する技術システムも必要になるだろう。新しい事業を始めて最初の数年は、費用のかかる学習期間となり、すぐに失敗するわけにはいかない。

◆将来に投資する――売上高が10億ドルから100億ドルになったら、新しいオフィスビルと、工場の生産性を上げるための新しい機械が必要になるかもしれない。また、もっとよい研究室や試作調理室も必要になるだろう。慎重な計画を要する数年がかりの高額なプロジェクトだ。その時点で金利が低ければ、現金で支払わずに借金で開発資金を調達することもできる。新しいビルへの投資のリターンが、ローンの利息の支払いより大きいことが期待できるからだ。ここでもやはり、あらゆる予算の決定は、限られた資源の機会費用に照らして行う。

◆万一に備えて貯蓄する――あらゆる企業は、投資口座で増やすための資金を取っておくことで、「留保利益」と呼ばれる準備金をつくろうとする。翌年、ドッグフード会社が食の安全に関するスキャンダルに巻き込まれたとしたら、今取っておいた資金が会社の支払い能力を保ってくれるうえに、顧客の信頼を取り戻すための投資に必要な新しい融資の担保としても利用できる。

◆バランスシートのバランスを取り戻す――会計上、すべての企業は「バランスシート」と呼ばれるものを維持している。企業のあらゆる所有物と負債のスナップショットだ。バランスシートは、最高財務責任者（CFO）の成績表のようなものだ。不健全なほどの負債や在庫、投資されていない多額の手元資金などが落第点なのは、株主にとって明らかだろう。CFOは調整を行うことを期待される。株式買い戻しも含まれるかもしれない。そこにはふたつの効果がある。余剰資金を投資として活用し、バランスシートの健全性が改善したように見せられること、そして自社株が安値なので買い時だという考えを市場に示せることだ。

第2の選択肢である株主への還元には、やや明白でないところがある。企業が株主に直接支払いをすることを「配当」と呼び、ある程度の規模の企業には定期的な支払いが期待される。株式買い戻しも、企業が株主から株式を購入するので株主への還元になるが、ここでは簡単にするために、現金配当での直接の支払いにのみ焦点を当てる。

第3章で株主至上主義について検討したことを思い出してほしい。現代のビジネス環境では、会社の目的は所有者、つまり株主に利益をもたらすことだという考えが主流となっている。そこで、企業は1ドル支出するごとに、代案の機会費用を考慮しなくてはならない。この1ドルの長期的リターンを高めるには、資金を残しておき、事業に投資したり、バランスシートの構造上の問題に取り組んだりするべきなのか、それとも株主に還元して独自に投資してもらうべきなのか？　ご存じのとおり、株主は所有者であり、資金はすべて彼らのものだ。経営者は、彼らを利するよう、すべての決断を行うことを期待されている。

伝え忘れていたのだが、どういうわけか、あなたのドッグフードを食べられるのはラブラドゥードルだけだ。ほかの犬はみんな、このフードを食べると病気になってしまう。あなたはあらゆる手を尽くした。さて、ラブラドゥードル市場の需要を満たし、できるかぎり合理的に効率を高めた段階で（手抜きをしたら食品安全スキャンダルにつながったので）、あなたは売上ゼロから10億ドルになったときのような急成長は望めないことに気づく。投資家たちは怖気づいている。もし同時期に株式市場全体があなたの会社より速く成長しているのなら、理性的な株主はどこか別のところに投資したくなり、そのための資金を返してほしいと考えるかもしれない。あなたとしては、株を売らずに持っていてもらいたい。すべての犬が食べられる新しい種類のフードを3年後に発売する予定で、新製品を市場に出すためには彼らの資金が必要だからだ。そこであなたは毎年、1億ドルの現金の一部を株主に還元して、彼らに見捨てられないようにする。公益事業会社など、定期的に配当を支払うことで知られている業界もある。公益事業会社自体は毎年ほとんど成長はしないが、安定した利益を上げているから、株主に還元される現金は、保証された流動性のある投資利益として機能する。退職者の多くは配当金で生計を立てているので、支払いを減らすという選択肢はない。退職者たちは苦情を言う時間がたっぷりあり、あなたの辞任を求めるかもしれないからだ。

実際にはあなたのドッグフード会社は、全員を満足させるためにふたつの選択肢を組み合わせて、一部の資金を残し、残りを再分配する必要があるだろう。ビジネスの運営は複雑で、妥協を要するものなのだ。新しいフードをつくるための3年の予定表は支出の必要性がひと目で見て取れるが、卵を割る仕事の例で説明したように、目に見えない要素も重要になる。競合のドッグフード会社がデリバリーを始めたとか、供給業者が食品安全スキャンダルをめぐってあなたを契約違反で共同提訴した場合、会社はすべてに同時に対処する方法を見つけなくてはならない。給与への投資は、最も選びたくない選択肢だ。ほかにやるべきことが多すぎる。前述の選択という試練をくぐり抜けたとすれば、ほかに賃上げを列の後ろに追いやっているものはなんだろう？

ビジネスリーダーは、賃金への投資の絶対額——つまり、いくら使っているか——よりも、四半期ごと、または年ごとの変化率で評価されることが多い。ドッグフード会社の3億ドルの給与総額に2000万ドル上乗せした経営者は、6%以上の賃金上昇率を実現することになる。これは、最近のアメリカ市場の基準レートである3%の2倍にあたる。経営者は、この変則的な事態を1回限りの投資として説明する必要があるだろう。翌年には、前年比の伸び率で評価されるからだ。もし相場を超える投資を繰り返せば、投資家たちが、市場の基準に合わせない経営者の経営能力に疑問をいだき始めるだろう。経営者はヘンリー・フォード、投資家たちはダッジ兄弟というわけだ。2000万ドルが誰に支払われるのか（役員、中間管理職、時給労働者など）、あるいはなぜ投資が必要なのかに質問が及ぶことはめったにない。こういう質問は組織のずっと下のほうに押しやられ、報酬チームの平凡なアナリストが考えることになる。大企業の最高幹部は、投資家の動向を変える力を持っているが、直属の部下より下についてや大きな事業部門全体として、社内で賃金がどう分配されているかを尋ねることはめったにない。彼らの関心は3%の基準であり、詳細の処理については、違法ではなく、自分の印象を悪くしたり仕事を危険にさらしたりしない方法であれば、他の者たちに任せている。

このパーセンテージ重視のせいで、現在の報酬モデルのもとで低賃金労働者の賃金を変えることが、ひどくむずかしくなっている。独自のリーダーシップを発揮できる仕事に就く人や、ことさら大声で騒ぎ立てる人に、年間5万ドルの昇給を与える方法を見つけるのは簡単だ。その費用は、他の社員全員に適用される3%の社内予算の例外として扱われる。標準的な報酬哲学のおかげで、企業はその人を誘致してつなぎ留めるのに必要なお金を、気づかれずに使うことができる。これは、企業が毎年答え続ける必要のない、一度限りの投資になる。その人は同等の昇給を求め続けるわけではないし、昇進したり会社を辞めたりして、給与の低い人が後任になる可能性が高いからだ。

1時間当たり50セントの昇給で、50人の低賃金労働者に1000ドル与えて絶対額で同じ金額（5万ドル）を使うほうが、ずっとむずかしい。こういう種類の昇給は、何年にもわたって財務に組み込まれることになる。1回限りの出来事と主張したり、一度上げた給与を元の金額に下げたりする機会がほとんどないからだ。だからこそ、多くの企業は最低賃金の引き上げに反対する。幹部は、おおぜいの従業員が3％の市場基準を超える昇給を受けたことに気づき、翌年に同じことは起こらないという答えを聞きたがるだろう。これは、生活していける賃金をはるかに下回っている低賃金労働者にとっては深刻な問題で、彼らが遅れを取り戻すには、市場基準を超える持続的な昇給を毎年勝ち取らなければならない。会社の労働者の過半数が時給7・25ドルの連邦最低賃金を受け取っているとすると、15ドルという基準を超えるには、5年で約16％の年間成長率（市場の5倍）が必要になる。時給10ドルを受け取っているなら、5年で9％の成長率（市場の3倍）が必要だ。これを実現するには、CEOが最低賃金労働者の幸福を充分に思いやり、賃金目標を明確に設定して、社内の争いを避け、投資家の影響力に対処しなければならない。

給与の市場相場を動かす役割を認識し、不公正な給与という底辺へ向かう二人三脚から脱却する気のあるビジネスリーダーの介入がなければ、企業はまるで、家（従業員）を買って固定金利の住宅ローンを払っているかのように給与を扱い続けるだろう。家の固定資産税は毎年少しずつ調整され、重要な維持管理にはある程度の定期的な支出が必要になる。しかし一般的に、リフォームへの投資や、先の例のように低賃金労働者の大幅な昇給への投資は、予算に計上されない。リターンがはっきり見えにくいので、他の投資の選択肢より機会費用が低いと見なされてしまうからだ。こういう場合、明らかに新しい屋根が必要でないかぎり、給与を上げることはむずかしく、そのときでさえ多くの会社は、従業員がせめてひと冬はキッチンのまわりに雨漏り用のバケツを置いてしのいでくれることを期待する。改正された包括的な報酬哲学のもとで公正な給与を支払うという代案は、賢い企業が差し押さえを避ける方法になる。

『ザ・シンプソンズ』の傑作エピソードで、シンプソン家の母親マージは家族に、シャーパー・イメージ（当時は高級顧客向けだった）のような店で新しいテレビを買う余裕はないと言う。彼女の言い分はこうだ。「哲学のある店で買い物する余裕なんてないわ。テレビが欲しいだけよ」。これを給与に当てはめてみるとすれば、経営陣が給与を、基準に合わせる作業、〝単なるテレビ〟として扱い、全従業員にとって競争力のある公正な給与環境を自社の報酬哲学がどう実現するのかを説明してくれないのなら、その会社で働き続ける余裕はないだろう。自分の給与が、会社の言う理念に照らしてどの位置にあるのかわからない場合、尋ねてみなければ大きな機会損失をこうむることになる。

5. あなたの価値はどう決まるか

ソフトウェアエンジニアの友人が、あるアイデアを持ってあなたのところへ来たとしよう。「給与のフェイスブック」のようなものを使うことに人々が興味を持つかどうか試してみたいらしい。SNSアカウントと同期して、友人たちの収入の100％正確なランキングを表示するアプリだ。自分のことをほとんどなんでもオンラインで共有しているのだから、給与だって共有してもいいのでは？もし機会があったら、あなたはこういうアプリを使うだろうか？　最初に誰について調べる？　そして、他の人と比べて自分の仕事にどのくらいの価値があるのかがわかれば——つまり給与の完全な透明性があれば——賃金停滞と賃金格差というふたつの問題は解決すると思うだろうか？

ノルウェーは、似たようなことを試した。そして、どちらの問題も解決しなかった。

少なくとも1882年以来、ノルウェーの納税申告書は情報公開されていた。2001年まで、ノルウェー人なら誰でも、地元の税務署を訪れて他人の公的な所得を見ることを正式に要請できた。2001年以降は、オンラインで検索できるデータベースが登場したことで手続きがとても簡単になり、給与をのぞき見するのに税務署まで寒い思いをして自転車で行く必要がなくなった。短期間だが、サードパーティーの開発者が、フェイスブックのようなサイトで、そういうデータベースからの情報をまとめて、友人たちの収入ランキングを作成することもできた。ピーク時には、それらのサイトはユーチューブよりも人気があり、ノルウェー人は天気よりも納税申告書を検索しているようだった。[95]楽しみは2011年まで続いたが、ついに政府が、営利目的でリストを公的に利用することを禁止した。2014年にはさらに手綱が引き締められ、匿名での検索が禁じられた。現在でも、上司の給与を調べることはできるが、調べたことがメールで本人に知らされるので、次回のミーティングで少し気まずい思いをするかもしれない。

ノルウェーが長年守ってきた給与の透明性を求める文化は、国の威信をかけたものでもあり、給与を公正にするのに役立ってはいるが、不公平な給与をなくせるほどではなかった。OECDが収集したデータによると、ノルウェーの男女間の賃金格差は7％だ。公正な給与を測る多くの方法のひとつとして第7章で詳しく説明するが、性別による賃金格差とは、仕事の内容や会社内での地位に関係なく、男女の実際の賃金差を計算したものだ。賃金格差が大きいとすれば、たいていその会社には地位の格差もあり、上級管理職に女性よりも男性のほうが多く就いていることになる。ノルウェーの7％という数字は、給与の透明性が低い国に比べればずっとましだ。たとえば、アメリカの男女間の格差は18％。しかし、給与の透明性と男女間賃金格差の小ささは、直接的、絶対的に関連しているわけではなく、ノルウェーの数字も、給与の透明性が低いいくつかの国よりも悪い。たとえばルーマニアは、2％以下という数字でOECDのリストの首位にある。

つまり、公正な給与を実現するために解決すべき問題は、透明性と男女間（あるいは人種間、またはその両方）の賃金格差だけではないということだ。公表された給与情報をどう解釈すればいいのか、公平な給与のために修正を行って維持できる体系をつくるにはどうすればいいかを、人々に知ってもらう必要がある。実際の給与水準や、誰もが昇給する可能性があることも、重要になる。多くの人にとっては、アメリカで18％低い給与をもらうほうが、ルーマニアで2％低い給与をもらうよりましだろう。アメリカでは賃金格差が大きくても、給与の絶対額が高く、経済的機会も多いからだ。以前、ルーマニアのブカレストでプロジェクトに参加していたとき、常に国内の店舗の人員が不足している小売企業と仕事をした。従業員は、ブレグジット前のEUのパスポートを使って、むしろ不平等なイギリスにある同じ会社で同じ仕事に就いていた。イギリスの賃金格差はルーマニアよりも8倍大きい16％だが、基本給はずっと高いからだ。

この経済的機会の議論を利用して、アメリカやイギリスなどの先進国では不公正な給与の問題はほとんどないと言う人もいる。彼らによれば、賃金格差が存在していてもそれは二次的な問題で、全体的な賃金上昇の条件を損なわないかぎり、時とともにおのずと解決する。もちろん、男性も女性も同一労働同一賃金であるべきだが、市場が自然に問題を解決するに任せる必要があるという。人々（女性とマイノリティーが大多数を占める低賃金のグループのこと）は座席について、乗り物を楽しみ、そういう国での暮らしがどれほど豊かであるかに感謝すべきだというわけだ。

市場か平等かの選択に順位をつける必要はない。賃金格差を縮めながら、あらゆる人の経済的機会を増やすことはできる。給与の透明性を高める取り組みが普及して、賃金格差がこれまで以上にはっきり見えるようになるにつれて、システム全体を同時に改善するもっと効果的な方法を学べるだろう。

これからやってくる世界で、給与の透明性が高まるのは避けがたいことだ。その世界では、賃金格差も許されないだろう。グーグルやマイクロソフトなど、とりわけ給与の高い多くの企業の従業員は、自ら行動を起こし、密かに自分たちの給与明細を集めて公開している。この傾向は今後も続くはずだ。

「Blind」のような匿名で給料情報の交換ができるアプリや、「Levels.fyi」、「Salary.com」、「Glassdoor」のような公開サイトは、当初はデータの質が低いので報酬の専門家には敬遠されていたが、かなり精度が上がっている。企業は、説明責任が増して給与に関するきびしい会話が求められる新しい常識を受け入れる必要がある。企業だろうと、従業員だろうと（理想的にはどちらも）勝者となるのは、しっかり準備ができている者、新たに透明化された給与データを現状のまま解釈でき、公正さに対する人々の期待を高められる者だろう。本書の後半では、みんなでこの変革を加速させるための後押しをするつもりだが、本章では、密かに給与の集計表をつくっている人たちがもっと説得力のあるデータを作成するための手助けをしよう。

意図的な不公平

公正な給与――つまり市場および構造上の盲点に修正を求める活動――に反対する人たちはよく、給与の仕組みを変えると、事業革新が制限されるのではないか、あるいはビジネスリーダーが本当に優れた業績を上げた者に報酬を与えられなくなるのではないかと心配する。新興企業や、野心的な経営者がいるあらゆる企業でよく聞く意見だが、たいていの企業が従業員への給与支払いをどう評価しているか、そこにある違いを分析する前に、ある種の企業やスーパースター社員を公正な給与の対象から外すことが問題を解決するどころか大きくしてしまうことを示しておきたいと思う。

事業革新については、ポール・グレアムが2016年に発表したエッセイ「経済的不平等（*Economic Inequality*）」が参考になるが、おそらく本人が意図した理由からではない。グレアムは起業の第一人者であり、エッセイでこう述べている。「富の大きなばらつきを消し去れば、スタートアップ企業も消し去られるだろう」。大げさな表現はさておき、グレアムの主張によれば、スタートアップ企業は確かに不平等の直接の原因になるかもしれないが、全体としてそれは、ゼロから新たな富を生み出せる広範な経済システムにとって、好ましい代償なのだという。新たな富を生み出すのはよいことだが、わたしとしては、同じスタートアップでも有益な企業と有害な企業を切り離して考えてほしかったと思う。すべてのスタートアップ企業が（さらに言えば伝統的な企業も）公正な給与を維持できるようにつくられているわけではない。意図的にそういう理念を避けるように設計された企業もある。

創業者はどうすれば、公正な給与を尊重する会社をつくれるのだろうか？　簡単に言えば、低賃金や不平等を助長するような新しい条件を生み出すプレゼン資料を書いてはいけない。創業者は、ビジネスモデルを選ぶのも、始めから誠意ある給与を念頭に置いて運営するかどうかを決めるのも、自分であることを認識してほしい。有名なスタートアップ企業（数社は巨大企業に成長している）の行動指針（ミッションステートメント）に、誠意ある給与を当てはめてみるなら、宅配ドライバーの基本給からチップを差し引けば、「人々と可能性をつなぐ」（フードデリバリーサービス企業ドアダッシュの行動指針の一節）ことにはならない。また、人々を独立請負業者から正規従業員に分類し直して基本的な安心感を与えることに反対する法廷闘争を主導すれば、「機会の創出」（ウーバーの行動指針）はできない。そして、CEOに10億ドルの退職金を渡して会社を倒産寸前に追い込めば「世界の意識を高める」（シェアオフィス企業ウィーワークの行動指針）ことはできない。

イノベーションは公正さにまさるという考えかたは、大企業にも浸透している。グーグルの人事部門（ピープル・オペレーションズと呼ばれる）の伝説的な元責任者ラズロ・ボックは、世界じゅうで同社がいくつもの「最も働きがいのある会社」リストに掲載されるのに一役買った。数え切れないほどの模倣者がグーグルの社風や職場環境をまねしようとしてきたし、市場全体（少なくともオフィスワーカーにとって）の給与と福利厚生の水準に影響を与え向上させてきた企業は、ほかにほとんどないと思う。しかし、報酬の世界でボックが最もよく知られているのは、著書『ワーク・ルールズ！――君の生き方とリーダーシップを変える』で述べられ、本人も異論があることを認めている、企業は意図的に「不公正な給与を支払う」べきだという考えだ。

ボックが述べているとおり、不公正な給与を払うとは、「ふたりの人間が同じ仕事をしていても、その影響力や報酬に100倍の差があるかもしれない」のを認めることだ。ボックはこれを文字どおりにとらえていて、同じ仕事をしていても、株式報酬を1万ドル受け取る人と、100万ドル受け取る人がいるかもしれないと述べている。ボックの考えでは、公正な給与とは貢献度に応じて報酬を得ることで、業績優秀者は平均的な業績を上げる人の何倍も貢献している。これは、第3章で検討した一般的なビジネス観に完全に同調した、最も凝縮された形の能力主義だ。ここにはリスクもある。

ボックは、不公正な給与をうまく機能させるには、給与プログラムに「手続き的正義と配分的正義」の両方が必要だと主張する。つまり、従業員はプロセスと、与えられる金額、受け取る人の価値を信頼しなければならない。さもないと、会社は「嫉妬と恨みの文化」を生み出す危険がある。そのとおりだ。どちらの正義も保証できると考えている優良企業でさえ、意図的に不公正な給与を支払えばリスクを招く。なぜなら多くの企業では、常に職場にいることが優れた業績と混同されているからだ。給与は、生み出した成果ではなく、実際にオフィスで過ごした時間と結びつけられる傾向が強い。もちろん、こういう給与制度が招いた性差による変動もある。家庭生活のなかで、女性のほうが肉体的にも精神的にも大きな無償労働の負担を抱えることが文化的に期待されているかぎり、女性たちには有償労働の報酬をもらい損ねる危険がある。人々が自分の貢献と潜在能力に充分な報酬を求められるようにするのが誠意ある給与だとするなら、業績よりも職場にいることや参加することに意図せず報酬を与えるような時間外労働の設定と、それに対する期待を見直さなければならないだろう。男性たちよ、味方をしてくれるなら、まずはごく低いハードルを越えてほしい。適切な時間にオフィスを出て、仕事のメールは朝まで開かないことだ。

不公正な給与は、企業が、持続的な何倍もの特別な貢献を偏見のない方法で正確に測定できること、そしてうわさが広まったときには幅広い層の従業員に不平等な報酬について説明できることを前提としている。まあ、がんばってみるといい。不公正な給与を払えば、恨みを買うだけでなく、偏った、悪くすると違法な給与制度を生み出してしまうかもしれない。グーグルは世界屈指の頭脳集団を有し、他に類を見ないデータの海を泳ぐ企業なのだから、不公正な給与を払う自らの能力をどこよりもうまく測定できるだろうが、それでも従業員から見た全体的な給与文化に問題を抱えている（「最も働きがいのある会社」賞をいくつ受賞しているにしても）。2018年後半、世界じゅうのグーグルのスタッフが、同社の女性の扱いをめぐってストライキを実施した。デモ参加者が掲げた5つの要求のふたつめは、「給与と機会の不平等を撤廃するという確約」だった。「機会の不平等」という言葉はむしろ、給与と昇進を決めるとき、業績よりも職場にいることが重視されているという意味に聞こえる。あなたの企業はグーグルほどデータ収集に長けていないだろうから、給与を不公正にするのは賢明な策ではないということだ。

何様のつもり？

人事担当の役員が、《ニューヨーク・タイムズ》を振り回しながら、階段を駆け下りてくる。そして報酬チームに食ってかかり、なぜここに、他社が小売店の店長に2倍の給料を払っていると書いてあるんだと問いただす。役員は、人事のキャリアのなかで報酬の仕事をしたことがないので（人事担当の役員になるまでの道のりに、現場での重要な職務が含まれることはめったにない）、記事のニュアンスがよくわかっていない。チームの何人かは互いに顔を見合わせて、誰が会社の上層部の人間にわかりきったことを教えなければならないのか、テレパシーでくじ引きをしている。ようやく、そのうちの誰かが口を開く。「彼らの店は、ずっと大きいんです。うちの店はぜんぶ合わせて向こうの一部門のようなもので、彼らのそれぞれの店舗にはうちの店舗の50倍の売上があります。記事の店長は、他店舗の店長を管理していますが、うちの店長はしていません。その店長は、うちの地域担当マネージャーに近い仕事をしているので、給料も高いのです」。

別の会社では、ある女性社員がアメリカからカナダへ異動になった。彼女の給与はカナダの制度に切り替えられたが、ここでは給与の市場相場がアメリカより大幅に低いうえに、新たな税金はアメリカで支払っていた額より大幅に高かった。両側から経済的に圧迫されることになった女性は、開発の任務を引き受けたせいでひどい目に遭わされるのはおかしいと訴える。彼女は有望な人材と見なされてきたのだからなおさらだ。これは性差別ではないかと彼女は考えている。新しい上司は、新しい総合報酬パッケージが、料金を負担しなくてすむ健康保険や、アメリカを離れているあいだも長期的な給与を維持する平等化の仕組みを備えていることをていねいに説明する。全体から見れば得をするのだが、彼女は基本給の絶対額が下がったことに今も腹を立てている。企業は、スーパースター社員を怒らせてしまったことに不安を覚え始める。彼らは折れて、いくつかの手当を組み替え、彼女の給与をアメリカでの給与と同額にし、カナダドルに直接換算することにした。すると今度は、カナダ人たちが（カナダ人に可能なかぎり激しく）怒り出した。新人がすごく高い給料——上司より高い給料をもらうなんて！　女性社員はほっとし、給料がどこの国でも同じというわけではないことを学んだが、闘う必要があったのは公正ではないと感じている。一方、会社は異動を命じたことを後悔し、彼女がアメリカのオフィスに戻ったあとも永続的に余分な給与をもらえるわけではないことを納得してもらうために、どんな闘いが待ち受けているのかと考える。任務が完了したら、彼女は間違いなく昇給を求めるだろう。

さて、最高マーケティング責任者（CMO）のアシスタントは、なぜ自分の給与が最高業務執行責任者（COO）のアシスタントより低いのかと質問している。給与についてふたりで話したとき、相手と自分が「同一労働同一賃金」を受け取っていないことを知ったのだという。彼は、会社内でのそれぞれの地位に違いがあることに気づいていない。CMOの部門は販売業者との仕事が多く、彼の所属するマーケティング部門は、世界じゅうにいる従業員の巨大グループと仕事をする業務執行部門に比べると小さい。COOは会社全体の運営で次席にあり、CMOより高い給与等級にある。COOのアシスタントの仕事はずっと複雑であるだけでなく、彼女はCMOのアシスタントより10年もその仕事で経験を積んでいる。彼はまったく気づいていないが、管理部門全体が、毎年念入りに独自の方法で、役員たちを除けば会社のどのグループよりも頻繁に審査されている。その仕事は最高幹部に直接つながっているからだ。会社の報酬策定責任者は、管理部門を怒らせることが初歩的な間違いであることをずっと昔に学んだのだ。

これらの逸話はどれも、給与についてのもっともだが説明のつく懸念を表している。世界じゅうの報酬部門が日々抱えている悩みだ。不公正に見え、ないがしろにされたと従業員が感じることも、実際には思っている以上に考え抜かれ、厳格に適用されたシステムの一部かもしれない。あるいは、すぐに修正が必要な重大な間違いがあるかもしれない。仕事の価値を判断するためのこういう区別と、昇給を求める闘いをいつ実行するかを知るうえで、まずはさまざまな国、仕事、部門にわたる同等者――自分を誰と、どうやって比較するか――を知ろう。

ノルウェーの税制についての研究によると、給与が人間の基本的要求を満たすのに充分である場合、同等者と比較した場合の給与額のほうが、給与自体の額よりも満足度を高める重要な要因になることがわかった。簡単に言えば、同等者と見なした人たちより自分の給与が高ければ満足で、低ければ不満を感じるということだ。この研究では、経済的に恵まれていない家庭のほうが、恵まれている家庭よりも、収入の透明化に反対する傾向が強かった。未払いの請求書や叶わぬ夢への思いなど、自分が他人と比べてうまくいっていないことを毎日思い知らされていれば、みんなに自分の給与のことを訊かれたくはないだろう。

給与が同等の同業者をはっきり知るのはむずかしい。自分でその情報を探そうとすると、問題にぶつかることがある。ネットで自分の職名と「給料」という言葉を検索すると見つかる、前述のような自己申告制の給与サイトを使うときはなおさらだ。こういうサイトには2種類ある。ひとつめは、自分たちの業績をやけに高く評価したがる人材スカウト会社が運営するサイトで、彼らにしか紹介できないよい仕事を見つけなければという切迫感をつくり出している。ふたつめは自己申告制で、誰でも自分の仕事と給与の情報を提出できるサイトだ。充分な情報があれば、群衆の知恵が正確な結果を生むという発想でつくられている。現在のところ、こういうサイトのデータの質は、プロの報酬チームの基準を満たすほど信頼はできないので、わたしたちがむやみに利用することはない。自己申告制の給与サイトは徐々に改善されてもっと信頼できるようになり、公正な給与を実現するうえで重要な役割を果たすようになるだろうが、今のところは、こういうデータに頼って昇給を主張した場合、多くの報酬チームは真剣に受け止めないと知っておくことが重要だ。

自己申告制ウェブサイトのデータと、企業が報酬額を決めるのに使う正式な給与調査のデータとの違いは、データの収集方法にある。正式な調査では、入手できるデータのレベルは詳細で、標準化され、すべてがそろっている。たとえばわたしは、専門家レベルのイスラエル人データ・サイエンティストの給与範囲を確実に知ることができる。調査会社は、わたしが選んだ比較対象企業のあらゆる専門家レベルのイスラエル人データ・サイエンティストの実際の給与データを、集計して提供できる。もしあなたが専門家レベルのイスラエル人データ・サイエンティストなら、あなたの給与は（名前を除いて）そういう調査会社に提出されている。残念ながら、専門家レベルのイスラエル人データ・サイエンティストであるあなたは、自分自身と同等者のデータを買うことはできない。自己申告制のサイトで見つかるデータが正確であるとすれば、それは提出者が「専門家」という言葉に共通の理解を持ち、自分の仕事をもっと高度な職種と混同しない自覚を持っている場合だけだ。たとえば、レポーティング・スペシャリスト（組織の現在のトレンドやマーケティング状況の調査と報告を担う専門家）が自分をデータ・サイエンティストだと思い込んで、給与情報をデータ・サイエンティストの欄に入力してみたとすれば、自分は薄給だと考えるに違いない。人々をさまざまな企業の仕事に照らして標準化し、本当の同等集団に分ける作業は困難で時間がかかる。だから企業は、進んで業者に料金を払い、そのサービスを受ける。

企業は、より完全なデータを入手できることで、従業員よりも情報面で優位に立っている。これを「情報の非対称性」と呼ぶ。インターネットで見つけたデータには会社が持っているデータほどの精度はないので、自分の給与を評価して昇給を得るには、グーグル検索以上の何かが必要になる。もし本当の同等者を探すのに苦労しているなら、あるいは現在の理解が正しいのかどうか確かめたいなら、適切な質問をするために、内部からの手助けが必要になるだろう。

内部の仕事

あなたの会社には給与の透明性がなく、わたしのような職業に就く友人も身近にいないのなら（この仕事をしている者はみんな、絶えず友人から給与を調べてほしいという電話を受ける）、本当の同等者を知るための次のステップは、同じ仕事、もしくは類似の仕事をしている人を見つけることだ。これを理解するには、自分の実際の仕事とは何かを知るため、多くの用語を定義する必要がある。

本来は明白であるべきだが、あなたの会社や物知りぶった報酬策定者のあいだでは、そうではないかもしれない。「ヘッド」、「カスタマー・エクスペリエンス・ロックスター」、「クリエイティブ」といった肩書を与える会社ではなおさらだ。「ニンジャ」という言葉を使った職名は、2015年以来140％増えたが、(96) オフィスで働くサムライの先行きはあまりはっきりしない。しゃれた職名は、流行に敏感で身軽な平等主義の会社に見せてくれるかもしれないが、そういう慣習の導入には慎重にならないと、従業員に自分のジョブレベルや本当の同等者を見分けにくくさせ、公平な組織をつくる妨げになる。意図的であろうとなかろうと、混乱は常に会社側に有利に働く。あいまいな職名をつければ、会社は同一労働同一賃金という基準に対する説明責任を負えなくなる。そこには、何が「同一労働」なのかという共通の理解に基づく定義がないからだ。こういう企業は必ずと言っていいほど、職名のカーテンの裏に、他社と同じ給与調査基準に沿った影の職務階級を持っている。

自分の価値（人としてではなく、資本主義社会の一般的な型に収まる仕事の給与に関して）を知るには、まず会社の目で見た自分の職務とは何かを知ることだ。あなたは職務を、自分がやっている一連の作業、あるいは平日に通って工業用石鹼のような味のコーヒーを飲む場所と考えているかもしれない。具体的には、名刺を見れば、南西地域のマーケティング運営部シニアマネージャーであることがわかるかもしれない。不確かなら、職務記述書を見せてもらおう。職務記述書とは、あなたがやると期待されていることを大まかに説明した文書のことだ。この文書はどこかのファイルに紛れてしまって、忘れられ、オーバーヘッドプロジェクターの隣に置かれているかもしれない。概して、職務記述書が古びて見えるほど、給与が公正かどうか真剣に心配しなければならなくなる。自分の職務記述書が、実際にやっている仕事と一致していることを確認しよう。それが給与の基準となるからだ。年に一度は見直し、上司や人事部のマネージャーがこの文書を管理してくれることを当てにしてはいけない。自分の職務記述書が見つからない、または入手できない場合は、ジョブレベリングガイド（詳しくは後述）を参照して、上司に自分の職務に期待されていることを尋ねてみよう。それから自分で職務記述書を作成し、期待されていることを上司や人事部としっかり共有する。のちほど、誰も気まずい思いをしなくてすむ会話の始めかたについて説明しよう。

最低でも、職務記述書には、会社での自分の立ち位置を理解するのに役立ついくつかの基本的な要素が必要になる。基本は、職位によって異なる職務の肩書、ジョブファミリー、そしてジョブレベルだ。南西地域マーケティング運営部シニアマネージャーという名刺の肩書を例に取ってみよう。

◆職位――「南西地域」。職位とは、会社の人員のなかであなたが占める独自の位置のことだ。職位は、多くの人が同時に参加できる「職務」とは異なる。もし会社が一時解雇を行ってあなたの職位がなくなったとしたら、それは必ずしも職務に就く全員ではなく、あなたに関することになる。職位には、「職位記述書」と呼ばれる目的に合わせた職務記述書と、独自の「デスクタイトル」があるかもしれない。デスクタイトルとは、会社が事業部門に自分たちで決めさせる二次的な肩書で、ときには給与のかわりにされたり、外部の顧客にその人を上級に見せるのに使われたりすることもある。わたしのキャリアの初期には、文化的規範を考慮して、特定の会議に出席させてもらうには国際的な市場でのデスクタイトルを誇張しなくてはならないことがよくあったが、だからといって公式に一人前になったわけでも、もっと大きな仕事にふさわしい給与をもらえたわけでもなかった。デスクタイトルの一例に、「カスタマー・エクスペリエンス・ニンジャ」があるが、報酬チームが給与を見直すために給与調査で使っている正式な職名は、「カスタマーサポート担当1」などだろう。職位に基づいて給与が設定されることはないが、多くの企業は地域に応じて地理的な調整を行っている。たとえば、北東地域の職位は、南西地域の職位より給与範囲が10%割増になるかもしれない。一定のジョブレベル、通常は第一線の役員以上では、地理的な違いはなくなる。こういう役職の人材市場は地域ではなく全国を対象としていると考えられるからだ。自分の会社がこの種の割増制度を採用しているかどうか知っておく必要がある。また、自分のジョブレベルがどう変わるのかを尋ねずに、新しい職名を受け入れてはいけない（次の項目を参照）。

◆**職務**——「マーケティング運営部」。職務とは、あなたがやることを期待されている中核的な一連の任務だ。この例では、マーケティング運営チームは、マーケティング・キャンペーンの計画立案や、最も効果的なキャンペーンの分析を課されているかもしれない。あなたと同じ仕事をし、同じ一連の職務を担っているが、社内の別のグループで働いている人もいるかもしれない。南西地域の人と北東地域の人は同じ仕事（職務）を割り当てられているが、地域や取引先（職位）は異なる。大まかには、あなたの仕事の80%は、その職務に就いている他の人たちがやっていることと同じであるはずだ。もしそうでないなら、あなたは間違った職務、あるいはジョブレベルに就いていて、給与も間違っているかもしれない。

次に、給与が実際どのように設定されているかを説明しよう。市場調査データは、職務と標準化されたジョブレベルの組み合わせで構成されている。これについて見ていくことにする。この例では、組み合わせはマーケティング運営（職務）のシニアマネージャー（ジョブレベル）だ。南西地域という部分は、その地域の調査データだけを見るのでなければ、外しておく。給与調査での給与の市場相場を知るには、自分の職務を、調査会社の「ジョブライブラリー」にある最もよく似た定義と比べてみる。ジョブライブラリーとは、調査会社があらゆる顧客に使っている一般化された職務概要の巨大なカタログだ。名前の響きからわかるとおり、とてもおもしろく読める。ジョブライブラリーの調査職務概要に自分の職務を当てはめることを「ジョブマッチ」と呼ぶ。ジョブマッチは、競争力のある給与を受け取っているかどうかを判断するとき、最も重要になる情報だ。

職位＞職務＞ジョブレベル＞ジョブマッチ＞市場調査データ

それぞれのジョブマッチは、次の3つの方法で市場調査データと比較する。

1. **ベンチマーキング**——ほとんどの企業は、給与範囲の基本となる「ベンチマーク」をつくるため、会社にとって重要で調査にもよく見られる中核的なジョブマッチの一部を採用している。給与範囲については、次のセクションで説明する。企業がこの方法を好むのは、最も市場と緊密に結びついていて、従業員に報酬額を説明しやすいからだ。調査に参加し、労働者をそのジョブマッチに当てはめている企業はすべて、従業員の実際の給与データを報告する。給与が不当に低いと感じる場合、最も可能性が高いのは、あなたの仕事と調査のマッチングが正しくないということだ。企業は通常、プロセスがひどく不正確になることがあるので、ジョブマッチの情報を従業員と共有しないが、少なくとも説明責任を共有する誠意のしるしとして、質問には応じるべきだ。
2. **スロッティング**——ときには、会社にとってその職務があまりにも特殊なので市場と比較できないことがある。栄養ドリンクの会社には、ブランドの宣伝活動だけをする職務があるかもしれない。銀行には、特定の実業家のためのプライバシー・スペシャリストがいるかもしれない。保険会社には、美術品の評価だけを行う保険数理士がいるかもしれない。あるいは、単にひどく不正確な調査データが返ってきたので、使えない外れ値として報酬チームが無視することもある。こういう状況が発生した場合、その職務は「スロット」される。つまり、直感に基づいて似通ったベンチマークに合わせ、できるだけ組織内で騒ぎが起こらないようにするのだ。ときおり、ある職務が主観的に見て同等のベンチマークよりも少し大きかったり小さかったりする場合には、「割増」あるいは「割引」を受けることもある。10％の増額または減額になるのがふつうだ。ここからは、報酬のグレーゾーン、科学よりも芸術の領域に入っていく。

3. **ポイント・ファクター**——ポイント・ファクター制は、評価者による主観的な職務の評価に全面的に基づいている。ポイント・ファクター制では、職務を調査資料のマッチに当てはめるのではなく、特定の調査会社が所有する複雑怪奇なファクター装置で各職務を採点する。その結果、ある得点範囲内のすべての職務が給与範囲のどこかに割り当てられて階層がつくられ、合計得点の最も多い一群の職務が最も高い給与を受け取ることになる。ほとんどのポイント・ファクター制のもとでは、結果を検証することがむずかしく、その公正さを従業員に納得させるのはもっとむずかしい。ある調査会社の制度は、理由についてあまり明白な違いもなく、秘密の尺度でひとつの職務に175点をつけて、別の職務に168点をつけ、結果としてふたつの職務が同じ給与範囲に入ったり入らなかったりするかもしれない。幸い、こういう方法は時代遅れになったが、特に発展途上国の市場では、変動しやすいことで有名な調査データを制御する〝容易な〟方法として、現在も使われている。従業員が制度の仕組みを理解しているか、給与について質問する適切な言葉を与えられているかは、二次的な問題とされる。もし、あなたの会社が給与設定の主要な方法としてポイント・ファクター制を使っているなら、自分の給与が公正かどうかを判断するには険しい坂をのぼる必要があるだろう。調査会社からどんなデータを買ったのか、報酬チームが充分に説明できるとは思えないからだ。

◆ジョブファミリー――「ジョブファミリー」とは、ある人が選んだキャリアの道で得られそうな同種の職務から成る階層のことだ。もしマーケティング部門で働いているのなら、ジョブファミリーには広告、ソーシャルメディア、ブランド戦略、非技術系の製品管理などのさまざまな職務とジョブレベルが含まれるかもしれない。大企業では、キャリアの道を明確にするために、ファミリーをさらにサブファミリーに分けている。企業によっては、ひとつのジョブファミリーから別のファミリーへ移る場合に決まったルールがあり、公正な給与を得ながら先へ進むには、こういうルールを知っている必要がある。会計や法律などの厳格な職業上の基準を管理するための確認法として使われるなら、こういう慣習も悪くない。しかし、継承順位を守る方法として使われるなら、恣意的なジョブファミリーのルールで進路の選択肢を制限する会社は、代表性(レプリゼンテーション)（社会を構成する多様な人々が適切に代表者となること）の格差を強化するだけだ。一般に、誰がそのジョブファミリーに加われるかを企業がきびしく管理するほど、グループ間の給与に大きな（そしておそらく不当な）格差が生じやすくなる。企業は、社内の職務移動のルールが妥当かどうか評価し、誠意ある給与を念頭に置いて、従業員が自分の貢献と潜在能力に充分な報酬を求められるようにすべきだ。ある人材がひとつのジョブファミリーから適切な形で別のジョブファミリーに移り、優れた業績を上げられるのなら、大幅な賃金格差を正当化するのはむずかしいはずだ。

◆ジョブレベル――たとえば、「アナリスト」、「シニアマネージャー」、「バイスプレジデント」など。ジョブレベルとは、職務の相対的な能力、階層、権限を標準化した内容のことだ。ジョブレベルは、その人が解決を任されている問題の複雑さを示している。職務記述書の要素のなかで、ジョブレベルは最も不明瞭で、誤解によって多くの不公正な給与決定が行われている部分だ。おそらくあなたの会社にはジョブレベルの公式な基準があるだろうが、同時に、職務が実際にどのように行われているかは、事業単位（あるいは人）によってさまざまに異なるだろう。会社全体で、期待される職務とジョブレベルを定期的に調節することは、公正な給与にとって不可欠な習慣だ。

標準的なジョブレベルを与えられたすべての人は、マーケティング、人事、社用ジェット機管理のどこに配属されるかにかかわらず、そのジョブレベルの定義に応じて会社の全体的な成功に貢献することを期待される。各レベルの定義は、会社の「ジョブレベリングガイド」に書かれている。これは、あなたが適切なレベルの職務に就いているかを評価し、次の昇進の候補になったとき給与についての会話に取り入れるべき、具体的なキーワードを示したロゼッタストーンのような文書だ。ジョブレベリングガイドに見られる、マネージャーとシニアマネージャーの典型的な違いについて考えてみよう。微妙な差ではあるが、もしあなたの仕事がシニアマネージャーに分類されるなら、それに見合った給与を期待すべきだろう。

多くの企業はこの情報を閲覧できるようにしているが、もしあなたの会社がしていなくても、ジョブレベリングガイドはオンラインで広く検索でき、サイトによる違いはほとんどない。市場調査会社は、自社や一企業のためにジョブレベリングガイドをカスタマイズする気はない。カスタマイズすると、企業が複数の給与調査に参加しにくくなるからだ。オンラインで一般的なジョブレベリングガイドを検索して見つけた情報は、特に第2章で挙げた大手3社のものならば、一字一句同じではないとしても、あなたの会社が使っているものと大差ないはずだ。

ジョブレベリングガイドには、業界にかかわらず、4つほどの基本的なジョブレベルのグループが

	マネージャー	シニアマネージャー
誰を管理するか	個人の貢献者 大学の学位を持つ専門家	他のマネージャー 上級の個人の貢献者 専門家
何を管理するか	直属のチームの成果と、日々の技術指導	複数の関連チーム、または職務内の重要な1チームの成果。直接的な技術指導を行うことはめったにない
どのように管理するか	ファンクションリーダーの計画に合わせて	ファンクションリーダーの承認を得るための計画を立案
あなたの権限	方針に基づく	予算に基づく

【表】管理の対象や権限はジョブレベルによって異なる

サポート（S）	専門職（P）	管理職（M）	役員（E）
			3
			2
			1
	6	5	
	5	4	
	4	3	
	3	2	
4	2	1	
3	1		
2			
1			

【表】ジョブレベリングの一例

載っている。サポート、専門職（大学の学位を必要とすることの多い仕事）、管理職、そして役員だ。調査によっては、たとえばサポートレベルでいわゆる「ブルーカラー」の仕事と事務仕事を区別して、技術サポートと業務サポートを分けるなど、付加的なグループを設けていることもある。それぞれのグループには、階層構造になったいくつもの決まったレベルがある。大企業では、調査で提供された標準的なセットのレベルとレベルのあいだに、「ツイーナー」（中間的なもの、裕福と貧困の中間くらいの安定した生活を志向する人々という意味もある）という気の利いた名前のレベルを挿入することもあるだろう。グループ同士は、典型的な給与水準を反映し、技術職と管理職の同等の貢献を認めるために、一定の段階で重なり合う。専門職1（P1）は、サポート3（S3）と同等で、P1にはアナリスト、S3には上級技師といった相応の肩書がつくかもしれない。専門職グループはさらに昇進や昇給を受ける資格がある一方で、サポートの職務は専門職2または3のジョブレベル相当が上限となるかもしれない。

あなたの会社のジョブレベリングガイドは、右の表と似たようなものだろう。各行は同一または同等の給与範囲で、グループと数字の組み合わせにはそれぞれ独自の定義がある。表では、マネージャーの定義はM2に相当し、シニアマネージャーはM3だ（M1はスーパーバイザー、M4はディレクター、M5はシニアディレクター）。調査上でのジョブレベルを知ることが、自分の報酬額を決めるのに重要であることを憶えておいてほしい。肩書だけでは充分ではない。それは会社や業界独自のもので、小規模な企業では各グループの最上級レベルは使わないからだ。

定義すべき用語はまだあるが、すべてがどうつながって自分の給与範囲を決定しているのかを理解できるだけの知識は得られただろう。

あなたの給与範囲

報酬の世界に、ブラックボックスの外でよく聞く言葉がひとつあるとすれば、それは「給与等級」だろう。探偵が事件を解決しようとするドラマでは、必ずある時点で、探偵が下級捜査官に情報を伏せていたことを非難される。すると探偵は、たいていサングラスをさっとかけたり、車のドアをばんと閉めたりしながら、「悪いな、それはあんたの給与等級より上の話だ」などと言う。給与等級のことを話すとき、人はたいていジョブレベルと「給与範囲」のことを話している。具体的にあなたにとっての公正な給与がどのあたりかを判断する前に、給与範囲の仕組みについてさらに説明する必要がある。

給与範囲とは、ある職務について可能な報酬額のことで、その職務に就く人には決められない。給与範囲には、最小値、中間値、最大値がある。給与範囲は、ひとつのジョブレベルから次のジョブレベルへと、適切な段階を踏んで上がり、「給与構造」を形づくる。給与範囲にはたいてい重なる部分があり、下位レベルの給与の最大値が、上位レベルの範囲の最小値を上回ることも多い。おかげで、企業はその職務に豊かな経験を持つ人を雇う（あるいはあまり適任とはいえない人を昇進させる）ことが可能になる。例として、3つの給与範囲のある給与構造の一部を示そう。各ジョブレベルには、「グレード」または「バンド」と呼ばれる数字や文字が割り当てられる（バンドベースの範囲は、複数

ジョブレベル	社内グレード	最小値	中間値	最大値
専門職（P3）	42	56,000	66,000	76,000
専門職（P2）	41	48,500	57,000	65,500
専門職（P1）	40	42,500	50,000	57,500

【表】ジョブレベルと給与範囲（○○値の単位はドル）

のグレードベースの範囲を統合しているので、たいていもっと幅広い）。大企業は、ひとつのジョブレベルに複数の範囲を設けていることもある。

範囲の中間値は会社の報酬哲学に基づいて設定され、ご存じのとおり、ふつうは市場の50パーセンタイルを意味している。中間値を最小値の少し上にずらし、中間値と最大値のあいだに多くの余地を残している企業もある。しかしたいていの場合、中間値はその名のとおり、最小値と最大値のちょうどまんなかに位置する。最小値と最大値の差は、「範囲幅」と呼び、上の表では約35％となる。範囲幅は、就いている職務でどのくらい給与が上がる可能性があるかを決め、通常、組織内で上へ行くほど幅も広がり、最上級の職務ではおそらく60％以上になる。給与範囲が広ければ、初期の段階ですばやく昇進し、もっと上級の任務に就くというキャリアへの期待が高まる。また、範囲が広ければ、社外から高給取りの幹部を引き抜く必要のある企業が柔軟に対応できる。しかしこういう慣習は、慎重に管理しないと、以前からの従業員が取り残されて、不公平な給与を生み出すことになる。この問題については、さらに次章で検討する。

表の「中間値上昇率」は、ひとつのグレードから次のグレードまでで約15％だ（5万7000ドルと5万ドルの差）。この割合は、国の経済成長の速度や、国内の昇進の頻度をめぐる文化的な期待によって異なる。中国やインドの給与範囲は、急速な経済成長のおかげで中間値上昇率が高いようだが、この変化の速度を付加的な「ツイーナー」レベルで制御しているらしい。頻繁な昇進への文化的な高い期待もあるからだ。デンマークでは、安定しているが低い経済成長と社会の平等主義を背景に、給与範囲の中間値上昇率は低めで、調査上のレベルも標準的になっている。給与構造全体を通して一貫した中間値上昇率を保つことが重要で、そうしないと、キャリアを積むあいだ、外部からの採用者に置いていかれないようにするには、年間の昇給や昇進の割合をさらに高めなくてはならなくなる。この単純な変更でどれほど公正な給与に向けた改善ができるかを、あまりにも多くの企業が見落としている。

あらゆる人は職務とレベルに応じた範囲内で給与を支払われるべきだが、一部の企業は、特定のグループの人たちに最大値以上あるいは最小値以下の給与を支払うことを許容している。こういう例外には常にあいまいな政治的逸話があり、従業員にとっては決して望ましくない。あなたがその立場にいるなら、なぜ、いつまで自分の給与が範囲から外れているのか尋ねてみるべきだ。わたしの考えでは、給与範囲の最小値より低い給与を払うことは、どんな理由であれ受け入れられない。あなたにはその仕事ができると会社が言ったのなら、あなたはその仕事に対して会社が妥当だと考える範囲内の給与を受け取るべきだ。とはいえ、給与範囲の最大値を超える給与を受け取る場合、納得のいく理由はある。特に、あなたが類まれな技術的才能を持ち、会社の全体的な給与体系には収まらない場合だ。しかし、最大値を超える給与を受け取っていることで、実際には充分な報酬をもらっていない可能性もある。ひとつ上の給与等級では、今のあなたが受け取っていないもっと高いボーナスや株式報酬が設定されているからだ。ほとんどの場合、あなたのチームの組織設計では、上司の給与とぶつかるところに恣意的な上限が設けられているせいで、あなたは次のレベルへ進めずにいる。ほとんどの企業は、マネージャーの給料が直属の部下より低くなるというこの闘いを避けたがるが、誠意ある給与を支払うつもりなら、人の可能性を制限することには断固反対すべきだ。会社が争いを不快に思うからといって、その人の給与を不当に低いままにしてはいけない。給与についてもっと実りある会話ができるようになり、論理的根拠が妥当であれば、直属の部下より給与が低くなったマネージャーも、それを乗り越えられるだろう。

報酬チームは、給与範囲を作成するとき、その範囲全体が競争力のある給与だと確信している。給与範囲の最小値から最大値まで、領域内にいる人は全員、会社から見れば、市場に応じた給与を受け取っている。ここまで見てきたように、この領域はとても広いことがある。同じ職務に就いている誰かが自分より40％も高い給与をもらっていることを知ったとしたら、適正な給与だと保証されても役には立たないだろう。競争力のある給与範囲だからといって、あなたの個人的な給与が、特定の経験や貢献度に基づいた競争力を備えているとはかぎらない。あなたの目標と会社の目標は違うことを忘れないでほしい。あなたは自分の給与を最適にしようとし、会社は、同じ職務に就く熟練した人や未熟な人を含め、システム全体の給与を最適にしようとしている。自分が給与範囲のどこに位置するのかが重要になる。これから、給与範囲内でのあなたの適正な位置を見つけてアピールし、現在の給与と受け取るべき給与の隔たりを埋める方法を詳しく説明しよう。

先ほどの表の範囲を使って、あなたがＰ２の職務に就くふたりの部下、アマラとマテオを管理しているとする。また、会社は従業員に給与範囲を公開していないと仮定しよう。アマラは６万ドル、マテオは５万５０００ドルの給与を受け取っている。充分な給与をもらっていないのはどちらか？　答えがアマラだということもあるのか？

もちろん、ある。

企業は調査会社に給与データを提出するとき、見返りとして、調査対象の各ジョブマッチで「市場の典型例」の報酬額がいくらなのかを知ろうとする。何百社（ときには何千社）もの企業がデータを提出するので、結果は正規分布のような形に落ち着く。つまり、ほとんどの人は同じ報酬額のあたりに集まっていて、ほぼ同程度の職務の経験と業績水準を示しているということだ。たいていこの「市場の典型例」は、その職務とジョブレベルの組み合わせで、3年から5年の経験を持っている人になる。グラフの両端には、最近昇進した人や、長年その仕事になじんでいるが出世の野心がない人もいるはずだ。

もしアマラが15年間その仕事をしていて、よい業績を上げ、チームのかけがえのない熟練者と見なされているのなら、中間値の5万7000ドルを5%上回る現在の報酬額より高い給与をもらうべきなのは明らかだ。市場に、アマラほど経験豊かな人はめったにいない。より適正な報酬額は、給与範囲の最大値に近い、約6万5000ドルだろう。毎年5000ドルの追加を、市場平均の利子7%、30年のキャリアで複利計算すると、退職時には合計50万ドル以上になる。ビーチハウスの頭金としては充分だ。しかし、アマラの給与を調整しなければ、あなたは管理職として彼女が太陽の下で過ごす時間を奪うことになる。

もしマテオが最近昇進してその職務に就いたのなら、経験に比べて給料が高すぎるといえるだろう。職務とジョブレベルでの経験が浅いにもかかわらず、「市場の典型例」と同じくらいの給与をもらうには、もう1年先の人事考課まで待つ必要がある。けれども、会社はそれを承知のうえで、マテオが別の会社に誘われる前に予定より早く採用し、戦略的に彼の給与を決めたのかもしれない。特に、マテオが上級管理職への出世コースに乗っている場合はそうだろう。もしマテオが今昇給を求めても、おそらく拒否されるはずだ。競争力のある給与以上の報酬をもらっているのだから。会社が取るべき正しい行動は、マテオの給与を上げることではなく、彼のために設計した周到で長期的な人材計画（そのあとに昇給がついてくる）を示して、彼の可能性を認めることだ。

意図的かどうかはともかく、給与について間違った方向へ小さな選択を続けると、企業にとって不必要な悩みの種になる。会社はアマラの実用最小限の給与を6万ドルと見なしたが、それは給与範囲が公開されていなかったので、彼女が6万5000ドルを要求していいと知らなかっただけのことだ。転職する気になるほど重大な差ではなかったが、そのせいで人生の大きな機会が失われることになった。給与の不公平感をできるだけなくすために、アマラとマテオの給与を同等にすることは、一見よい考えのように思える。しかし、自分の給与が不当に安いことにアマラが気づけば、会社への信頼を失い、誤った管理のせいで会社もアマラも不利益をこうむる。

給与範囲をどうつくるか、その人の給与をどこに配置するか、その人の可能性と昇進を支えるためにどんな選択をするかは、公正な給与のパズルにとって重要なピースだ。誠意ある給与を念頭に置いて運営されている企業は、これらのピースがどのように合わさるのかを従業員に示し、いくらの給与をなぜ支払うのかを説明し、給与の決定についての釈明や間違っていた場合の調整を求められたときも差し障りのない環境をつくっている。

分割と支配

企業は給与範囲を設定するとき、似たような仕事をグループ化し、回帰分析を使って市場調査の結果を整えることができる。これによって、ジョブレベルや給与等級ごとの給与範囲の数を減らせる（あるいはひとつにできる）。または、「市場価格設定」と呼ばれる、さらに詳細な方法で給与範囲を決めることもできる。市場価格設定法の場合は、明確に市場調査のデータに基づいて、各職務に独自の給与範囲を設ける。結果は次ページの表のように違ってくる。

市場価格設定で各職務に独自の給与範囲を設けることは、特に仕事が似通っている場合、不公正な

◆ベンチマーキング法

ジョブレベル	職　務	最小値	中間値	最大値
マネージャー（M2）	全社共通、M2の職務	75,000	90,000	105,000

◆市場価格設定法

ジョブレベル	職　務	最小値	中間値	最大値
マネージャー（M2）	ブランド戦略	83,500	98,000	112,500
マネージャー（M2）	ソーシャルメディア	76,500	90,000	103,500
マネージャー（M2）	マーケティング運営	69,500	82,000	94,500

【表】企業は似たような仕事をグループ化し給与範囲を決めることができる（単位：ドル）

給与の原因となる。読者のなかでもニッチなグループに属する、わたしと同じ職業の人たちにとっては、当セクションが本書で最も物議を醸すだろう。正統とされる考えに反しているからだ。市場価格設定の信奉者は、この方法を心から信じている。理由は、直感的に理解できる。市場での競争力を高めるには、給与範囲は独立した市場の情報源のみを反映し、雪のように純粋に、企業による調整や偏りがまったくないものでなくてはならない、というのだ。

わたしの経験では、この道を選ぶ企業は、市場調査データの神聖さを信頼しすぎている。彼らには市場価格設定が引き起こす問題についてきびしく自問する姿勢が足りない。どのように職務がマッチングされ、（報酬チームのいちばん下っ端の人間によって）データが提出されるか、（何年も職務記述書を見たことがない人事部のマネージャーによって）どのように職務が維持されているか、あるいは成果に含まれる昔ながらの偏見（歴史的に男性優位の職務は、複利成長の魔法によって高い評価を得ている面もある）などには、多くの仮定が入り込む余地がある。仕事が不必要に分けられると、従業員は不必要に支配される。

市場価格設定法では、給与範囲を定める作業は、まず市場から始め、次に会社が公正な給与を決定するという順序になる。これでは逆だ。そうではなく、まず公正な給与から始め、その決定を市場データで確かなものとして裏づけるべきだ。また、市場データを完全に否定すべき時も知っておく必要がある。公正な給与を給与プログラムの中心に置いているなら、実践すれば簡単に身につく技能で、データの疑わしい相違点をすばやく見つけられるようになる。

給与についてもっと率直に話したいのなら、企業は自らのために、各ジョブレベルで使用される給与範囲の数を制限したほうがいい。調査データに対して、同一レベルの職務にも報酬額に大きな差が生じうるという反論があるが、それはともするとまったく正しい。2020年のP4のデータ・プライバシー・スペシャリストの市場調査報酬額は、同一のジョブレベルであっても、P4の財務アナリストを大幅に上回るだろう。しかしこういう差は1年ごとに激しく変動するので、従業員に伝わる話に一貫性がなくなり、管理上の悪夢が生まれ、毎年個人の労働市場のピークを追いかけるうちに、非効率なコスト構造がつくられてしまう。

市場価格設定法の問題は、データがスプレッドシートから離れて人々の生活に入ってきたときに始まる。あなたがマネージャーとして、大きなプロジェクトをいっしょにやり遂げた部門間協力チームに、なぜ歴史的に女性が多い人事やコミュニケーションなどの職務の給与は財務やＩＴなどの職務の給与より低いのかと尋ねられたとたん、あなたは彼らと誠実に（あるいは楽しく）会話ができなくなる。逆に、もしあなたが、将来幅広いリーダーシップを発揮できる天才技術者を育て上げる必要があるなら、長い目で見た潜在的利益を考えて、その人を下級の職務に就けようとするだろうか？　前ページの表で見てみると、もしブランド戦略マネージャーが、ジョブレベルに熟練しているので10万5000ドル稼いでいて、今後もっと大きなチームを率いるためにソーシャルメディアを学ぶ必要があるとしたら、ソーシャルメディアマネージャーの職務を兼任して、給与範囲の最大値を超える給与を受け取ることになるだろう。多くの企業で、彼のような人は年1回の定期昇給の対象から外されるかもしれない。会社が計画していた積極的な専門能力開発機会が、今や問題を生み出している。給与範囲を恣意的に複雑にすれば、報酬のブラックボックスが、高い潜在能力を持つ従業員のキャリアをそこで終わらせてしまうだろう。

もっとよい方法は、市場で価格設定したジョブレベルや似通った職務を、限られた数の給与範囲にまとめることだ。給与範囲の数を減らすという考えは特に目新しくはなく、すでに多くの企業がその方法を採用している。「ブロードバンディング」(あるいはペイバンド)と呼ばれる超幅広の給与範囲を使っている企業もあるが、一定限度を超えて広げれば、給与範囲という考えが無意味になってしまう。整理統合した意味のある範囲を使う明白な戦略には、市場価格設定に比べて、ふたつの大きな利点がある。給与の透明性を高めて強化すること、そして賃金平等の実現をめざす一貫したプラットフォームを提供することだ(第7章でさらに詳しく説明する)。つまり、相対的に価格が低い職務については、市場データの結果を無視することになるかもしれないが、市場データが間違っている場合もあることを理解し、公正な給与が最優先されるという考えをしっかり守っているなら、そのことを心配する必要はない。今年人気の職務は、3年以内にはなくなる可能性が高いので、企業が一時の流行に流されることなく全体的な給与制度を大切にすれば、余計な出費も抑えられる。ほとんどの企業は、市場をリードする給与ではなく、従業員が納得できる給与を支払うのが目的であることを忘れないでほしい。

こういう調和の取れた考えかたは、金融界で、投資会社バンガードの創業者であるジャック・ボーグルにちなむ「ボーグルヘッド」を自称する人たちのあいだでも成功している。ボーグルヘッドとは、個々の銘柄を選ぶのに必要とされる多大な努力をやめて、かわりに市場全体の変動を追跡するよう設計されたインデックスファンドを使うきわめてシンプルな投資戦略を選択する人たちのことだ。この方法は、株式市場での利益が高く、管理手数料を低く抑えられるので、一般的な投資家のあいだで大成功を収めている。ウォーレン・バフェットは、10年間でヘッジファンドがインデックスファンドをしのぐ利益を上げられるかという１００万ドルの慈善事業を賭けた勝負で、金融の天才が集うヘッジファンド・マネージャーのグループが負けるほうを選び、勝利したことで有名だ。結果は僅差とはいえず、バフェットのリターンは年率７％以上だったのに対し、ヘッジファンドのリターンは２％だった[97]。勝者と敗者を選ぶことや、従業員の業績やある職務の真の価値を予測することに対して自分の能力を過信すると、持続的な成功は望めなくなる。同様に、公正で安定した一貫性のある報酬体系を維持している企業は、信頼を築いて不安を減らし、従業員の「ポートフォリオ」全体に公平なリターンを生み出すことで、長期的には優位に立つだろう。うまくいかないときには、従業員とは業績不振の兆しが見えたとたんに投げ売りすべき個別株式ではなく、定期的に投資すれば長い目で見て価値が高まるものであることを思い出してほしい。

　多くのビジネスモデルが顧客のために超最適化され、自動パーソナライズされる方向へ進んでいるなかで、給与は逆の動きが見られる分野だと思う。企業内のインフラを徹底的にシンプルにすれば、社内のシステム全体の健全性と公平性が向上するだろう。企業間では、報酬哲学の改訂が進むにつれ、パーソナライゼーションの取り組みによって、たとえばなんらかの手当を別のものと交換したり、付与される株式の種類を変えたりなど、人々が必要に応じて報酬を受け取る方法を選べるようになる。しかし、基準となる全体の報酬機会は、社内のジョブレベル、給与等級、そして（公平に調整された）業績評価などの固定されたグループ内で、大きなばらつきがないようにする。

　デイビッド・エプスタインは、偶然にも『ＲＡＮＧＥ（レンジ）――知識の「幅」が最強の武器になる』というタイトルのついた著書でこう述べている。「制約が多く反復的な課題であるほど、自動化される可能性が高くなる一方で、大きな報酬を受け取れるのは、ひとつの問題や領域から概念的知識を得て、まったく新しいものに応用できる人たちだ」[98]。エプスタインは、経済学者グレッグ・ダンカンの言葉を引用している。「今後ますます、給与の高い職務には、グループで働きながら予想外の問題を解決する能力が求められるようになる」[99]。言い換えれば、一貫性のない給与範囲の差など、人為的な給与の障壁を取り除き、職務自体の定義と貢献度がもっと流動的になりつつあることを認識している企業は、必要なときに大きな規模で軌道修正することがうまくなるだろう。性別や人種による賃金格差が残っている企業にとっては、市場価格設定がもたらした障壁を取り除くことが、公平な変化を起こすきっかけとなるだろう。

会社がどのように職務の価格を決め、給与範囲をつくっているかを理解することは、あなた自身の公正な給与の戦略を立てる重要な第一歩だ。次章では、この考えかたを応用して、あなたの状況に合わせた計画を提案しよう。その前に、誠意のない給与を生み出すもうひとつのシナリオを検討しておく必要がある。つまり、自分の給与パッケージ全体についてどう話すかだ。

トータルリワードの罠

給与の決定は、「トータルリワード」と呼ばれるものに照らして行われる。仕事の見返りとして会社が与えるパッケージ全体のことだ。報酬分野の資格認定団体ワールドアットワークは、トータルリワードのモデルに、報酬、幸福、福利厚生、開発、承認の5つの要素を含めている[100]。少なくとも、2020年のパンデミックが招いた在宅勤務革命以前は、職場環境も重要だった。アーロン・ディグナンは、高給取りの社員に対する複合的な特典について、著書『新しい働きかたのすすめ（*Brave New*

Work)』で、「人材獲得競争のなかで、現代の職場はますます〝クラブ官僚主義〟への無料招待旅行のようになってきている」と述べた[101]。そういう意味では、わたしが過去に勤めた3つの会社を、社員のサウナ体験でランク付けすることもできる。

トータルリワード・パッケージの要素のひとつひとつが重要で、業績のよい企業は、市場の期待と従業員の個人的なニーズの両方を満たせるよう、プランに柔軟性を持たせて、森と一本一本の木の両方を大切にする。全体としてのトータルリワードが重要なのは、給与が必ずしもキャリアのなかで最大の悩みの種とはかぎらないからだ。ときには、休暇や、大きなプロジェクトを指揮する機会、あるいは上司からのウインクと指鉄砲のジェスチャーつきの「いい仕事だ」という評価だけでも、充分にやる気を維持できる。仕事になんらかの問題があるとき、給与が増えることは助けになるが、必ずしも解決策にはならない。特に、すでにそれなりの貯蓄がある場合には。

トータルリワードという考えは、罠にもなる。「トータルリワードの罠」が現れるのは、公正な給与が金銭以外の承認やキャリア開発など、あまり具体的でない手段で代用され、よりよい条件として提示される場合だ。お金のかわりに時間を持ち出すのはよくあることで、親になったばかりの人が、他の人と同じ時間働いているにもかかわらず、フレックス制にするには給与やキャリアの機会を犠牲にしなければならないと言われ（あるいは示唆され）たりする。トータルリワードをまとまりのある装置として機能させるには、公正な給与から始めるほかはない。それ以外のどんな試みも、不信感を生む詐欺にしかならない。以前、サンフランシスコの大道芸人が、音楽に合わせて手拍子をする貧乏旅行者の集団（わたしを含む）に向かって、「ショーがすごくよかったって、ぼくの大家に言ってくれ！」と叫ぶのを聞いたことがある。

特にトータルリワードの罠に陥りやすいのは、比較対象となる同等者から切り離された仕事をしている人たちだ。結果として、彼らは広範な、あるいは隣接する市場での昇給から共通の利益を受け取れない。企業環境では、ほとんどの職務にはかわりとなる職務がある。もし個人的あるいは職業的なニーズが満たされない場合や、現在の上司と反りが合わない場合、無理なくそちらへ移れる職務だ。もしあなたが運営の専門家なら、その分析とチェンジマネジメントの技能を、プロジェクト管理や人事など、いくつもの同様の裏方チームで活用できる。かわりとなる仕事の選択肢があれば、社内でのあなたの市場価値はどの部署でも同様になる。賢明な企業は給与計画をシンプルにして、従業員が組織内を移動して互いの給与について話しても、グループ間で軋轢が起こりにくいようにしている。つまり、思慮深く職務（そして給与範囲）をまとめている企業は、全員に広く公平な昇給を認める可能性が高い。文化的に、ほとんどの企業は、職務を「持てる者」と「持たざる者」に分けるのを避けようとする。そのうち必ず、注目と昇給を狙う輝かしい最新の職務が登場するからだ。ひとつのグループが今、給与の増額を必要としているなら、組織の他の人々も遠からず自分たちの順番を尋ね始めるだろう。報酬チームは、このような永遠に続くモグラたたきをするのではなく、全体的な給与範囲を広げたり、会社の誰がどんな種類の株式や手当を受け取るのかについてのルールをゆるめたりなど、体系的な行動を取るだろう。このまとめ作業から外された職務は、かなり不利になる。

きっと驚くだろうが、代替がたくさんある仕事は、歴史的に男性が優位を占めてきた（はっきりとした人種的な違いもある）。実業界では、男性は年月を通じて女性よりもキャリアの選択肢が多いので、代替の仕事がある環境で有利なスタートを切り、社内でひとつの仕事から別の仕事へ移って、仕事を変えるたびに昇給を期待できる。限定されたキャリアの選択肢を適正とされてきた女性と比べ、男性はこの代替仕事の効果で、プロセスの慣性と複利成長というふたつの強大な力を通じて恩恵を受けてきた。

手近な代替がない仕事はたいてい、個人的な深い意義や目的意識、自尊心などで〝報われる〟ことになっていて、文化的にはあまり疑問をいだかれることもなく、公正なよい条件と見なされている。この想定には、トータルリワードの罠である不誠実さが深く根づいていることを認識すべきだ。

自発的にトータルリワードのひとつの手段を断って別の手段を選んだ場合などは、交換条件が道理にかなっていることもある。自分の個人的な価値観に基づいて、よく考えたうえで選択すればいい。百貨店J・C・ペニーがニューヨークに拠点を置いていた初期のころ、同社は基本給に上限を設け、かわりに会社の成長性のしるしとして、従業員に市場価格より高い株式を与えることで知られていた。[102]現在、アマゾンがこの方式を採用し、その過程でおおぜいの億万長者を生み出している。長年のあいだ、基本給を減らして株式を増やすという交換条件は、急成長する株価のおかげで、J・C・ペニーの従業員にとってとてもうまく働いていた。しかし現在、長年の瀕死状態のあと破産保護を申請し、J・C・ペニーの株式はひと株1ドル以下になっている。テキサス州に住んでいたころ、わたしはJ・C・ペニーの（移転した）会社の敷地をランニングコースとして使っていた。たいてい誰もいなかったからだ。時代は変わる。自発的にトータルリワードの交換条件をのむなら、最悪の可能性を知っておくことが重要だ。

あるいは、アメリカの国家安全保障局（NSA）のトータルリワードについて考えてみよう。NSAは、世界最高のデータセキュリティーの専門家を雇用しなければならないが、給与面では一流のテクノロジー企業と競争はできないとわかっている。納税者の金を使ううえでの倫理的な責務が期待されるからだ（きっと笑う人もいるだろう）。かわりにNSAは、低い給与をそのまま提示するのではなく、充実した福利厚生、職務保障、やりがい、強い目的意識と愛国心で補った〝充分な〟給与にして、透明性のあるトータルリワードを応募者に示している。個人的な野心や価値観が、受け入れなければならないトータルリワードの交換条件と一致するなら、そして一致が破られたとき会社に責任を問う力があるのなら、取引に罠はない。公正な給与という不可欠な要求は満たされていて、会社（または機関）はその行為の透明性を保っており、あなたは自分の価値に基づいてよく考えたうえで選択しているからだ。

あらゆるトータルリワード・モデルには、トータルリワードの罠によって、失敗するか、人々を都合よく利用する道筋が隠れている。交渉の余地がある部分とない部分はどこか（これについては次章で詳しく説明する）、そして説明責任を問えるように、会社が労働者への投資をめぐる意思決定にどう取り組んでいるのかを常に知っておくべきだ。多くの産業や職務が集約されていくにつれ、これは重要になってくる。巨大企業は大学の学術部門をまるごと抱え込み、小売業はテクノロジー企業のようになり始め、まったく違うトータルリワード・モデルが初めてひとつにまとまりつつある。ある職務に就くとき、あるいは自分の価値を確かめたいときには、会社が給与についての会話に使っている定義を注意深く検討し、自分のトータルリワードをしっかり把握しなくてはならない。会社の給与設計や哲学がどんなものであっても、誠実さへの基本的な期待は変わらないはずだ。あなたの会社は、**公平で透明性のある給与をひたすら追求し、人間らしい生活に必要なものを提供して、人々が自分の貢献と潜在能力に充分な報酬を求められるようにしているか？**　少なくとも、あなたにはそれを求めるだけの価値がある。

もし会社にその姿勢がないなら、作戦をまとめ上げて、昇給を実現しよう。

第2部　未来の給与のありかた

6. あなたが昇給を期待するなら

報酬は、クリスタル・スカルの謎のようなものとは違う。わたしが送る暗号解読用の指輪を使ったり公式を覚えたりすれば、給与が上がることが保証されるわけではない。給与が不公正なとき、あるいは不公正に思えるとき、それはたいてい、わたしのような立場の人間が基本的な情報を共有してくれないからだろう。情報がなければ、あなたは人事部に異議を唱えることができず、いつまでも不確かな状況に置かれてしまう。言葉の使いかたを学び、給与設定の枠組みを理解すれば、いつどのように昇給を求めるか、あるいは会社のやりかたを変えさせるかを決めるための、状況に合わせた戦略が立てられる。優れた戦略があれば、何カ月ものあいだ人事部からあいまいなごまかしの言葉を聞かされることもないだろう。

企業は、公正な給与を実現するためにどれほど大きな役割を担っているかを認識する必要がある。給与についての情報や会話のギャップを埋めようとする従業員の手助けをすれば、企業の競争力はさらに高まる。すべての企業は従業員に、できるだけ多くの時間、最も付加価値の高い仕事に集中してもらいたいはずだからだ。給与について議論しても、意義のある仕事をする時間は増えない。わたしのような仕事に就く人たちは、給与が公正であることを確認できるように情報を与える必要がある。そうすれば自分たちも、もっと意義のある仕事ができるようになるだろう。

システム全体の責任を問うには、給与についてもっと鋭い質問をする必要がある。昇給が必要な人を、市場価値だけでなく、その貢献度、潜在能力、生活に必要なものを反映したうえで評価する、もっと適切な方法が必要だ。給与について考え、話すための新しいモデルが必要とされている。

フェアペイ・ミックス

1960年、E・ジェローム・マッカーシーというマーケティング学教授が、『ベーシック・マーケティング――経営的アプローチ（*Basic Marketing : A Managerial Approach*）』という教科書を出版した。この本は、最もよく売れた大学の教科書のひとつになり、現在では世界じゅうのビジネススクールで使われている。マッカーシー屈指の歴史に残る着想「マーケティング・ミックス」は、実務家と学者のあいだの溝を埋め、企業が顧客によりよいサービスを提供できるようにした。マッカーシーは、マーケティングの専門家が成熟して、購買や販売といった個別の活動の重視から、統合された問題解決への集中に向かう必要があると考えた。「機能的アプローチ」から「経営的アプローチ」への移行だ。マーケティング・ミックスという考えかたは、経営者が「4つのP」、つまり製品（Product）、価格（Price）、流通（Place）、販売促進（Promotion）から成る概念的な枠組みを使って意思決定するのに役立った。

機能的アプローチのもとでは、ボトル入り石鹸を売る場合、企業はそれぞれの活動に対して個別の計画を立てる。価格は、製造コストに対する標準的なマージンに応じて設定されるか、店頭に並ぶ他社の石鹼の値段に合わせて決められるのかもしれない。広告は、最も買ってくれる可能性が高そうなターゲット市場に向けて設計する。流通は、他の石鹼と同じように管理し、いっしょに箱詰めして街の各店舗に送る。

新しい経営的アプローチでは、まず、顧客のどんな問題を製品が解決できるかを調査しないかぎり、石鹼は存在しない。マーケティングチームは、ターゲット市場が好むボトルの形（製品）、支払ってもいいと思う金額（価格）、商品を置いてもらうべき店（流通）、ソーシャルメディアのインフルエンサーを起用して、新しい石鹼をおしゃれな洗面台で使ってもらうべきかどうか（販売促進）、総合的に理解しようとする。経営的アプローチとは、よごれたものをきれいにするという機能的価値は同等なのに、ミニマルなラベルデザインや天然成分を使用したものなど、専門店でしか手に入らなかったり、標準的な石鹼の2倍の値段がついていたりする石鹼がなぜあるのかという話だ。おそらく解決された顧客の問題とは、これまで石鹼選びで他の人たちに優越感を覚えることの楽しさを知らなかった人に、満足を与えたということだろう。

給与を公正にするうえでの顧客の問題も、それとよく似ている。顧客（従業員）は充分なサービスを受けていない。企業の実務家たちは、機能的な観点から問題に取り組み、すべては人材を誘致してつなぎ留めるのに必要な実用最小限の給与を払うことを目的に、給与調査の実施や毎年の人事考課といった個別の活動を通じて給与を管理している。従業員のニーズを統合的に理解することは、せいぜい二次的な重要度しかなく、まったく考慮されないことも多い。

マーケティング・ミックスの歴史的な重要性と、頭文字をそろえることへのこだわりから提案したいのは、報酬の分野も同様のモデルを採用して、個別の事業活動の機能的な成果から離れ、ビジネスと従業員両方のニーズを考慮する統合された枠組みをめざすことだ。給与は、人材を誘致してつなぎ留めるためだけでなく、従業員の問題を解決するために管理されるべきだし、企業は、市場競争力を持つことと人を尊重することが同義であるかのような見せかけを維持するのはやめて、従業員を第一に考えて運営されるべきだ。そういうモデルを構築すれば、人々は自分の価値を知り、性別や人種を理由に給料が下がることはなくなる。フルタイムの労働者は、給料が少なすぎるという理由で政府の食糧援助を必要とすることはなく、子どもを預ける場所がないので急なシフト変更ができないという理由で解雇されることもない。誰もが自分と家族の暮らしに必要なものを手に入れられるうえに、昇進の道が開かれているから、あすはきょうよりもっとよくなると信じられる。泡立たない石鹼はすぐに売れなくなるし、有害な化学物質が含まれている石鹼は棚から排除すべきだ。

誠意ある給与がうまく機能するようなモデルをつくって維持するには、給与を与える側（会社）と受け取る側（あなた）の両方が、独自の「4つのP」を通じた意思決定をしてほしい。わたしはこれを、プロセス（Process）、許可（Permission）、優先（Priority）、力（Power）から成る「フェアペイ・ミックス」と呼んでいる。それぞれの「P」が、給与の問題を解決するための新たな視点を与えてくれる。昇給を求めたいときや、会社の運営方法を修正したいときには、まず、どのような給与の問題があるのかを検討してみよう。

あなたの状況には、フェアペイ・ミックスのどのP（複数の場合もある）が最も当てはまるか？

- 会社が給与の設定や増額に使っている**プロセス**のせいで、情報が不足していたり、遅れを取っていたり、不利な立場に置かれていたりする。
- 雇用や昇進などで給与について話す機会があるが、リスクや報復なしに話す**許可**が得られるかどうかがわからない。

・会社が公正な給与を**優先**しておらず、企業としての約束や価値観、報酬哲学の面で遅れを取っている。
・基本的なニーズが満たされていないが、変化を促すための**力**がない。

フェアペイ・ミックスの各Pのシナリオごとに、昇給を求めるときに説得力のある主張をする方法をお教えしよう。それぞれのPには、適切な入口を決めるうえでの実用的なガイドラインがある。事例を見ていくあいだ、複数のPが該当するかどうか、どういう順序で主張すべきかを考えてみてほしい。自分の給与について伝えるべき簡潔で明快な物語が必要になる。つまり、ひとつのPから会話を始めて、可能なら他の3つのPで補強するということだ。石鹸の例で言えば、見た目の美しさを主張するだけでも、価格が妥当な範囲で街の向こう側まで車を走らせなくても入手できるのなら、ある種の顧客は購入してくれるだろう。あるいは、たとえばアパートを引っ越す前に念入りな掃除が必要な場合には、天然成分はどうでもいいから、確実に敷金を返してもらうため、安くていちばん強力な石鹸がほしくなるだろう。それぞれのフェアペイのPをいつどう使うかを知ることが重要で、すべてのPを同時に会社にぶつけてしまうと、伝えたいことが錯綜して議論が過剰になる。企業側は、要求をする側に立った従業員を思いやり、どうすれば彼らが（ひいては会社自体が）不安を解消し、給与についての会話を円滑に進められるかを考えてほしい。

フェアペイ・ミックスの戦略に取りかかる前に、まず次の3つのステップを順番に実行しよう。

1. 自分の職務記述書を評価して、職務とジョブレベルが実際の仕事と一致しているかどうか確認する。

2. 職務の給与範囲と、自分の給与がその範囲のどこに設定されているかを理解する。
3. 自分のキャリアについて、給与に触れることなく、上司か人事担当者と率直に話し合う。

会社が正式な職務や給与範囲をつくっていなかったり、情報に鍵がかけてあったりして、最初のふたつのステップが実行できない会社や職場環境の場合は、3つめのステップから始める。ステップ1と2についての情報を求めるときは、キャリアに関する話に焦点を当て、給与には触れないようにしよう。ほとんどの企業は、年1回の目標設定プロセスの一環として、従業員がキャリアの上でどんな願望をいだいているかを記録しているので、その時期を選べば間違いなく給与につながる会話を自然に始められる。それ以外の時期にキャリアについて話すには、自分の長期的な目標を定める手助けを頼むのもひとつの方法だ。予定外のタイミングでキャリアについて相談するときには、急いで変更を求めることはしないでおく。そうすれば、上司はあなたのために考えているさまざまな進路について率直に話すことができ、あなたが会社に最後通牒を突きつけているとは思わないだろう。キャリアはリスクの少ない話題だし、のちに給与についてむずかしい話をするためのよい練習になる。失敗を安く簡単にすませるつもりなら、自分のキャリアの現実を把握しておけば、給与戦略が最初の計画とは違ってきそうだと気づけるかもしれない。それに、上司もあなたと同じくらい給与について話すことに戸惑いと気まずさを感じているのがわかるだろう。あなたと上司には共通点がある。どちらも従業員だし、どちらもキャリアを積んで、公正な給与を受け取りたいと考えている。管理職が部下の給与やキャリアに関する決定権を持たない企業で給与の話を切り出せば、上司も対応がむずかしくなる。自分自身についても同じ疑問を抱えているからだ。

たとえトロイの木馬のような狙いがあるとしても、まずキャリアの話をすることが重要だ。給与について触れたとたん、上司の管理職としての警報ベルがいっせいに鳴り出す。上司自身が決められないとすれば、あなたのために昇給を主張することで、自分のキャリアに対してリスクを負うことになるからだ。予算を確認しなくてはならない。承認を得なくてはならない。書類に記入しなくてはならない。そして最後に、昇給を求める主張は、遅れたりゆがめられたりせずに指揮系統の上まで送られるよう、簡潔にする必要がある。数%の些細な給与調整を要求したり、要求のタイミングを誤ったり、フェアペイ・ミックスの使いかたを間違えたりすれば、昇給のチャンスを逃してしまう。コメディアンのスティーヴ・マーティンの言葉を借りれば、昇給を求める主張は「誰も無視できないほどうまくやる」必要がある〔かつてマーティンはコメディアン志望者へのアドバイスを求められ、「誰も無視できないほどうまくなれ」と答えた〕。

フェアペイ・ミックス——プロセス

フェアペイ・ミックスの最初のPは「プロセス」、つまり、年次評価や雇用、昇進慣行など、会社が従業員の給与の設定や増額をするために行う継続的な維持活動のことだ。プロセスを使って昇給を主張するには、会社の標準的な給与プログラムでは解決できない、自分の給与と会社の報酬哲学のあいだの隔たりをうまく突き止める必要がある。あなたは会社に、彼らのプロセスが壊れているので、自分の給与が取り残されていると訴えているのだ。

プロセスの場合、まずは会社のカレンダーを知り、それを活用することから始まる。どの会社も、なんらかの形の中核的な給与見直しプロセスを持っている。ほとんどの場合は毎年、会計年度の終了直後に人事部によって実施される。多くの会社は年度途中にも給与の見直しを行うが、通常は、業績優秀者やいずれ指導的役割を果たす可能性が高いと見なされる、ごく一部の人を対象にしている。しかし、ほとんどすべての企業は、問題が深刻で緊急ならば、臨時に給与を見直すこともある（フェアペイ・ミックスの第3のP、優先を参照）。

プロセスを使って主張するには、会社の給与プログラムがどのように機能しているか、そして何行動を起こさなければ通常どんな結果が期待できるのかについて、基礎的な知識が必要になる。会社が公式な年次プロセスを実施しているとすると、最初に期待されるのは、ほぼ全員が何らかの昇給を受け、あなたはただ雇用されて適度な業績を上げれば、この惰性によって利益を得られるということだ。けれども、あなたの目的が意義のある給与調整をしてもらうことなら、通常のサイクルで可能な範囲を超えて、意義深いこととは何かを知る必要がある。

会社が財務的に安定しているのなら、毎年、昇給のための資金が確保されるだろう。毎年の給与サイクルでは、ほぼ全員がささやかな昇給を期待できる。企業はこのイベントを、電気代の支払いのように自動的に行うものと考えているからだ。もしあなたが、会社の明かりを絶やさないようにするだけでなく、看板に自分の名前をネオンで表示させたいと思っているのなら、年に一度のイベントを特別な意味のあるものにしなければならない。ちなみに、実際の電気代もおそらく上がっているだろうから、生活を維持するにはもう少しお金が必要になる。

昇給のための資金は、あなたが働いている国（国外駐在の場合は、給与支払いのベースとなっている国）によって決まる。役員や技術者など、特定のグループにいくぶんか別の予算を割り当てている企業もあるが、ほとんどは全員に同じ予算を広く行き渡らせている（業界用語で「ピーナッツバターを塗る」と言う）。予算の数字は、プロセスのかなり前、通常は前年の春に作成される。調査会社が参加企業に、その年の支出見込みを尋ねるからだ。この数字はたいてい、報酬チームの若手メンバーのひとりが精いっぱい推測したもので、提出日から1年先に企業がどのくらい支出できるのかはまったくわかっていない。経済学者のみなさんは、憶えておいてほしい。企業が賃上げをモデル化する方法は、あなたが思うほど確実なものではないのだ。

アメリカの〝市場〟における年1回の昇給資金は、少なくとも10年間は一定の3％を維持してきた（その間、失業率は4％未満から14％以上まで変動した）。これも、市場の状況というより惰性に基づいている。世界的な出来事、税金政策、政権に就いた政党などは、一般的なセンチメント指標として以外は考慮されない。世界の他の地域、特にインフレ率が高い場所では、昇給資金の割合がもっと高く、はるかに変動しやすいこともある。ヨーロッパのほとんどの国では2～4％の範囲で安定しているが、中国では5～8％のあいだ、インドでは10％を超えることも多く、ベネズエラではハイパーインフレが100万％の壁を越え、調査会社が報告を断念している。あなたが尋ねても、会社はこの数字を教えてはくれないだろう。事業が不調に陥った場合に、その支出を約束したと思われたくないからだが、突き止めるのはそれほどむずかしくない。一般的に、報告される市場予算は、従業員が毎年、実用最小限の実質賃金上昇を経験できるよう、インフレ率より少し高めに設定される。予算額を知れば、何も言わずにプロセスの流れに任せた場合、通常期待できる金額がわかる。そこから、最大額を見積もることもできる。

年次サイクルで給与を分配するための一般的なモデルでは、あなたの給与の「レンジ・ポジション」と、該当する場合は業績評価を含めたマトリクスが使われる。レンジ・ポジションとは、あなたの給与が職務の給与範囲のどのあたりに収まっているかを示す比率のことだ。給与を、給与範囲の中間値で割って計算する。給与が10万5000ドルで、給与範囲の中間値が10万ドルなら、あなたのレンジ・ポジションは105％になる。意味合いが少し違うかもしれないが、会社はこの数字を「コンパレシオ」と呼ぶかもしれない。あるいは、0から100のスケールで50を中間値とする「レンジ・

ペネトレーション」と呼ばれる少し異なる計算方法を使っているかもしれない。どちらにしても考えかたは同じで、あなたの給与が社内の基準点と比較してどのあたりかということだ。

給与表の例はオンラインで広く検索できるが、ほとんどの場合、左の〔◆あなたのレンジ・ポジションの〕表のようになる。この例では、あなたの会社は、3%の総予算を3段階（高、平均、低）の業績評価尺度で分配していると仮定する。

あなたの会社はセクションを3分の1ずつではなく、4分の1や5分の1で分けるか、あるいはまったく分けていないかもしれない（詳細は後述）。左上の枠内は、業績がトップクラスだが給与範囲の低い位置にいる人たちのために確保される数字で、ここでは6%、つまり予算額の2倍だが、あらゆる種類の倍数が可能だ。先ほどの例を使うなら、レンジ・ポジション105%（レンジ・ペネトレーション62・5%）であれば、おそらくあなたは中位3分の1なので、表によると年間昇給率は、業績に応じて1、3、5%のいずれかになる。マネージャーは昇給の裁量権を与えられることが多いので、これらの値は単なる推奨値になることもある。個人の昇給率がどのように決められるにしても、配分はゼロサムゲームだ。あなたが5%を得れば、収支を合わせるために、ほかの誰かの取り分は1%になる。毎年、各国向けにこういうマトリクスが作成され、総経費が上級幹部に提出されて承認を得る。全体が3%に収まってさえいれば、経営者はほかのことには目もくれないだろう。

表を見てみると、最も高い昇給率でも6%でしかないことがわかる。自分の昇給率が上がれば、ほかの人の昇給率が下がるシステムにしては、たいした率ではないように思えるかもしれない。むずかしい点はそれだけではない。あなたが年次プロセスと同時に昇進した場合、6%の昇給率は、昇進による全体的な昇給に組み込まれる可能性が高く、事実上あなたにとっての年1回の昇給イベントは帳消しになってしまう。あるいは、第4章で述べたように、会社の給与戦略が市場より遅れている場合、

◆あなたの給与（単位：ドル）

年　俸	範囲最小値	範囲中間値	範囲最大値
105,000	80,000	100,000	120,000

◆あなたの位置

計算の種類	計 算 式	結　果
レンジ・ポジション	（年俸）÷（中間値）	105.0%
レンジ・ペネトレーション	（年俸－最小値）÷（最大値－最小値）	62.5%

◆あなたのレンジ・ポジション

給与範囲 / あなたの業績	下位3分の1	中位3分の1	上位3分の1
高	6%	5%	4%
平均	4%	3%	2%
低	2%	1%	0%

【表】あなたの昇給はどのように決まるのか

あなたのレンジ・ポジションは年次プロセスの途中で最高点に達するので、やはり昇給が制限されてしまう。ここで、よい方法がある。会社が年間のどの時期に昇進を許可するかを厳格に定めていない場合、最大限の昇給を得るには常に、毎年の昇給時期とは正反対の時期に昇進や昇給を求めてみよう。会計年度が12月に終わるなら、6月に願い出る。年1回の人事考課の時期に近すぎると、クリスマスの1週間前に誕生日を迎える子どものように、プレゼントをもらえる回数をごまかされてしまう。

給与範囲の上へ進むにつれて、給与の上昇幅がしだいに小さくなっていることに注意してほしい。業績優秀者で範囲の下位3分の1にいるなら6％の昇給が期待できるが、上位3分の1なら4％にすぎない。また、平均的な業績の人が給与範囲の下位にいるとすれば、業績優秀者と同じ昇給率が得られることにも気づくだろう。間違いなく、わたしと同じ職業の人が最もよく質問を受ける点で、それも無理はない。奇妙に見えるし、不公正に思える。しかし、こういう区別は不可欠なのだ。

第5章で、「市場の典型例」について検討した。そこでは、給与の市場相場は、その職務に2、3年従事した典型的な人物が稼ぐ金額と想定される。年1回の昇給も、同じ考えに従っている。もしあなたが範囲内の下位にいて、市場の典型例と似たような業績を上げているなら、マトリクスはあなたが予定より早く貢献していることを認めて、追いつくために給与の伸び率を高める。範囲の上位にいてすでに市場の典型例より高い給与を得ている人は、典型例を上回る貢献をすることがもともと期待されている。避けたいのは、範囲の上位にいて業績が低い人になることだ。もしあなたがそうなら、履歴書を整え始めたほうがいい。雇用状況が不安定だからだ。

給与について話すのを正式な年次プロセスまで待つと、昇給率は6％が上限になるだろう。中国では、6％の予算があるマトリクスなら、最大12％の昇給が得られるかもしれない。次のセクションで説明するように、あなたが強力な主張をして、雇用時と前回の昇進時に適切な給与額を要求していた

年	給　与	範囲中間値	レンジ・ポジション
入社時	50,000	60,000	83%
1年め	51,500	61,200	84%
2年め	53,000	62,400	85%
3年め	54,600	63,600	86%
4年め	56,200	64,900	87%
5年め	57,900	66,200	88%

【表】毎年3%の昇給で給与はどのように増えていくか（単位：ドル）

のなら、ほとんどの年はこれで充分だろう。しかし、このシステムがうまくいかないこともある。特に、あなたが本来あるべき地位から大きく遅れている場合や、年1回の昇給が給与範囲で区別する方法で管理されておらず、全員に同じ割合で一律の昇給が行われている場合などだ。このような状況では、あなたの給与はしだいに市場に遅れを取ることになるので、年間の給与サイクル以外で昇給を求めて明確な主張をする必要があるだろう。会社のプロセスが壊れているからだ。

一律の昇給を、年次サイクルによって、または昇進時に行う企業は、善意からそうしている。一律の昇給は、同レベルの業績に対する待遇の違いを排除するので、公正に見える。会社にとっては説明が容易だが、時とともにまずい給与決定が積み重なって、公正で公平な給与を追求する企業と従業員に害を与える。

具体的に説明するために、アレックスという名前の財務アナリストの給与が、毎年3％の昇給を与えるプログラムでどのように増えていくかを見てみよう。彼女の給与範囲では、毎年2％ずつ昇給し、中間値は6万ドルだと仮定する。これはアメリカでは一般的な金額で、市場ベースの給与範囲は市場の予算額よりわずかに低くなる傾向がある。

5年間同じ仕事を続けてきたアレックスは、その経験から「市場の典型例」の上限に位置しているはずだ。職務に精通している今では、それに見合った報酬を受け取っていなければならない。しかし、残念なことに何かが間違っていて、彼女の給与は88%の位置にあり、予測される市場の中間値を大きく下回っている。通常、レンジ・ポジション88%といえば、最近昇進したか雇用されたかで、職務に必要な技能を学んでいる人が想定される。アレックスとはまったく一致しない。

マトリクスを参照するだけでは、アレックスの問題は解決しない。市場相場の2倍で、見本のマトリクスの最大値である毎年6%の昇給が与えられたとしても、彼女のレンジ・ポジションは101%にしかならない。会社は「公正」にしたつもりだったとしても、まずい意思決定が積み重なった影響で、アレックスは今や、実際の市場価値に比べて大幅に低い給与を受け取っている。もし、通りの先にある会社で、同レベルの似たような職務に就けたなら、アレックスはすぐさま自分の経験を生かして、同じ仕事で7万ドル以上稼ぐこともできるだろう。アレックスはこの主張を上司に伝え、なぜ適切なレンジ・ポジションに置かれていないのか尋ねるべきだ。もし会社が給与の調整を拒否したら……転職おめでとう、アレックス。新しい会社でなら、すぐに20%の昇給が得られてもおかしくない。

プロセスを使って昇給の主張をするには、まず会社のカレンダーとプログラムを知り、声をあげなければ長期的に給与がどうなるかを評価することから始める。低賃金労働の場合も影響は同じで、最低賃金の上昇をインフレ率などの指標に自動的に連動させるなど、法的プロセスの重要性が指摘されている。もし会社のプロセスが不備なせいで、実際の給与と得るべき給与のあいだに重大な隔たり(10%以上)があることを示せるなら、会社に昇給とプロセスの修正の両方を提案してかまわない。それがうまくいかないなら、フェアペイ・ミックスの作戦には、まだ3つのPが残っている。

フェアペイ・ミックスの次のP――許可

フェアペイ・ミックスの次のPは、「許可」だ。許可を使って昇給を訴える機会は、雇用されたとき、昇進したとき、そのほか自分の給与について尋ねられたが損失や報復のリスクを冒さずにすむ答えかたがわからないときなど、状況変化に応じた行動になる。4つめのPである「力」が給与を与える側と受け取る側のあいだで分担されていない場合、従業員としてのあなたは、給与に関する会話を不利な立場で始めることが多い。こういう力関係があなたの有利に働き、昇給を求めてもよいとされる機会はまれだ。許可された機会を逃してしまうと、何年も尾を引き、給与面で遅れを取ったあと、ずっとリスクの高いプロセス関連の主張をしなくてはならなくなる。アレックスが、5万ドルではなく5万5000ドルで雇用され、平均昇給率5％のレンジ・ポジション・マトリクスに応じて給与を得ていたら、5年後には5万7900ドルではなく、7万ドル稼いでいただろう。他社の採用担当者からの電話に応じることもなかっただろう。

最も一般的な許可の機会は、昇進したときと雇用されたときだ。このタイミングでは、あなたが発言することを会社は予期している。会社はすでにあなたのキャリアに投資する決断を下したのだから、機会を逃すことなく、公正な給与を求める主張をしよう。どちらの状況でも、新しい給与はあなたのレンジ・ポジションに基づいていなくてはならない。昇進の際には、新しい職務で自分が給与範囲のどこに位置するのかを必ず尋ねるべきだ。そのジョブレベルに就いたばかりのとき、中間値や「市場の典型例」より低い位置になるのは適切だが、前セクションで示したとおり、給与が低すぎて会社の通常の給与プロセスでは永遠に給与範囲の上限に達しない事態にならないよう、きちんと確認する必要がある。多くの場合、企業は昇進時の昇給を、通常10または15％の固定した最大上昇率で設定している。ここでも、定率昇給は見た目には公正に思えるが、実際には問題があることがわかる。もしあなたが出世の階段を駆け上がっている場合、方針の限度をはるかに上回る大幅な「追い上げ」昇給が必要になるかもしれない。

外部の会社で新しい職務に就くのは、特別な種類の許可が得られる機会なので、きちんと理解しておかなくてはならない。給料交渉については求職者の立場から多くのことが書かれていて、そのほとんどは基本的に、雇用主が何を考えているかを推測し、彼らが仕掛ける罠をジェダイのマインドトリックで回避するためのヒントを教えてくれるものだ。わたしたち会社側が実際には何を考えているのか、フォースを使わずに相手を翻弄する方法をお教えしよう。

自分の実用最小限の給与額を知っておくことはいつでも重要だが、雇用されたときには特に重要になる。先ほどの例で、不当に給与を低くされたエキスパートのアレックスは、昇給を求めていいのかどうかも、自分がどのくらいの金額を求めるべきなのかもわからなかったのだろう。ここでは、プロセスを使った昇給の訴えが拒否されたか、怖くて要求できなかったので、他社の採用担当者からの、同じジョブレベルでの転職を打診する電話に応じることにしたと仮定しよう。

採用担当者と話しているあいだのどこかで——おそらく審査の手段として、かなり早い段階で——採用担当者は希望の給与額について尋ねるだろう。ここが、勝負どころだ。次の文章が、いくつものメガフォンを通じてできるだけ大声で読まれる場面を想像してほしい。

「**オファーを受ける前に、実用最小限の給与（MVP）の額を教えてはいけない。自分が納得できる給与範囲を伝えてはいけない。ただし、オファーの金額が低すぎる場合、必要なら希望の給与額だけを教えること**」

望ましい給与額を伝える義務はない。もし採用担当者が、あなたの審査を先へ進めるために数字が必要だと言うなら、それは彼らのプロセスが間違っているか中途半端であるしるしだ。その会社の人事部の質はどうなのか、それが将来的な給与とキャリアアップにどう影響しそうか、よく考えたほうがいい。期待する給与額を明かしても、あなたにはなんの利点もない。雇用時に必要な給与額を伏せておくのは、不誠実なことではない。給与の透明性は、あなたの側だけが手の内を明かすことを迫られる一方通行であってはならないからだ。会社が公正な給与を実現するうえでの最終的な説明責任は、給与を支払う側にあり、受け取る側のあなたにはない。その理由を理解してもらうために、プロセスを使った主張の例と、アレックスの話を続けよう。アレックスは自分が7万ドル受け取る価値があることを知っている。わかりやすくするために、現在の会社の報酬哲学では、ほとんどの企業と同じく、給与が50パーセンタイルで設定されていることも知っていると仮定しよう。他社の採用担当者から電話があった場合、次の3つの結果が考えられる。

第1に、オファーが、この場合は6万ドルというがっかりするような金額になる可能性がある。アレックスの現在の年俸は5万7900ドルなので、新しい会社のほうが働きがいがありそうだとか、現在の上司がいやでたまらないとか、提案されたトータルリワード・パッケージに含まれる高いボーナス目標や株式付与、大きなキャリア機会などに惹かれるといった理由がないかぎり、転職はしないだろう。アレックスの現在の会社が、6万ドルの逆提案に応じることもないだろう。意味のある提案とは見なされないからだ。もし応じたとしても、なぜわざわざ苦労してこんなに少ない昇給を求めるのか不思議に思うだろう。アレックスが退職後に手に入れたいビーチハウスのことなど、考えてはいない。

新しい会社が不誠実な給与戦略でアレックスを故意に低く見積もっている可能性もあるが、むしろ、彼らの給与範囲の設計がまずいか、あるいは高いボーナス目標額など、トータルリワード・パッケージ内の何かを考慮して、意図的に望ましい給与ポジションを低く設定している可能性のほうが高い。

どちらにしても、アレックスは自分にふさわしい給与が7万ドルだとわかっているので、自信を持ってその金額を求めるべきだ。会社が同意しなくても失うものは何もないし、現在の会社が考えを改めるか、次の機会が訪れるのを待ってもいい。

第2に、アレックスが想像していたよりはるかに高いオファーが返ってくる可能性もある。企業は自社の希望する給与ポジション設定を公表しないので、アレックスとしては、思いがけず市場の中央値より高い位置につけている会社を見つけたなら、機会を逃したくはないだろう。新しい会社がアレックスにMVPの金額以上を提示してきたとしても、それで終わりではない。アレックスは、将来の雇用主に、自分が新しい給与範囲のどこに位置するのか尋ねたほうがいい。もしアレックスが「市場の典型例」よりはるかに経験豊富なら、会社の給与範囲の上位に配置されることを期待すべきだ。間違いなく、同等の経験を持ち、その位置の給与を受け取っている人たちといっしょに働くことになるからだ。もし新しい会社がオファーの修正に同意しなくても、すでにMVPの金額は超えているのだから、転職は成功といっていい。新しい会社で2、3年働き、信用を築いたら、自分の給与が会社の範囲と貢献度からすると低すぎることを示すために、プロセスを使って効果的な主張ができる。

第3は、現在の給与額や期待するMVPの金額を伝えてしまった（おっと！）ときだけに起こることで、会社が単にその金額に何%か上乗せする場合だ。こういう運営をしている会社は、給与の不平等が蔓延していると考えるべきだろう。先ほども述べたとおり、定率昇給は最初は公正に見えることが多いが、これを実施すると他社の報酬哲学やポジション設定を受け入れることになってリスクを招く。あるテクノロジー企業が、ソフトウェアに加えて物理的製品も販売したいと考え、女性が多い消費財業界と、男性が多いテクノロジー業界から、同様の職務のために人材を募集し始めたとすると、定率のアプローチでは、男性のほうが初任給やサインオン・ボーナス（入社支度金）が高くなるかもしれない。ふたつの業界は、従業員の給与構成の基準も違う。一流テクノロジー企業は給与パッケージの一部として株式に大きく依存している。社員を募集しているテクノロジー企業は、定率昇給のアプローチによって、別の業界から優秀な人材を安価で採用できると喜ぶだろうが、こういうやりかたが生み出す不公平が、のちのち信頼や献身の欠如につながって（もしかすると訴訟によって文字どおり）代償を支払うことになる。逆に、企業が個人の報酬総額を知らない場合や、初めから透明性の高い給与プログラムをつくっている場合、企業はすべての応募者に対して一貫した給与ガイドラインをつくるしかない。

従業員が過去の雇用主の過ちや矛盾を永遠に背負わされる3つめの選択肢を防ぐため、多くの政府は、企業が給与履歴を尋ねることを制限する法律を制定した。カリフォルニア州とアラバマ州など、政治的にも社会的にも正反対の州でさえ、公正な給与を確立するためにその実施がいかに重要か、そして給与の透明性に対する責任を受け取る側だけに負わせてはならないことを認識している。

会社の立場からすると、給与履歴を尋ねることの禁止は、厄介な規制と呼ばれる種類の法律、市場の（いわゆる）自由な手の効率的な機能を妨げる不当な障壁に思える。しかし、これは近視眼的思考であって、たいていは、仕事のオファーを出す部門とはまったく関係のない人や、あらゆる規制に対して全般的な嫌悪感をいだいている人の意見だ。給与履歴に関する法律は、短期的には採用担当者の生活を苦しくするかもしれない。採用担当者が、仕事量や達成までの時間を指標に評価されている場合はなおさらだ。確かに、最初のオファーが候補者のMVPを大幅に下回った場合、採用担当者は同じ仕事を繰り返すことになる。しかし長期的には、企業が時間をかけて誠意ある給与をめざし、採用活動や報酬プログラムを見直したあとは、給与履歴を問わないことで、全員の生活をずっと楽にし、効率的にもできる。

要約すると、必要になるまでMVPの金額を教えてはならないということだ。採用担当者に問いただされたら、こんなふうに答えよう。「いっしょに働けることを楽しみにしています。御社の報酬哲学とこのジョブレベルでのわたしの豊富な経験に基づいて、公正なオファーをしてくださると信じています」。新しい会社の給与範囲内での位置が高いと想定される場合、どの位置を期待しているかを先方にしっかり伝えたほうがいい。

企業は、誠意ある給与を確立するために必要な社内改革を行えば、たいていの給与交渉をなくすことができる。与える側と受け取る側が同じ情報をもとに、誠意を持って行動し始めれば、ほとんどの求人で交渉は必要なくなるだろう。交渉だったものは、取引になる。自分が買おうとしている石鹼の種類はきちんとわかっているから、それに合わせて選べる。移行を成功させた企業でも、調整すべき給与の問題や、認めざるをえない例外はあるだろう。人間の営みである以上、報酬の分野は完璧にはならないからだ。しかし、交渉が減るのはよいことだとわたしは言いたい。

給与交渉や一般的な同一賃金についてよくありがちな説に、女性が昇給しないのは男性ほど頻繁に要求しないからだというものがある。けれども最近の調査によると、女性は男性と同じくらいの頻度で要求しているが、そのとき昇給を受けられる男性が20％なのに対し、女性は15％だけだという[103]。もし、誠意ある給与によって「人々が自分の貢献と潜在能力に充分な報酬を求められるようになる」のだとすれば、女性よりも男性に有利に働く給与交渉の必要性を減らすことは重要な目標だ。どちらにしても、雇用主との交渉に勝てる見込みは高くないので、自分の給与を確実に公正にするために、この方法に頼ろうとしてはいけない。

とはいえ、給与のありかたが変わり、労働者が雇用主を完全に信頼し、給与交渉が無意味になる日が来るまで、せめて給与交渉をもっとうまく進められるようにしたい。そのためにはまず、たいていの企業で何が交渉可能で何が不可能なのかを理解し、重要なことにエネルギーを集中させることから始めよう。一般的に、会社の規模が大きいほど、あるいは組織内での地位が低いほど、その人の交渉能力は低くなる。大企業での給与交渉については、こんなふうに考えるとわかりやすいかもしれない。会社が長年行ってきた小さなカスタマイズの選択をすべて確実にたどれるソフトウェアシステムを設計できるだろうか。残念ながら、ほとんどの企業のソフトウェアシステム、特に大企業のシステムは、眼鏡のフレームのように柔軟にはなっていない。

　ボーナスや株式の目標値、従業員の福利厚生などは、役員でもないかぎり、ふつうは交渉できない。こういうプログラムのシステム管理にはできるだけ変動が少ないことが求められ、例外をつくるには法律や取締役会の承認が必要になることもある。かわりに、交渉のエネルギーを基本給とサインオン・ペイに集中させよう。これらの交渉は1回限りのイベントなので、複数年にわたってシステム内で特別に追跡したり維持したりする必要がない。

　基本給の交渉はMVP戦略に沿っていなければならないが、入社時の一時金や株式付与には交渉力を発揮できる。企業が取る一般的なアプローチは、次の12カ月間、あなたが前職で得ていたものを何も失わないようにすることで、「まるごと現状維持（キーピング・ユー・ホール）」と報酬策定者たちは呼んでいる。企業は、次の12カ月分の失われた給与を現金や株式で支払うことを提案して、あなたが現在の会社を辞めることで、そこでのボーナス目標値と権利未確定の株式を喪失することを理解し、認めようとする。新しい職務に就くときには、トータルリワードベースで最低でもまるごと現状維持を期待すべきだ。ただし、現在の給与総額を明かすという過ちを犯した場合や、大幅な給与アップの提案であることを新しい会社がすでに承知している場合は話が違ってくる。

　12カ月以降については、会社は自社のプログラムが同等の代替となることを期待するだろう。ここにトータルリワードの罠がないかどうか、特に、権利確定のスケジュールについて交わした取引を評価する必要がある。つまり、約束された現金や株式の全額を受け取るまでにあと何カ月、あるいは何年かかるのかということだ。わたしの知るある大手企業は、新入社員に目を見張るほど高額な株式を付与しているが、入社後2年間は1年に5％ずつしか権利が確定しないように設計している。これは、均等の配分で3年から4年で報酬の権利が確定する一般的な市場慣行よりはるかに遅い。つまり、最初の2年間に多額の報酬を約束されるが、実際にはたいした金額は受け取れないということだ。その企業は、自分たちが優位に立っていること、自社で働きたがる人が列を成していることを承知で、従業員が株式報酬の実質的な価値を受け取る前に、ありとあらゆる手段で使い潰すことで有名だ。株主至上主義の視点から見れば、鮮やかな手並みといえる。常軌を逸していることはともかく。

転職するときには、自分が何をあきらめ、何を求めるのかについて率直かつ明快になる必要がある し、雇用時には要求する許可を与えられている。チャンスは一度だけだ。役員でないかぎり、基本給や入社時の一時金や株式、転勤時の特別補償、健康保険の待機期間など、変更が検討されるのは1回限りとなる。こういう機会以外では、何についても承諾は得にくいだろう。

許可のPは、確実に公正な給与を受け取るための、最もリスクの少ない絶好のチャンスだ。自分にふさわしい数字を知っていれば、相手を説得するための秘密の台本は必要ない。転職を決めたときの報酬のプロを見習ってほしい。わたしたちは、自分の価値を知っているので、交渉はしない。新しい会社に入ったり、昇進のオファーを受けたりしたときには、自分が必要とするものを求める機会を逃さないようにしよう。

フェアペイ・ミックス——優先

フェアペイ・ミックスの「優先」を使った主張は、会社を大改革する必要があるときに行う。そのような状況では、会社に内省を促して、公正な給与を優先するよう説得しなくてはならない。管理職の人たちには、公正な給与という考えかたを理解してもらうだけでなく、自らも経営陣に働きかけて、実を結ぶのに数年はかかるようなきびしい改革を打ち出してもらう必要がある。次のような兆候が見られたときには、優先を使った主張をしなくてはならないとわかるだろう。

・退職した従業員が、他社で横滑りや降格となる職務に就いている。
・フルタイムの従業員が生活費の支払いに苦労している。
・会社には、報酬哲学も、説明責任を果たすための他の手段もない。
・上司よりも財務チームのほうに、給与をコントロールする力がある。
・意味のある昇給を受けているのは役員だけだ。
・自分のチームからは誰も昇進していないが、外部からの採用は増えている。
・従業員は、給与についてのフィードバックをまったく求められない。
・同一賃金分析が行われた形跡がまったくない。
・給与の透明性が存在しない。

優先順位の決定には、力強い指導力が必要だ。この仕事は委任や外注ができない。企業のリーダーが、善意と博愛の精神、あるいは根負けと屈服によって、従業員に実質的な投資をすることを決める自発的な行動だ。公正な給与を優先すると決めた企業は、市場競争力があると見なしていた方法の二人三脚問題で悪い影響をこうむったか、そこから手を引くことにしたかだろう。優先を使った主張に応じる場合、企業は給与を予算階層の上位に置き、結果的に新しい駐車場や配当金などの別の投資を見送らなければならないが、できればそれは避けたい。株主至上主義モデルに基づけば、賃金は最後に回される投資機会なのだ。つまり、昇給を承認してもらうには、自分たちのためにお金を確保しておきたい株主に対して、経営者が自らの立場を主張できなくてはならない。

小売大手ターゲットのCEOであるブライアン・コーネルは、最低賃金を時給15ドルに引き上げるという複数年計画について語った際、優先事項を公的にはっきりと主張し、同業のウォルマートやアマゾンの先を行くと発表した。給与額がニュースになるのは、その企業が市場から大きく外れたときだ。ターゲットの報酬チームには、こうするのが正しいと伝える市場調査データはなかったし、今日でさえ（何年もたっているのに！）その給与額は標準的な調査で市場の基準にはなっていない。コーネルは説明のなかで、この賃上げを会社の季節的な雇用目標と直接結びつけ、1年で最も忙しい時期に店舗が顧客にサービスを提供できるようにするためとした。「賃金に投資したことで、当社は最上の雇用主になったと思う。だからこそ、提案には大きな反応があり、チームメンバーからも大きな反響を得ている。彼らの将来への投資であることを認識しているからだ[104]」。

公正な給与は、最上層部で優先されなくてはならない。状況によっては、給与の決定が全社的に命じられ、行われる必要があるからだ。個々のマネージャーが適切な給与決定をするだけでは、大きな規模での公正な給与は実現できない。収入分布のどこであっても同じことがいえる。もしある人が個人的にプロセスに関わる昇給を訴え、会社のプロセス設計に不備があるせいで自分の給与が低く抑えられていると正しい主張をしたことで、チーム全体の見直しが必要になり、多くの人が同じ理由で適切な給与を受け取っていないことが判明したら、事業は麻痺状態になり、経営陣は介入して解決策を講じることを期待されるだろう。もしあなたが従業員としてプロセスに関する明確な主張をしたのに、なぜ企業がなかなか給与を上げようとしないのか不明の場合、おそらく複数人に問題が発生したということだ。特に大企業の場合、こういう状況では、昇給の隠れみのとして無関係な機会を持ち出すだろう。それは、毎年の給与プロセスの追加予算という形を取ったり、会社のリストラや、よくある場当たり的な「職務評価」プロジェクトという形を取ったりするので、これまで給与が不当に低かったのかどうかは誰も真剣に考えない。誠意ある給与に基づく運営ではないが、自己保身は、ほとんどの企業が大規模な賃上げを実行に移す際に重視する条件だ。70／20／10のルールを常に忘れないでほしい。誠意ある給与をめざしていない人が給与情報の共有について考える割合、70%は屈辱を避けるため、20%が訴訟を防ぐため、そして10%がよりよい生活をめざす従業員を助けるためなのだ。

明らかに優先の問題で、多くの企業が根本的な変革を必要とする状況にあるのは、おおぜいの人々が隣り合って同じ仕事をしている低賃金労働だ。小売業、レストラン、コールセンター、製造業、物流センターなどが例として挙げられる。こういう職務の給与環境は、会社の専門的な職務の給与とは違って見える。会社の職務では、従業員ははるかに長く職にとどまることが期待され、職務の技能に幅広い差異があることが認められている。また、直属の上司が、給与範囲を使うなどして給与決定に大きな裁量権を持っている。大人数の職務では、市場慣行によって給与は型どおりに固定され、勤務時間などの客観的な要素に基づいて厳密に変化する。

大人数の職務の場合、企業は、勤続年数に応じて（入社時の給与額＋1ドル）のような固定された客観的な計算式か、おそらく業績評価で調整した計算式による自動的な給与計算に頼っている。大人数の職務に対する給与の自動化は、同一労働同一賃金を保証するだけでなく、スタッフ全員が毎年入れ替わり、全員が最低賃金や団体交渉の増加によって影響を受ける環境では、公平に給与を管理する唯一の方法だ。ソフトウェアメーカーのバッファなど小さな企業のなかには、この自動的な給与制度をすべての仕事に適用し、その給料計算式をオンラインで公開しているところもある。本章の執筆時点でバッファは、コンサルティング会社ラドフォードの広く利用されているシステムに基づくジョブレベリングガイドも公開している。わたしの知るかぎり、給与制度の完全な自動化に踏み切った大企業はないが、公正で効果的な業績管理および人材管理プロセスを持っているのなら、できない理由はない。型にはまった給与の自動化はすべての企業に適しているわけではないうえに、実際のところほとんどの企業は、優れた人材を誘致しつなぎ留める力が損なわれると考えて、この方法は検討しないだろう。しかし、どんな企業も、透明性が高く主観性の低い方法で給与を支払うにはどうすればいいかという問題に、真剣に取り組む必要がある。なぜなら、それが報酬分野の未来であり、選択あるいは法律によって、いずれそこにたどり着くからだ。

したがって、問題は、大人数の職務に対する給与がどのように支払われるかではない。それは自動化で解決できる。本当の問題は、こういう職務にいくら支払われるかということだ。ビジネスリーダーたちに、低賃金労働を優先してもらうにはどうすればいいのだろうか？　わたしの経験では、こういう説得の仕事は途方もなくむずかしく、前進するのに何年もかかる。変革を起こすべき企業幹部は、できれば別のことに時間と予算を使いたいと考えているからだ。世界各地を見てみると、低賃金労働者の優先を求める主張が成功した場所では、次のどれかが当てはまる。賃上げが組織の戦略的構想と直接結びついている場合、問題を無視すれば企業が表明している価値観に明らかな亀裂が生まれる場合、上級管理職がその目標を支持している場合、影響力のある人事チームが繰り返しその問題を追及している場合、そしてタイミングに恵まれた場合だ。最後のふたつは、詳しく説明しておくべきだろう。

ここで少し脇道にそれるが、人事部門の同業者たちに直接話しておきたい。率直に言って同業者の多くは、戦略的な思考を認められることや、社内で優遇されることを追求するうえで、影響力のあるビジネスパートナーになる方法を学んでいない。キース・H・ハモンズは、2005年に《ファスト・カンパニー》誌に発表された当時と同様、今日にも通じる「なぜ人事は嫌われるのか」という辛辣な記事で、こう語った。「人事は最も大きな可能性に満ちた企業機能であり、理論的には業績の重要な原動力でありながら、一貫して最も期待外れの結果を出し続ける機能でもある」。

わたしがかつてともに働いていた人事部のリーダーは、人事の機能を会社の腎臓と考え、血液を濾過して老廃物を取り除くことが唯一の使命だと自負していた。キャリアを費やすには、ずいぶん不快で退屈な仕事ではないだろうか。案の定、その会社は秩序のない採用をして、浪費しすぎたと気づくと解雇する癖があり、その過程で、残った従業員の給与を競争力のある水準に維持するための資金を使い果たしていた。人事部のリーダーにとって、人間の行動とビジネス上の変更に伴う厄介な問題は常に悩みの種だが、もしあなたが人事部で働いているのなら、自分は会社の警察官ではなく、従業員の生活とビジネスをよくするための支援者であることを忘れないでほしい。何かをおろそかにしたり酷使したりすれば、やがて企業の全身に影響が広がるだろう。

人事部のリーダーとして、あなたは希少な資源とプロジェクトの優先順位をめぐって競っているが、これは自分以外の全員がすでに先を走っている競争だ。自分のせいではないのに、予算配分の検討リストでは最後に回される。給与や職業訓練、社内システムといったものより、CEOや株主たちの目を引くもっと派手で輝かしい投資対象が常にあるからだ。従業員のためにより多くの資金を確保するには、ビジネス感覚を磨いて、会社の財務状況を理解し、交換条件の筋書きを徹底的にまとめ上げ、自分が支持するプログラムを企業に提出できなくてはならない。ここでのあなたは、ビジネスの最大の費用項目である給与台帳の持ち主として有利な立場にある。数学が苦手だからといって報酬に関する知識を専門チームにゆだねてしまうと、会社の健全性についての重要な情報を見逃して、従業員やビジネスのためにあまり役立つことができなくなる。ステップアップするか、地位を退くかだ。

誰より説得力のある人事部のリーダーでも、幸運なタイミングをうまく利用する。あらゆる企業は、1年のうちの一時期を、次年度の投資要請の検討に割いている。たいていは、第3四半期だ。ほとんどの企業は、この時期に長期の戦略的計画を立案する。つまり、ターゲットの例で見たように、従業員に大きな投資をするつもりなら、全体的な戦略的構想や複数年の事業展望と結びついた複数年の計画を立てなくてはならない。たとえば予想外のヒット商品、特別な減税措置、通貨の先行きの明るさなど、計画を後押ししてくれそうな財務上の幸運な機会を見つけて、リスクが少なくタイミングのよい投資として賃上げを経営陣に提示できるようにしよう。計画を立て、切迫感を生み出し、経営陣と連携して、企業の全身を支援する者として行動するのはあなただ。品格、連携、コスト管理の三本柱において、あなたはその3つすべてに責任を負う。ただの腎臓ではないのだ。

もし、あなたの人事チームが役に立たないばかりか、CEOに公正な給与を真剣に受け止める意志や能力がなかったとしたら？　個人が会社の優先順位に影響を与える能力には限度があるので、あとは（従業員と投票者の）集団が頼りだ。ここで、最後のP、力が登場する。

フェアペイ・ミックス――力

フェアペイ・ミックスの最後のPは、「力」だ。グループ全体の給与決定は集団力学に導かれるものだが、ビジネスリーダーたちが（あなたや会社のために）公正な給与に向けた具体策を取ろうとしない場合、その会社や工場で力がどのくらい働いているかを評価し、変化を求めなくてはならない。

現在、特にアメリカでは雇用上の力が企業に有利な形できわめて不均衡になっているが、いつまでも同じ状態でいる必要はないし、変えたほうがみんなが幸せになる。よく引用されるマネジメントの先駆者メアリー・パーカー・フォレットの言葉に、こうある。「誰かのために働いているからといって、あるいは誰かの賃金を払っているからといって、相手に対する力を与えられたわけではない」。

この段階で多くの読者は苛立ちに両手を振り上げて、組合なき世界で従業員が給与に対してなんらかの力を持てると考えるなんて甘すぎるとつぶやいているのではないだろうか。平凡で利己的なビジネスパーソンが「でも、みんなが給与に誠実に取り組むようになれば、状況はよくなるはずだ！」などと言うのを聞くと、鼻で笑いたくなるだろう。よくわかる。企業が卑劣なやりかたで公正な給与を妨げている例は枚挙に暇がなく、多くの人にとって、企業と従業員の信頼関係はすっかり崩壊しているので、公正な給与など実現不可能だと考えるのも無理はない。しかし、本書をここまで読んでもらえたのなら、いくらかは信頼してもらえたのだろうし、あなたが昇給を得るために説得しなければならない人間のなかに、わたしのような人間もいることがわかってもらえたかと思う。企業が間違いなくこういう給与改革を行えることを、わたしはできるかぎり率直に伝えようとしている。企業が実行するのを、じかに目にしてきたからだ。過去の過ちを忘れるべきではないが、給与の物語をもっとよくするためのプロローグにしてはどうだろう。

公正な給与のために力を使うケースは複雑で、特有の構造問題をはらんでいる。第7章では性別や人種に関連した不公正な給与に焦点を当て、第8章では経営幹部や、フランチャイズ労働者、ギグワーカー、プロのアーティストなどの細分化された雇用形態における力関係を取り上げる。本章では、特に3つの状況で、どのように日々の企業環境のなかで給与に対する力を行使すべきかに重点を置く。給与について質問があるとき、外部の会社からオファーがあったとき、そして、なんらかの形の団体交渉協定がある、あるいはその圧力がある場合だ。

変に策を弄することさえなければ、質問をすることで力が得られる。現代の職場における力の掟は、真の理解を求めて賢い質問をすることから始まる。給与について質問をすることはフェアペイ・ミックスに関係なく重要であり、あなたの給与決定が大人数の職業環境で行われる場合には特にそうだ。大人数の職務では、自分の給与について質問をするとき、自分自身のことではなく、全員のために給与プログラムがどう設計されているかに注意を向けてもらえれば、個人のリスクは低くなる。キャリアを積むにつれて、どのくらいの収入が期待できるのか知りたくなるものだ。大人数の職務に就いた人のほとんどは、1年以上会社にとどまることを期待されていないので、優れた上司ならあなたの質問を、会社にとどまってキャリアを積みたがっている稀有な人材、〝優秀な人材のひとり〟である心強いしるしだと受け止めるだろう。尋ねてみるべき、どんな職務に就いている人にも適した質問を挙げておく（なるべく多くの従業員が質問すれば、なおよい）。

- どのような企業と給与を比較しているのですか？
- すべての拠点で同じ給与が払われているのですか？
- 給与はあなたの意見で決まるのですか、それとも会社から指示があるのですか？
- 管理職になるには、何段階の昇進が必要ですか？
- 別の仕事に移るとき、通常はどのくらい給与が上がりますか？
- 通常は社内で昇進するのですか、それとも外部から採用するのですか？
- 昇給は年1回ですか、それとももっと頻繁にあるのですか？（年1回より少ないなら逃げること）

たいていの場合、レストランや店舗、コールセンター、作業場の直属の上司は、こういう質問に答えるのに必要な情報を持っていないことがわかるだろう。彼らは報酬哲学や、給与額やボーナスの目標額をどう決めるかについて訓練を受けておらず、従業員の雇用や解雇、会社の給与決定の伝達に必要ないくつかの管理業務だけを行っている。こういう率直な質問をたびたび受けていると、会社はなぜその額の給与を払っているのかについて内省的になり、給与の透明性を高めて、給与プログラムをもっと従業員に優しく、従業員の問題を解決できるようなものに改善するしかなくなる。従業員は、給与制度が複雑なせいで負担を強いられるべきではない。複雑さは常に、権力を持つほうに有利だからだ。賢い質問をされれば簡単にするしかなくなり、明瞭性と透明性、そして公正さへ向かう道の基礎が築かれる。

給与についての力を行使できるふたつめの状況は、ほかの会社から仕事のオファーがあったときだ。この状況は複数のPが絡む事例で、分類するなら、許可（Permission）と優先（Priority）とプロセス（Process）のいずれかが重なり合ったどこかに収まる。外部からのオファーへの対処と許可のケースとの共通点は、タイミング的には不意をつかれる形ではあるが、会社があなたからの給与の話を予期することだ。優先のケースとの共通点は、あなたへの外部からのオファーが相対的に全社員の給与にリスクを生み出し、あなたに対する昇給に全員の給与のバランスを崩す価値があるかどうかを会社が判断しなくてはならないことだ。そして外部からのオファーは、あなたがその機会を、会社のプロセスのまずさを示す証拠としてとらえ直せば最もうまくいく。便宜上、外部からのオファーを公正な給与を得るための力のケースに分類することもできる。仕事のオファーがあったのなら、交渉をうまく進める力があると考えていいからだ。

機会があれば、ときおり外部の面接を受けてみることをお勧めする。自分のジョブレベルやMVPの金額をきちんと把握するためと、キャリアの今後に必要となる人材採用担当者に会うためだ。現在の会社に外部からのオファーについて明かすのは、リスクを伴う最後の手段であり、慎重にことを運ぶべきだと知っておこう。多くの上司は外部からのオファーを背信行為のひとつ、会社に昇給を強要する不当な試みととらえるので、結果としてあなたの評判に傷がつく。会話は感情的なものになるだろう。会社からすれば、あなたは正当な許可のケースに当てはまらないからだ。会社が公正な給与を支払っているかどうかにあなたが不信をいだいたと考え、あてつけのように受け取るだろう。

どんな状況でもカウンターオファーをしない企業もあるので、今の職場がそうなのか、少し探ってみたほうがいい。事実なら、外へ出るにしても、後戻りできない状況にならないようにしよう。会社には、その方針をとるもっともな理由があるのかもしれないからだ。会社から見れば、社員がわざわざ外部のオファーを受けるのなら、その人が職場に対して抱えている問題は給与だけではない可能性が高い。人事グループが一貫して発表している調査によると、会社を辞める理由の上位5位に給与は入っていない。「上司が嫌いだから」が常に第1位だ。また企業は、カウンターオファーを受けた人の80%が半年以内に辞めると固く信じている。これは広く知られた統計値だが、データを追跡している会社がほとんどないので、検証はむずかしい。このような分の悪さを考えると、外部からのオファーはまずプロセスのケースに役立つよう自分のMVPを確認するのに使い、自分の訴えが無視された場合に必要なときのみ、カウンターオファーがあることを明かすのがベストだ。外部からのオファーがあったことを明かすのなら、新しい仕事を受ける準備をしておくほうがいい。

ひそひそ声で（労働組合の話をしよう）

最後に、企業と従業員のあいだに団体交渉協定がある場合の、究極の力を使うケースについて説明しておく必要がある。確実に公正な給与を得るには、従業員がしっかりとした団体交渉力を使って変革を求められる有効な選択肢が常に存在しなくてはならない。最低賃金法や同一賃金法などの法律がソフトパワーの手段だとすれば、団体交渉は実戦版のハードパワーだ。もしあなたがこの議論でアメリカ企業側につくなら、照明を落としてシャッターを閉めたほうがいい。これから労働組合について話すつもりだからだ。もしあなたがアメリカ人ではないなら、陽光がたっぷり降り注ぐ公共の場で読書を続けてほしい。いったい何を大騒ぎしているのか理解するのに苦労するだろうからだ。

伝統的で正式な形の団体交渉は労働組合だが、現代では部門別交渉や共同決定などの形態もある。部門別交渉では、会社単位ではなく業界単位で交渉ができ、競合他社がいっせいに行動を命じられるので、二人三脚問題を回避できる。たとえば、すべてのファストフード店が賃金と従業員の安全について同じ基本水準に同意する場合などだ。共同決定もそれに関連した考えかただが、給与額や給与制度の設計などについての管理職の決定に対し、会社単位で従業員が投票する機会を設けている。共同決定は、企業内の権力を再分配することで、政治による外部からの影響や、伝統的な労働組合が組合費徴収を通じてしだいに権力を集中させる負の金銭的なインセンティブを減らすことにもなる。こういう（アメリカ人にとって）新しい考えかたの支持者には、これを2020年の大統領選の公約に掲げたエリザベス・ウォーレン上院議員のような革新派から、保守系政策集団アメリカン・コンパスまで、さまざまな顔ぶれが並ぶ。同集団は2020年に部門別交渉と共同決定の両方を支持する声明を発表し、ドナルド・トランプ政権の元司法長官ジェフ・セッションズをはじめとする多くの著名な保守派の人々がこれに署名している。(105) 支持はシリコンバレーにまで広がり、ウーバーのCEOであるダラ・コスロシャヒは共同決定を「優れたモデル」と呼び、「支持したい」と述べた。(106)

団体交渉協定への反発は、ただひとつのこと、つまり力に行き着く。それがこのセクションのテーマなのだから、驚くには当たらないだろう。アダム・スミスは、現在の経済システムの基盤となっている、見えざる手が導く自由市場を提唱したことで有名だが、それでも市場が雇用者に有利に働く力の差に影響されることを認め、労働条件の設定において、「通常の状況では、両者のどちらが優位に立つかを予測することはむずかしくない」と述べている。[107]

力が同等なら、従業員の給与が上がることはデータがはっきり示している。アメリカでは、労働組合の結成は保守派から激しい反対を受けているが、組合に所属している労働者は、所属していない労働者よりも高い給料をもらっているのがふつうだ。労働統計局の2013年の調査によれば、「平均すると、組合に所属している労働者は、所属していない労働者よりも大きな賃上げを受け、一般的に高い賃金を得て、雇用者が提供する通常の福利厚生もより多く利用できる」。[108] また、組合に所属している労働者は、同じ仕事をしていても不平等な賃金を受け取ることが少なく、組合に所属している女性の給与は男性の給与1ドルに対し94セント、所属していない女性の場合は約78セントとなっている。[109] これは、フェアペイ・ミックスの優先に照らして考えると納得できる。特に大人数の職務の場合、労働協約では、給与に対する個人の裁量権が削除されていることが多く、かわりに、給与範囲ではなく決まった初任給と、管理職の無意識な（あるいは意識的な）偏見ではなく客観的指標に基づく定率昇給に依存しているからだ。

団体交渉がもっと一般的に行われているアメリカ以外の地域でも、フェアペイ・ミックスのPはすべて適用できる。給与はどの国でも同じように、同じ力関係のなかで管理されている。これは、どんな政治体制であっても変わらない。わたしは資本主義国や社会主義国、君主国でも給与を設計したことがある。公正な給与は人間の本質に関わる大きなテーマに通じるので、どこでも同じ給与の問題が存在するのだ。それでいてグローバル企業は、さまざまな環境で同時に稼働し、世界じゅうで利益を上げ成長している。給与の仕組みは、現地の法律や習慣を考慮に入れるため国ごとに少しずつ異なり、微妙な違いを把握するのはむずかしく面倒なこともあるが、それが実業界にとって破滅的だったり、存続に関わるほどの重荷になったりすることはめったにない（少なくとも大企業にとってはそうだ。中小企業は団体交渉協定を免除されることが多い）。つまり、労働者の力が強まった賃金環境では生き残れないとグローバル企業が言い張ったとしても、他国では同様の条件下ですでに成功しているのだから安心してほしいということだ。どう取り組めばいいのかはわかっている。ただ、やりたくないだけだ。

歴史家は、週末の休みや残業手当、安全法などの労働条件についてなされた進歩は、かつての団体交渉の力に負うところが大きいことを認めている。スティーヴン・グリーンハウスは、著書『疲れ切って、怒りに燃えて――アメリカの労働力の過去、現在、未来（*Beaten Down, Worked Up: The Past, Present, and Future of American Labor*）』で、ピーク時の労働組合員数と安定した賃金上昇との関連性、そして組合員数の減少と賃金停滞や賃金に対する不安増大との関連性は否定しがたいと論じている。[110] マーティン・ルーサー・キング・ジュニアが1965年にイリノイ州のアメリカ労働総同盟・産業別組合会議（AFL‐CIO）の大会で行った演説でも、1938年制定の画期的な公正労働基準法に関連して、同じ結論が語られている。

労働運動は、悲嘆と絶望を希望と進歩に変えた主要な力だった。その果敢な闘争から、経済・社会改革によって、失業保険、老齢年金、政府による貧困者の救済、そして何よりも、単に生き延びるだけでなくまずまずの生活を維持できる新しい賃金水準が生まれた。この改革を主導したのは産業界の大物たちではなかった。彼らは打ち負かされるまで抵抗したのだ。

歴史上、経営者と労働者の戦いでは多くの血が流され、権力者が権力を手放すことを強いられるたびにその危険性は高まる。1914年には、コロラド炭田戦争のさなか、コロラド燃料鉄会社の利益を守るためにアメリカ州兵が召集された。彼らはストライキ中の労働者たちのテントに向かって発砲し、炭鉱労働者の妻や子どもを含む21人を殺害した。この事件はのちに、〝ラドローの虐殺〟として知られるようになる。会社は、襲撃のために機関銃を搭載した装甲車までつくり、それを〝デス・スペシャル〟と呼んでいた。3年後には、イーストセントルイスで暴動が起こった。このとき暴力行為に及んだのは、ストライキをしていたアルミニウム鉱石会社の組合員だった。解雇され、南部からやってきた低賃金で働く黒人労働者と入れ替えられた組合員たちは、報復として彼らの住む近隣を焼き払った。このような話はいくつもある。

ラドローの虐殺は8時間労働制や児童労働法の制定につながり、イーストセントルイスの暴動は公民権運動に火をつけた。〝デス・スペシャル〟とか、〝白人のみ〟の求人票や組合規則といったあからさまな差別はもうないかもしれないが、代々受け継がれる富や企業での代表性(レプリゼンテーション)の格差という点で、その余波は今日にも間違いなく残っている。多くの国は、現在こういう闘争の初期段階にある。バングラデシュでは、2012年に縫製工場で火災が発生して100人以上の死者を出したが、これがのちに職場の安全改革につながった。この火災はニューヨークで1911年に発生したトライアングル・シャツウェスト工場の火災とよく似ている。バングラデシュでは、翌年に別の縫製工場が崩落して1000人以上が死亡した。前進するための機会はまだたくさんあり、清掃作業員のストライキを支援する集会で暗殺されたキング牧師をはじめ、公正な給与をめざした先人たちの戦いについて、わたしたちはもっと知るべきだろう。

力の分担は重要であり、企業がそれに反対して主張する経済の弱体化というレトリックは、分担を実現した協約のもとで企業が上げている実際の業績とマッチしていない。効果的な労働者保護のない国では、自由市場や企業の持ち前の思いやりでこういう問題が解決されているわけではない。毎年、「ITUC（国際労働組合総連合）グローバル・ライツ・インデックス――労働者にとって世界最悪の国々」という報告書が、労働者の権利について5段階評価でランク付けしている。この評価は〝労働者にとって完璧なユートピア〟から始まるわけではなく、最良のシナリオであるスコア1は「権利の侵害がたまに起こる」とされる。いちばん悪いスコア5では、「法の崩壊によって権利が保障されていない」と評価される。2019年のランキングでは、アメリカはスコア4の「組織的な権利の侵害がある」と評価され、自由市場主義者にとって不動の悪役であるベネズエラと同じになった。

1929年に大恐慌が始まってから15年後、アメリカの労働組合員数は史上最多に達した。今経営の舵取りをしている世代は、何度も起こった経済恐慌の余波のなかで人格形成期のほとんどを過ごしてきた。彼らは子どものころ、両親が仕事を失い、多くの場合、なんの落ち度もないのに家を失うのを見た。そして新たな経営者として、彼らはすでに自分の部下を同じ立場に置かざるをえなくなっている。似たような過去のパターンに従うとするなら、2020年代は全体としてふたたび労働者が力を持つ方向へ転じることが予想される。明確に組合という形は取らないかもしれないが、雇用関係の信頼が崩れてしまったときには、より多くの力を分担したいという欲求が必ず湧き起こる。人は誰でも自分の運命の手綱を握っていたいのだから、これは決して過激な推測ではない。

従業員の力を高めるための奮闘は、至るところで見られる。「15ドルのための闘い」は、最低賃金の大幅な引き上げをもたらした。看護師や教師の全国的なストライキは、給与を引き上げ、設備が不充分な労働環境を可視化した。ギグエコノミーの大手企業であるウーバーとリフトのストライキでは、独立請負業者の不安定な雇用関係に注目が集まった。ゼネラルモーターズのストライキには、5万人の労働者が参加した。ヴォックスやバズフィードのようなメディア企業が、初めて労働組合の結成を認めた。従業員が作成したスプレッドシートで、給与情報が共有される企業が相次いだ。作家たちも同じことをして、わたしに本の執筆と給与を見直す仕事をどう両立させるべきかを考えさせてくれた。インドでは2億5000万人以上の労働者が、2020年に世界史上最大のゼネストを行った。IRIのようなコンサルティング会社は、彼らの言う「組合の脆弱性評価」を通じて企業の団体交渉回避を支援しているが、最近の傾向も視野に入れている。IRIは2019年の報告書で労働運動の再燃について述べ、「準備万端でないかぎり、すでに遅れを取っている」とクライアントに警告を発している。

一方で、団体交渉への抵抗も強い。「15ドルのための闘い」運動はシアトルでは追い風に乗ったが、インディアナ州やミシガン州、ウィスコンシン州、ウェストヴァージニア州、ケンタッキー州などでは、反対勢力が着々と戦利品を獲得していた。特にウィスコンシン州では、スコット・ウォーカー前知事が、教職員組合の賃金以外の交渉を法的に阻止し、賃金上昇率はインフレ率未満にとどめることとした。厳密に言えば、実質的に教員の給与が年々下がることになった。その結果ウォーカーは、何週間にもわたって何万人もの市民が州議会議事堂に押し寄せる事態に直面した。また、リコール請求にも直面したが、最初の選挙よりも多くの票を獲得して再選された。

政治問題はさておき、公正な給与を実現するためには力が重要である理由を理解しなくてはならない。公正な給与のために力を用いた訴えをすることは、必要と必死の思いに駆られた行動だ。集団行動で力を見せれば、他のPを強化して、効果的な給与「プロセス」をつくり、報復を受けることなく給与について話す「許可」を得る機会（と法的保護）をもたらし、あらゆる人にとっての「優先」事項として公正な給与を義務づけることができるだろう。暴力とスパイと〝ミンクのコート隊〟（20世紀初期に労働運動を支援した富裕層の女性たち）（よりによって、J・P・モルガンの娘アンがリーダーだった）に彩られた力の物語は、もっと頻繁に語られるべきだ。新世代の労使が誠意のない給与の問題でせめぎ合うなか、わたしたちは受け継がれてきたものを忘れてはならないし、失敗から学ぶ機会を見過ごしてはならない。〝2025年ジョージア州ギグワーカー戦争〟のような事態は避けたいと誰もが思っているはずだ。

従来の団体交渉や労働組織はおそらく、未来の職場を支配することも、完全に消え去ることもなく、新しい形を取ることになるだろう。従業員からの圧力と新しい法律によって、義務化された力の分担と給与の透明性を確保する現代的な方法が生まれ、賃金の真の自由市場がつくられて、企業が不可解なブラックボックスのなかで給与や労働条件を管理することはむずかしくなるだろう。企業は、暗号化されたグローバルなソーシャルメディアの世界で、給与に関する情報を内密にしておけると思ってはいけない。

ここからどこへ向かうかは、給与を受け取る側よりはるかに大きな力を持っている、給与を与える側の選択になる。ビジネスリーダーのみなさん、もし力の分担という考えかたや、どんな形の団体交渉にも耐えられないなら、それをうまく回避する簡単な方法がある。フェアペイ・ミックスを使って誠意ある給与を実践しよう。すぐに取りかかったほうがいい。

7. 格差をなくすために

会社の報酬チームは、男女間や人種間の給与に関わる不公正などのシステム上の問題を明らかにし、それを改善したり悪化させたりする力があると同時に、会社という機械の最後の安全装置でもある。あなたの給与が不公正だとすれば、その問題は、仕事の評価方法や人材の選びかたに以前からあった欠陥によっていっそう複雑になっている。報酬チームは、トラブルの前兆を知らせる炭鉱のカナリアというより、何年も放置されていた黒肺塵症の予後を診る医者のようなものだ。

あなたの給与以前にどんな欠陥が生じていたのかを確かめるために、これまでに学んだこと――給与に対する歴史上の選択、現在の会社の給与に対する考えかたと優先順位のつけかた、フェアペイ・ミックスモデルを使って給与に関わる経験を変える方法――を、最も根深く明白な給与の問題に当てはめてみよう。

この章では性別と人種による格差に焦点を当てるので、まずはわたしがこれを語る資格について話しておきたい。わたしはこのテーマに関して誰より説得力のある当事者というわけではないし、生い立ちには読者がうめき声をあげたくなるような情報が少なくともひとつはある。わたしはオレゴン州のリベラルな都市ポートランドに住むヘテロセクシュアルでシスジェンダーの健康で丈夫な白人男性で、上級学位を持つ愛情深い両親に、食事や住まいに困らない環境で育てられた。人生の最初の25年間をアメリカ南部（フロリダ州は、少なくとも南部に隣接している）で過ごし、郊外の福音派巨大教会（メガチャーチ）文化のなかで、マタイやマルコ、ルカ、ヨハネ、そしてラッシュ・リンボー（右派・タカ派、アンチフェミニズムのラジオパーソナリティー）の教義を学んだ。知っているリーダーはみんな、似たような態度と髪型をした白人男性だった。そういう世界では、女性は限られた指導的役割しか果たせない。それはもっぱら子ども部屋での役割を意味し、母の日を除けば説教することも禁じられている。少なくともわたしが子どものころは、教会のスタッフで白人以外の人は、音楽指導で補佐をする代役の人たちか、町の反対側にあるサテライト教会にいる人たちだけだった。日曜朝の教会を「最も人種隔離が行われている時間帯」としたマーティン・ルーサー・キング・ジュニアの訓戒は、その数十年後にわたしが出席していた週3回の集会にも当てはまった。

他のコミュニティーと接する経験が少なかったので、わたしには、ジェンダーや人種の平等問題について盲点があった。過去から現在に至るまで、わたしは差別を受けたことがまったくないし、他者の経験を通して世界を見る方法を今も学んでいる最中だ。人は誰でもなんらかの形でこういう盲点を持っていて、それが〝無意識のバイアス〟と呼ばれるテンプレートをつくり、考えや行動に影響を与えている。ボストン・サイエンティフィックのグローバル・チーフ・ダイバーシティー・オフィサーであるカミール・チャン＝ギルモアは、簡潔にこう言う。「脳があるなら、偏見もある」。人はこういう偏見を心的な近道として使い、人や状況をすばやく判断して、次に何が起こりそうか、誰がどんな役割を果たせそうかを評価している。特に身の安全がかかっているときには、それが役立つこともある。わたしはなんの心配もなく夜に郊外の近隣をランニングするかもしれないが、女性は明るくなるまで待つか、友人といっしょに走ることにするかもしれない。若い黒人男性は、まったく走ろうとしないかもしれない。

ある実験をしてみよう。まだこの章を読んでいない友人に、目を閉じて、頭に浮かんだCEOの姿を説明してもらう。次にソーシャルワーカー、最後にトラック運転手を思い浮かべてもらう。友人は最初に、どんな姿を描写しただろう？　わたしがCEOを想像するとき最初に目に浮かぶのは、独特の髪型をした白人男性だ。彼ら（わたしたち）には生まれつき優れた能力があると考えているからではなく、リーダーとしての白人男性のテンプレートが、わたしの人生とこれまでに働いたあらゆる会社での経験によって形成されているからだ。これまでの経験から例を思い起こして初期設定として適用する傾向を、〝利用可能性バイアス〟と呼ぶ。

わたしの経験はめずらしくはなく、ソーシャルワーカーとトラック運転手に対する利用可能性バイアスも似たようなものだろう。CEOの場合、思い浮かべる例はみんなほとんど同じではないだろうか。《フォーチュン》誌が毎年発表している世界の大企業500社のリストによると、90％以上の企業のトップは白人男性であり、人口に占める割合の約3倍となっている。フォーチュン500のように数字が固定されているリストの場合、入るか否かはゼロサムゲームなので、ある集団の代表数が過剰なら、別の集団の代表数は不足しているということだ。比較として、黒人女性はどうなのか見てみよう。この章を書き始めたとき、フォーチュン500でCEOの地位に就いていた黒人女性がひとりだけいた。メアリー・A・ウィンストンは、生活用品小売チェーン企業ベッド・バス・アンド・ビヨンドのトップを務めていた――が、それは新しいCEOを探すあいだの暫定的な措置にすぎなかった。人口の約7％という純粋な代表数に基づけば、フォーチュン500のうち35社で黒人女性がトップの座に就いていなければならない。しかし現在ではゼロだ。会社は正規の職に白人男性を選んだ。

わたしは自分の経験と職業訓練から、不公平な給与の現実と、それを永続させるシステムがどのように連動しているかについて理解を深めてきた。わたしの個人的なコミュニティーでは、アンケートで「男女間の賃金格差は政治的な目的のために捏造され広められた神話だと信じている」と答えた46%の男性（全体の38%）のなかに、自分を含めている知り合いがたくさんいる。[111] しかし同業者のコミュニティーでは、不公平な給与の問題はデータ上明らかで、広く認識されている。本章の目的は、このふたつの世界を結びつけて、賃金格差をより早く解消できるようにすることだ。

多くの読者は直感的に、「同一労働同一賃金」を求めるべきであることに同意するだろう。誠意ある給与という考えかたが身についた成果だと思う。けれども残念ながら、「同一労働同一賃金」は、用語の定義や説明責任の設定がないままスローガンにされたことで、それを実現するという高潔で望ましい目的が骨抜きになってしまった。今ではこのフレーズには、誰かに「体制と闘え」とか「目にもの見せてやれ」などと言うのと同じくらいの重みしかない。その結果、同一賃金についての議論は、真の理解と解決策を求めるというより人々が遠回しに話し合っているような状況だ。キャリー・グレイシーは、著書『平等（*Equal*）』で、BBCに対して同一賃金を求める訴訟を起こしたとき、この言葉には二段構えの意味があることに気づいたと述べている。[112] 会社は、彼女と同じ言葉を使って反論したくはないようだった。グレイシーの記憶によると、「上司たちは〝同一賃金〟という表現を避けて、〝公正な賃金〟という言葉を使っていた」。つまり彼女は、「同一賃金は法律上の権利だが、公正な賃金はそうとはかぎらない」と言われ続けていたのだ。企業は洗練された法的枠組みのなかにとどまるためにこういう区別をしているが、これから見ていくように、どちらのフレーズも従業員にとってはたいして法的効力がない。同一賃金も公正な賃金も本来の意味を取り戻すべきフレーズであり、一般的な用法では同じものとされるべきだ。そう考えているのでなければ、この本に“*Fair Pay*”〔本書の原題〕というタイトルはつけなかっただろう。

名前とは何か

「同一労働同一賃金」という言葉を聞いて、どちらの結論に最も共感するか？

・同様の仕事をしているグループ間の賃金比率は平等であるべきだ。
・ある従業員とその同等者の賃金額は平等であるべきだ。

「両方」と答えたかたは正解だ。大まかな定義として、ひとつめは「賃金格差」、ふたつめはより細かい方法で測定される「賃金平等」を表している。パフォーマンス、経験、職務の違いが果たす役割については後述する。別の可能性が存在する片隅では、「どちらでもない」と答えた人が、自由市場システムでの望ましい目的としての同一賃金を根本的に否定している。わたしの経験では、こういう人たちはたいていすでに高い給料をもらっているので、その種の意見に時間を割くつもりはない。

賃金格差とは、突き詰めれば、ある労働集団と別の労働集団の賃金の比率を求めること、たとえば女性と男性の賃金を比べることを意味する。計算方法は簡単で、たいていは次のようになる。

1. 当社の女性の平均年収――8万ドル
2. 当社の男性の平均年収――10万ドル
3. 当社の賃金格差は、8万ドルを10万ドルで割った数字、つまり80％となる（一般には、1ドル当たり何セントかで示す)。

男性の1ドルに対して女性は80セント、白人の従業員の1ドルに対して黒人は70セント、黒人女性は61セントという統計がある場合、通常はこの方法で計算されている。ただし、臨時雇用グループの除外など、データを変動させる細部はまた別だ。計算方法にはさまざまなバリエーションがある。たとえば、平均給与で割るかわりに中央値で割って、上位の外れ値を制御する方法もある。イギリスでは、賃金格差の計算は、法律上ボーナスが含まれていなくてはならない。フランスでは、賃金格差の比率は、5つの異なる格差を基準にした100点満点の指数で決める。指数は、先ほどの計算のような単純な賃金格差(40点)、個別の昇給(20点)、昇進の比率(15点)、出産休暇からの復帰時の昇給(15点)、報酬上位10位に占める女性の割合(10点)で採点される。アイスランドでは、企業は独自の方法を決められるが、政府の高い基準に合格しなくてはならず、そうして初めてタトゥーショップの壁にふさわしそうな同一賃金認証マークを掲げることができる。アイスランド政府によると、そのマークは「円グラフであり、刻印であり、ルーン文字であり、異なるふたりの人間の笑顔でもあり(中略)描かれている人がどちらも真の価値で評価されていることを示している」という。こういう微妙な違いを紹介したのは、これから見ていくように、一貫した基準がないせいで、不正や、賃金格差は神話に違いないという誤った考えがはびこるようになったからだ。

賃金平等は、それとは異なる方法で測定される。全社レベルでの計算、たとえば全従業員の給与をマイノリティーグループとマジョリティーグループで比較する計算から始めるかわりに、「同一労働同一賃金」の「同一労働」の部分を制御するための初期フィルターを作成する。このフィルターは、さまざまな計算を始める前に、職務、ジョブレベル、労働時間、経験など、給与差の許容できる要因と調査者が見なしたものを標準化する試みだ。賃金平等を計算する方法は無限にあるが、適切な分析には以下のステップが必要になる。

ステップ1——会社は、性別や人種など給与差の理由として許容できない要素を定義する。理論的には、意見の多様性、支持する政党、障害、宗教、性的指向などの要素を含めることもできるが、それは、全従業員に関するそのような情報を会社が取得することを望めばの話だ。国によっては、ある種のデータを収集することが違法となることもある。たとえばフランスでは、第二次世界大戦中に人種に関するデータが少数民族を標的にするのに使われたこともあり、企業が従業員に関する人種のデータを追跡することはできない。

ステップ2——会社は、職務、業績、経験、勤務地、勤務時間など、給与差の理由として許容できる要素を定義する。このリストは、業務の複雑さによって、大企業では何百もの要素になることもある。

ステップ3——類似した従業員のコホート〔特定の統計的・人口学的特性を共有する集団〕を決める。たとえば、同じレベル、同じ勤務地、あるいは同じまたは類似の役割の職務に就くフルタイムの従業員など。

ステップ4——各コホートの統計分析を行って、コホート内のマジョリティーの基準と比較し、各人の予測給与額を求める。

ステップ5——統計的に有意な外れ値が存在する場合はそれを見つけ、どの従業員の予測給与が実際の給与より高いか、または低いかを明らかにする。

ステップ6——会社は、予測額よりも低い給与を受け取っている外れ値の従業員の給与を増やして、外れ値ではなくなるようにする方法を決める。外れ値と見なされていた人に同等者と同額の給与が支払われるわけではなく、統計上の異常値にはならない予測値の範囲で支払われるようになるということだ。

次に賃金平等分析は、各コホートと会社全体について、賃金格差と同じく比率にまとめられる。結果は会社ごとに異なるが、ほぼ確実に賃金格差の数字よりも差が小さくなる。賃金平等のデータでは、たいていは白人男性である高給取りの重役の代表数が過剰なせいで生じる偏りを、きれいに削除してしまうからだ。このふたつの計算はよく混同され、格差を否定する根拠として使われたり、〝本当の賃金格差〟は80セントではなく98セントだなどと言われたりする。これについては、次のセクションで詳しく説明する。

ふたつの計算には共通点があり、最も重要なのは、どちらもある時点のデータに基づいていることだ。先住民の従業員の賃金格差が、ある月には74セントだったが、翌月には誰かが採用されたか退職したことで82セントになるかもしれない。特に、先住民の従業員が少ない場合は、結果が変動しやすい。同様に、総合的な賃金平等分析でも、分析のためにデータを集めた時点では、テキサス州オースティンを拠点とするP２レベルのソフトウェアエンジニアの女性は1ドル当たり98セントだったが、次回の分析では１０１セントとなり、男性の給与を上回るかもしれない。

ほとんどの企業と同じく、その会社に賃金格差があるからといって、差別的な給与の支払いかたをしているとか、業界から追放されるべきだとはかぎらない。たとえば休日の小売店や夏の遊園地のように、企業が売上のほとんどを季節ベースで得ている場合、一時的に職員の数が急増することで、年間を通した異なる時点での会社の人員構成が変わるかもしれない。会社が再編成を行って従業員の職務を入れ替えたり、最近の買収をまだ完全に統合していなかったりする場合、分析コホートがまだきちんと定義されておらず、同レベルの従業員を正確に分類できないかもしれない。また、遺産的な給与の問題もあるかもしれない。待ち望まれていた重役の退職者がひとり、あるいは10人出れば、会社は経営陣の席を入れ替えてもっと公平な方法で後任の経営陣に給与を支払えるだろう。一貫した方法で改善を図れば、進歩の適切な尺度になり、場当たり的な弁解を減らすことにつながる。

賃金格差と賃金平等分析の最も重要な違いは、統計的有意性を判断できるかどうかにある。ここで言う統計的有意性とは、企業が、ある人やグループの給与が予測値より高かったり低かったりする理由について許容できるあらゆる弁解を尽くしたうえで、格差がランダムな偶然ではなく、従業員の性別や人種など、検証されるべき許容しがたい要素のせいであることがほぼ確信できるという意味だ。統計的有意性は、差別があったことを直接証明するわけではないが、変動性についての他の無難な説明を排除する。

わたしがバスケットボールでダンクシュートを決めて近所のお父さんたちを感心させられない理由ははっきりとはわからないが、身長の低さは、おそらく許容できるうえに、わたしの失敗における変動性のほぼすべてを説明する要素になるだろう。けれども、身長が唯一の要素だと証明することはできない。同じ身長のコホートに属する他の人たちには、もっと高い技術を持っているとか、長年練習をしているなど、差を適切に説明できるいくつもの変数があるのかもしれない。充分なデータがあれば、各人について垂直跳びの予測値のモデルをつくることができる。引退したＮＢＡのスター選手スパッド・ウェブ〔身長１６８センチと小柄ながら、驚異的なジャンプ力で１９８６年にはスラムダンクコンテストで優勝を果たした〕がコホートにいたなら、わたしと同じ身長だとしても、今でもずっと高いスコアを出すはずだ。わたしは自分の相対的な位置を受け入れるだろう。ただし、モデルに〝テスト前の休息〟などの変数が加えられるとすれば、話は別だ。もしコホートのなかで、跳躍を記録する前に無理やりマラソンを走らされる数人のひとりだとしたら、もちろん不公平な障壁に抗議し、本来の力を充分に発揮するために休む機会を求めるだろう。それでもダンクシュートはできないだろうし、スパッド・ウェブにも間違いなく負けるだろうが、測定プロセスが公平であることはわかる。同じように、賃金平等分析を行ったうえでの同一賃金とは、個人の本来の力を阻む不公平な障壁を見つけ、それに対処することを意味する。

賃金平等分析のほうが厳密だから賃金格差の計算よりも優れていると結論づけたくなるだろう。しかし、厳密さは必ずしも正確さや有効性を意味するものではない。外科医が間違った脚の切断に成功したとか、民間人の施設を敵の基地と間違えたなど、厳密に実行されたにもかかわらず最適とはいえない結果となった話はたくさんある。「理論はその前提条件があってこそ成り立つ」とフランスの経済学者モーリス・アレは言った。賃金平等分析には、確かにこれが当てはまる。正式な賃金平等分析の厳密さの陰に隠れて、不公正な給与の問題を解決した、あるいはその誤りを証明したと勝利宣言をする前に、賃金平等モデルに組み入れるべき前提条件を考えてみよう。

・職務をどのように評価するか。ある職務の給与が高いのは、関連する真の市場原理のせいなのか、あるいは少なくともその一部は、露骨なまたは隠れた差別による複合的な影響なのか、あるいはマネージャーがしつこく要求するのでチームの昇給をしたことに関連しているのか。
・同一労働とは何を意味するのか。ここではジョブレベリングと、同等者の選択が重要になる。「ニンジャ」から「クリエイティブ」までの序列はどうなっているのか。
・そもそも従業員は、その人にふさわしい職務に就いているのか。前回職務内容を見直してからどのくらいたっているか。

・会社の現在の状況はどうか。たとえば今年、新しい事業を始めたことで大きく異なるタイプの人材が加わったのか。
・給与体系や報告制度は公正で正確なものか。グローバル大企業の場合、明確で簡単な答えが出せるとはかぎらない。

不平等な賃金を見つける方法はたくさんあるが、どの分析デザインを選ぶかにかかわらず、報酬チームは透明性と従業員の利益を優先しなくてはならない。この種の仕事に課される現実的な法的制約を考慮したうえで可能なかぎりオープンソースモデルを使えば、他者が前提条件に異議を唱えたり改善を加えたりでき、より早く公平性が実現できる。企業が給与に関する調査を受け入れるようになれば、従業員に明快な答えを示すことができ、説明責任と権限を共有することで信頼をはぐくむフィードバックループが生まれる。

明快さを増すために、すぐに見直すべき点がふたつある。ひとつめは、性別や人種によって賃金が異なるのかどうかという議論をやめることだ。もちろん異なる、以上。会社の従業員名簿を見られる人で、反対意見を言う人はいないだろう。見られない人でも、会社の組織図の上のほうを見れば、どこから男性と白人ばかりになっているかがわかる。1ドル当たり98セントという賃金平等ベースの小さな差が、1ドル当たり80セントという大きな賃金格差の現実を帳消しにすることはない。2種類のレンズを通して同じカメラで見ているだけだからだ。明快さを増すために見直すべき点のもうひとつは、問題を解決できるかどうかという議論にある。わたしの答えに驚くかもしれないが、解決はできない。不平等な賃金の問題に対する唯一の最終的な解決策はなく、問題を見つけて継続的に対処していくしかない。しかし、今も多くの人がそうではないと主張している。

P.E.T.E.

別の実験をしてみよう。LinkedIn にアクセスして、マイノリティーの人が権威ある地位に任命されたことについてのあらゆる投稿を検索する。「ゼネラルモーターズが初の黒人CEOを任命」などの見出しが出てくるはずだ。心の準備をしてほしい。これから、オンラインで正気を保つためのあらゆる衛生プロトコルに反して、コメント欄に踏み込んでもらうつもりだからだ。自分で実験したとき目にしたコメントの一部を紹介しよう。あるエレクトロニクス企業のトップに就任した女性についての投稿へのコメントだ。女性の名前は仮にミシェルとしておこう。

・それがどうした?
・ハードルを下げるべきではない。
・これは逆差別だ!

もう充分だろう。申し訳ないが、地域の保険ブローカー営業担当のマイク、あなたはミシェルに会ったことも、いっしょに仕事をしたこともないはずだ。おそらくミシェルは、職業人としてあなたよりはるかに優れているだろう。そのほかのみなさんは、マイクのようにはならないでほしい。

なぜこのような反応があとを絶たないのか? そして、他人の能力について根拠のない推測をし、その人の業績を否定したりけなしたりして慰めを得ているマイクのような空いばりの戦士たちが、なぜこんなにたくさんいるのだろうか? 確かに、アルゴリズムによって意図的につくられたソーシャルメディアのフィルターバブルや、変化する社会のなかでマジョリティーの人々が覚える喪失感がこの問題の一因だろうが、どちらの要素もわたしの専門からは外れている。一般的に、ほとんどの人は不公正な賃金が存在するという考えを受け入れているが、ずっと前にその問題は解決されていて、残っている格差はもっぱら、賃金労働を何時間するかや、どのような職務を選ぶか、あるいは子育てでどんな役割を担うかについてのグループ間の選択に起因すると考えているのだと思う。だから、なんらかの是正をするには、わたしのようなしつこいソーシャルエンジニアが、マイクのような人たちをだしにして実行するしかないというわけだ。これは間違っている。

不平等な賃金の問題はすでに解決されていると主張する人はたいてい、1963年の同一賃金法や、1978年の妊娠差別禁止法、そして2010年のイギリスの平等法をはじめとする外国の似通った法律を、性別や人種で賃金に差をつけることがすでに違法となっている証拠として挙げ、したがって新しい解決策は不必要だと言う。あるいは、先ほど検討した計算方法による食い違いを見て、給与が実際にどうなっているのか、確かなことは誰にもわからないと結論づける。彼らの理解が足りなくても、賃金格差が実際にあり、さまざまな方法で計算できるという事実が消えることはない。誰かが〝本物の〟賃金格差（賃金平等ベース）は1ドル当たり98セント程度だと自信たっぷりに主張していたなら、その人は話題に通じていないということだ。無理もないことだが、すでに同等に近い結果が出ていると信じていれば、これがベストの状態ではないだろうかと考え、次にそこから、〝逆差別〟と見なされるようなことが起こるといけないので多様性やら何やらはほどほどにしたほうがいいという警告を引き出すようになる。ここでは、偏見と差別を区別しなくてはならない。偏見は、力関係にかかわらず、どこからでも誰からでも生まれる可能性がある。差別は、ひとつのグループが別のグループの利益に反する大きな力を持つことを意味する。逆権力などというものがないのと同じように、逆差別（あるいはその同類である逆人種差別）などというものも存在しない。

同一賃金法は、差別解消を目的とした他の法律と同じく、業績や能力、同種の職務の分類によって従業員に異なる賃金を支払うことに対して、会社の裁量権を幅広く認めている。繰り返すが、優秀な人に高い給与を支払うのは悪いことではないし、よい仕事は報われるべきだ。他の職務よりも複雑で、会社の業績にとって重要な職務も確かにある。この裁量権は、それ自体は本質的に間違ってはいないが、雇用者にすべての権限をゆだねてしまう。すでに過去の法律で不平等な賃金の問題を解決するためにできることはすべてしたのなら、いまだに賃金の格差が存在する理由の種類はそれほど多くない。賃金平等ベースで、許容できるすべての要素を調整したとすれば、女性（あるいは過小評価グループ）は、男性と比べて本質的にパフォーマンスが低いか、価値の低い職務に就いていると考えざるをえない。たぶんマイクも、女性の同僚に面と向かってそんなことを言うのは気が引けるだろう。

賃金差別は誇張された神話であるという考えの知的な表看板（だが発案者ではない）は、ジョーダン・ピーターソンというカナダの心理学者だ。ピーターソンはインパクトのある修飾語を持つ人物で、「西欧諸国で最も影響力のある公的な知識人」とも、ファシストとも呼ばれている。ピーターソンは世界屈指の人気作家であり、ユーチューブの講義は何百万回も再生され、どこへ行っても大きなライブ会場のチケットが完売になる。好き嫌いはともかく、ジョーダン・ピーターソンの意見が多くの人に影響を与えていることは間違いない。

ピーターソンの自称「大ファン」のひとりで、賃金格差を神話とする世界観の持ち主に、グーグルの元エンジニアがいる。仮にピートと呼ぶことにしよう（自分たちを〝賃金平等の真実の説明者（pay-equality truth explainer）〟と考えているような人たちを表す頭字語）。本名を差し控えるのは、彼自身が有名になるつもりはなかったから、そしてリークされた内輪のエッセイがきびしい世間の目にさらされた時期を経て、今は静かに暮らしたいと思っているだろうからだ。重要なのは、ピートはどこにでもいるということだ。ピートが経営している会社もある。人事担当者なら誰でもピートに会ったことがあるし、会社にはピートの一派がいるだろう。

ピーターソンも実在するピートも、それぞれの分野で高みに達した知的で立派な資格を持つ人だ。しかしふたりとも同じ罠に陥って、用語を混同し、賃金平等と賃金格差の表面的な理解をひとくくりにしている。結果として、この問題自体をどうでもいいことと見なす。わたしは、ピーターソンに臨床心理学の最新研究について説明しようとか、ピートのソフトウェアコードの品質テストをしようとは夢にも思わない。どちらもわたしの専門外だ。かわりに、彼らも報酬の分野が自分の専門外であることを認めて、全体がどんな仕組みで動いているかについての仮説を変える気になってほしい。

ピートは、その悪名高いグーグル社内文書と、性別の科学に関する（控えめに言えば）物議を醸す見解のなかで、男女間の賃金格差が神話でなくてはならない理由について主張を展開している。彼によると、賃金格差は左派の社会科学者による確証バイアスの結果であり、そういう社会科学者は大企業のわたしのような人間を介して自分たちの考えやスプレッドシートを浄化し、すべてのピートたちを抑えつける巨大な陰謀を企てているらしい。ピートは脚注でこう述べて、慎重に言い抜けの余地を残している。「確かに、全国の総計では、女性はさまざまな理由で男性よりも給料が低い。しかし同じ仕事については、女性は男性と同等の給与を得ている」。ピートは賃金格差があることを認め、それを平均的な男性に比べた平均的な女性の自然な嗜好のせいだと考え、しかもそれゆえに賃金平等に格差は存在しないという誤った解釈をしている。したがって、彼のインターネット調査によれば、その問題はすでに解決されているか、存在するとしても自然の摂理がある以上変えられないのだという。

ピートは、会社の報酬チームに自分の仮説を検証してくれるよう頼むだけで、多くのトラブルを避け、おそらく仕事を続けることもできただろう。グーグルは、賃金平等分析のリーダー的存在だ。同社はその方法の詳細を誰でも入手できるようにし、企業が独自の賃金平等分析を設計する方法について、働きかた先進事例サイトre:Workのブログで全ガイドを公開している。もしピートがまだグーグルにいたなら、自分の出した結論に自信を持ち、会社の分析法はもう試してみてインチキだとわかったから時間のむだだと制作チームに告げただろうか。

報酬の分野は給与の仕組みをうまく説明してきたとはいえず、進歩にも時間がかかっているので、世界じゅうのピートたちが誤解しているのも無理はない。そのことでピートを責めはしないが、ピーターソンに対しては、その学問的才能や影響力の大きさを考えるとあまり寛容になれない。イギリスのチャンネル4ニュースのキャシー・ニューマンとの緊迫したインタビューで、ピーターソンは「賃金格差の多変量解析(multivariate analysis)は、格差が存在しないことを示している」と主張した。いかにも知的で立派な資格を持った学者が言いそうなことで、彼の信奉者たちには権威ある発言に聞こえる。ピーターソンは数学的に響く9音節からなる単語の組み合わせを使った。どこが間違っているというのか?

こういうことだ。多変量解析はその名のとおり、前述の6つのステップに従って、多くの要素を同時に考慮に入れる。先ほど見たように、賃金平等分析で外れ値があるかどうかを企業が判断するのに使える標準的で統一された多変量モデルはない。各企業が出した結果は、その前提条件、方法、データ、戦略目標の産物なのだ。企業は、自らが許容できる給与の要素をどのように定義し、考慮に入れるかを選択する。ピートが主張しているように、男性が女性より高い給与を得ているのは、女性が〝人当たりのよさ〟など性別特有の生来の特性を持っていて給与交渉が苦手だからだ、とそもそも信じている人がいるとすれば、わたしたちの意見の不一致は、数学が何を示しているかにあるのではない。従業員の成功を判断するのに使う前提条件にあるのだ。こういう選択が雇用や昇進の決定に反映され、その結果、許容できる賃金差を考慮するのに使うモデルや、給与交渉などの慣習を企業が取り入れるべきかにも影響を及ぼす。

ピーターソンはよくわかっているはずだ。自らの専門分野で多くの多変量解析を行っているし、その方法に精通しているに違いない。多変量解析が何かの存在を証明したり否定したりするためのものではなく、特定の要素が特定のモデルの結果を有意に変動させるかどうかを高い信頼度で示すためのものであることを知っている。おそらくピーターソン自身は、企業内の職務が互いにどう関連しているかを理解する人と協力しながら企業の報酬データ一式を使って計算したことはないはずだ。ここでわたしは、女優で脚本家のティナ・フェイの言葉になぐさめを感じる。フェイは、大規模なテレビ番組の責任者としての職場経験を語るなかで、こう言っている。「その職場には〝制度化された性差別〟はないと気づいた。ときとして彼らは文字どおり、単にわたしたちが何を言っているのかわかっていなかったのだ[113]」。

報酬は、歴史的にブラックボックス化されてきたので、悪い考えや間違った仮説を生み出すことがある。誠意ある給与とは、どうすれば誰にとっても公正な給与を実現できるかについて、悪影響のない対話と教育の場を設けることを意味する。その対話には誠実さが必要だ。ピートが最初に世間の激しい非難を受けたあと発表した改訂版のエッセイにはこうある。「これについて率直な議論ができないなら、本当の意味で問題を解決することはできないだろう」。

この点については、ピートの言っていることは正しい。

1ドル当たり1ドル

混同は不毛な議論を生み進歩を妨げるので、同一賃金の分析には異なる種類があることを知らなければならない。「賃金格差分析」と「賃金平等分析」というふたつの方法は、賃金について異なる事実を伝えているので、企業はこの均衡のなかで生き延び、複数の事実を同時に語る方法を学ぶ必要がある。たとえばある会社の場合、賃金格差分析では、女性の給与は男性1ドル当たり85セントと報告しているが、賃金平等分析では、1ドル当たり1ドルという声に出して言える唯一の結果を達成しているかもしれない。企業がふたつの定義を従業員の想像に任せたままにしておけば、たとえそれが故意でないとしても、公正な給与に向けた改善は充分ではないと見なされ、給与の支払いかたに対する信頼性はさらに低下する。ここでは、なぜ企業は賃金平等の達成に力を注ぐほうを好むのかを説明したうえで、わたしが個人的に好んで使っている賃金格差の計算を、より総合的で共感しやすい進歩の指標として復活させるよう努めたい。

実を言うと、企業が賃金平等のほうに力を注いでいるとはつまり、少なくとも直接的に賃金格差を縮めようとしている企業はないということだ。たとえば、ある会社が賃金格差分析を行ったところ、男性の給与1ドル当たり女性の給与は80セントというアメリカ経済全体とほぼ同じ結果が出たとしよう。20セントの賃金格差を直接埋めようとすると、不可能ではないにしても、その手順はむずかしいことがわかる。女性の賃金（あるいは別の過小評価グループの賃金）を分子、男性の賃金（あるいは別のマジョリティーグループの賃金）を分母としてふたつの数字を検討する場合、その比率を調整するにはふたつの選択肢がある。

1. 男性の賃金を下げる。
2. 女性の賃金を上げる。

ほとんどの企業にとって、選択肢1は、会社から男性が大量に流出することになるので支持できない解決策だ（そういう措置の合法性はさておき）。会社の最低賃金を7万ドルに引き上げるために自分の給与を下げたCEOのダン・プライスはともかく、金銭的犠牲と公益を目的とするような会社をつくったのでなければ、従業員が減給に自発的にサインしてくれるとは思わないほうがいい。給与がいくらだとしても、当人は自分のライフスタイルをその金額に合わせていて、少しでも減るのは受け入れられないし生活に差し支えると考えるべきだ。それに、従業員全員にもっとお金を稼いでもらいたい。

残っているのは選択肢2となる。けれども、どうすれば女性の賃金を上げて格差を充分に縮められるだろうか？　数学的には、平均給与に基づいて賃金格差を計算するなら、ひとりの女性をCEOに任命して多額の給料を払うこともできるが、これも新たなトップ以外の従業員にとっては意味のある解決策ではない。かわりに、的を絞ったアプローチを取り、すべての女性の賃金を上げることもできる。問題はここからだ。男性従業員の15%が黒人だったら？　もしその会社に同程度の人種間の賃金格差もあるとすれば、人種間の賃金格差を縮めるために黒人男性の給与を直接上げると、分母である男性の賃金が増えることで男女間の賃金格差が悪化する。あなたは正しいことをしたいと心から思っているビジネスリーダーであり、誠意ある給与の実践者だが、使える資金は限られていて、ループにはまっている。

むしろ賃金格差があることに気づいた企業は、雇用慣行の見直しやジョブレベルの一貫した使用など、給与関連のデータに対処する解決策を引き出したほうが、間接的に賃金格差を縮め、的を絞った昇給を行うことができる。企業が最初に気づくのは、最上層部に女性やマイノリティーの人たちが少ないことだろう。2019年の時点で、フォーチュン500企業を率いる女性CEOの数は過去最多となった。とはいえ残念ながら、その数は500人中33人、つまり6・6%にすぎない。黒人のCEOはもっと少なく、500人中4人で、1%未満だった（前述のとおり、女性はひとりもいなかった）。CEOのデータは公開されているので、最上級職の多様性についてはほぼ完全に把握できるが、《フォーチュン》誌の調査では、リストに載った企業のうち、管理職の多様性データをすべて公開したのは3%のみだった。[114] わたしもたくさんの企業の名簿を見てきたが、ほとんどの会社は自分たちの成績を誇りに思っていないので、この情報を非公開にしているのだろう。給与格差を縮めるには、会社の管理職レベルでの代表性（レプリゼンテーション）の格差を縮めるしかない。

こういう問題が内在している場合、企業はまず、賃金格差データをジョブレベルのような要素に従って対象グループごとに切り分けることで、自社の現状を正当化し始める。するとそのアプローチは、本章の冒頭で紹介した、グループ間で平均賃金を比較するシンプルな賃金格差分析ではなく、6段階からなる統計的に調整された賃金平等分析に近いものになっていく。しかし賃金格差の問題はなくなったわけではなく、会社の判断によって新しい方法で提示されているだけだ。企業は、標準化されたGAAP（一般に公正妥当と認められた会計原則）と非GAAP利益（〝悪いものが出る前の利益〟と呼ばれることが多い）を使って収益報告で同様のゲームをすることで有名だ。たとえば、悪いもののなかには、既知の問題点が表面化するのを防ぐために従業員の一グループを除外したり、ボーナスや株式プールの最悪の外れ値が反映されない期間だけの基本給を調べたり、極端に低賃金の人だけを低賃金と見なすようなひどく狭い統計的信頼区間を選んだりするといった、自社のデータについての都合のよい（あるいは疑わしい）選択もある。不誠実な企業が賃金平等分析の比率を操作する方法はたくさんあるが、それは決まったルールブックがないからだ。

充分な資金力のある企業なら、このようなゲームを防ぐために、独立したベンダーによる正式な賃金平等分析を始めるだろう。外部のコンサルティングチームは、同じ割合の統計学者と弁護士で構成される。同様の資金力や、統計基準を満たせるだけの大規模な従業員のデータセットを持たない中小企業には、こういう選択肢がない。賃金格差計算法だけに集中し、自社のデータをどう切り取るかについての選択を誠実に行うしかない。

6段階のプロセスに基づく正式な賃金平等分析を行うには、何カ月もかかることがある。さらに厄介なことに、データを集めてから結果が出るまでのあいだも、ビジネスは止まらない。従業員は転職し、新人が入社し、チームが再編され、企業はその結果が数カ月前に見つかった問題を解決しているのか、その後新しい問題が忍び寄ってはいないか、確信が持てない。大手コンサルティング会社も、シンディオのような新興企業も、こういう時間的なずれを縮める有望なリアルタイムの解決策を提供し始めている。けれども当然ながら、どんな同一賃金調査も特定の時点での分析なので、企業は新入社員や退職者が現れるたびに給与を見直したり調整したりはできない。かわりに、年間の決まった時期まで先送りにして調整するだろう。前章で見たように、公正な賃金を実現するには、会社のカレンダーを活用する必要がある。

コンサルタントが企業の統計的に有意な賃金平等の外れ値を見つけたあとも、仕事は完了にはほど遠い。コンサルタントは、会社が問題を解消するために昇給分の小切手を書いて渡すべき従業員のリストを差し出してはくれない。企業はこれからどうやって格差を縮めるかを決めなくてはならず、そこにはいくつもの新しい課題がある。小切手の金額や枚数を増やせばいいという単純な話ではない。その人が過小評価グループに属しているかどうかにかかわらず、あらゆる負の外れ値を調整することにした場合、同一賃金のために全体の水準を引き上げることになる。潮がさせばすべての船が浮かぶが、マリーナの係留料金も上がってしまう。かわりに、過小評価グループに属する人たちの賃金だけを調整すれば、少ない支出で同等という同じ目標を達成できる。この場合、船体の穴をふさいで修理される船は数隻だけだ。どちらの選択肢も有効で、一方のほうが低コストだが、どちらもうまく伝えるのは簡単ではない。

同一賃金を真剣にとらえるとは、差をなくすことが1回限りの出来事や成果ではなく、繰り返しの分析と投資を必要とする継続的なプロセスだと理解することだ。クラウドサービス企業セールスフォースの創業者でCEOのマーク・ベニオフは、そのことを著書『トレイルブレイザー――企業が本気で社会を変える10の思考』で次のように述べた。「唯一の敵を特定して正面から立ち向かうことなどできないし、シンプルで普遍的な解決策を唱えることもできない。むしろそれは、静かに、いつでもどこでも、意思決定が行われる会議室の閉じたドアの向こう側で展開されている有害で広範囲に及ぶ問題なのだ」。

さらにベニオフは、自社で初めて同一賃金に向けた投資を行ったあとに起こったこと、このような投資を今後も続けなくてはならないと気づいたことについて、次のように説明している。「最初の監査をして300万ドルの修正を行った1年後、もう一度数字を出してみた。すると、前回の監査以降に給料が下がってしまった従業員の給料を調整するために、さらに300万ドルを費やさなければならないことがわかった」。継続的に調整を行う理由を説明するうえで、ベニオフは、セールスフォースが二十数社の企業を買収したので統合作業が残っていたと述べている。「わが社は彼らのテクノロジーだけでなく、給与慣行や文化も引き継いでいたのだ」。

セールスフォースは新入社員を除外してコストを削減し、見た目のよい結果を発表することもできたはずだが、すべての兆候から、公正な給与へ向けた責任を誠実に受け止めるつもりであることが見て取れる。世界屈指のビジネスパフォーマンス・ソフトウェアを開発した企業が、不公平な賃金は存在し、それは繰り返される問題であると言っているなら、信じたほうがいい。そう、あなたの会社も同じ問題を抱えているのだ。

同一賃金の実現をめざす企業はこれまで、1ドル当たり1ドルの賃金比率を達成することに力を注いできた。これを賃金平等1・0の頂点と考えてもいい。次のバージョンには、新しい見出しが必要だ。目的は比率を達成することではない。それは、企業がどの測定方法を選ぶかという誠実さに左右される。むしろ企業は、何人の従業員の給与が予測給与額を下回っていたか、その年の改善策にいくら費やしたかを報告すべきだ。同一賃金は、厳密で一貫性のある公開された方法で維持活動として構築され、新しい基準になる必要がある。企業は、同一労働同一賃金を達成したと宣言するかわりに、こう言うべきだ。「同一賃金を維持するため、今年度は次のような対策をとった」。ゼロに到達して（金は費やしたが従業員は低賃金のままで）そこにとどまっていれば、ただ底辺へ向かうだけの競争になる。

オプトアウトとコップアウト

1938年の公正労働基準法でアメリカに連邦最低賃金が導入されたとき、農業、ホテル、レストランなど黒人労働者が不釣り合いに多い部門は法律から除外されていた。そのような労働者に対して最低賃金が導入されたのは、人種隔離政策が（少なくとも法律上は）廃止されたのちの1967年になってからだった。最近の調査では、それ以降に人種間の所得格差が減少した原因のうち20％は、この最低賃金の改革にあることが示されている。[115]

これらの職務では、賃金上昇を支える複合的で法制化された賃上げが数十年にわたってほとんど行われていないので、市場で特に低賃金の職務であることも驚くには当たらない。いまだに残る賃金格差を縮めるために、企業はさまざまな職務が社内でどう評価されているのか、そこに至るまでどんな経緯があったのかについてきびしい問いを立て続けなくてはならない。意味のある賃金上昇から取り残されたままだが、変化を起こせば徐々に賃金格差を解消していける経済部門をすべて見つけるには、どのような選択をしていけばいいのだろう？　アメリカでは、雇用保護を独立請負業者にまで拡大することから始められる。彼らは現在、差別禁止法から除外されている。次章では、ギグワークで請負業者にますます依存するようになった世界で、そういう拡大策がいかに重要かを見ていく。

賃金プロセスへの信頼を築きたいなら、公正であるはずの自由市場が問題を解決してくれるのをどうやってうまく応援するかという微妙な計算をどれほどていねいに説明しようと、残っている賃金格差について言い訳することはできない。企業による同一賃金実現への期待はかつてないほど高まっているが、ほとんどの企業はもともとリスクを回避しがちで、同一賃金に関する社内の計算は社会の計算に遅れを取るだろう。厳密で完璧な1ドル当たり1ドルの賃金平等の比率を達成しても、しぶとい10%の賃金格差が残っているなら、さらなる努力を求められるだろう。そういう問題は一夜にして解決するわけではないが、だからといって企業の取り組みを止めてはならない。不可解なほど常に完璧な賃金比率を保っているが、結果は疑わしく、従業員の実感とは一致していないように思える会社よりも、給与比率は不完全だが、それを修正する思慮深く誠実な計画を持つ会社で働きたいと思う人がほとんどだろう。わたし自身も従業員のひとりとして、背後で何が起こっているのかといぶかるよりも、不完全な会社に守られていると感じていたい。

企業は、自社の給与やキャリア慣行のデータを精査し、それぞれが可能なかぎり公平か、あるいは隠されたペナルティーがあるのか、従業員に尋ねなければならない。リストのトップにあるのは、いわゆる「母親のペナルティー」と、それに付随する父親の昇進を修正することだ。ふたたびティナ・

フェイの言葉を借りれば、「働く母親の話題は、地雷原でのタップダンスのリサイタルだ」[116]が、公正な給与の話をするならそれを避けては通れない。

調査によると、女性は子どもを持つと会社からペナルティーを科される一方で、男性は報酬を受ける。母親は子どもひとりにつき4%もの賃金のペナルティーを受ける[117]。ただし、すでに会社のトップ10%の地位に就いているなら別で、その場合はペナルティーが消える。男性の場合は逆で、子どもが多いほど評価が上がり、賃金も6%上乗せされる。その一部は、悪意のないものかもしれない。理論的には、父親になると男性は成熟して責任ある仕事をするようになり、パフォーマンスが向上して給与も上がるはずだ（もちろん、これでは女性の賃金が下がる理由が説明できない）。しかしそれよりも、男性が一家の稼ぎ手の役割を果たしてきたことで、彼らの給与が女性の給与よりも重要だという印象が生まれたのだろう。昔から、（おもに白人の）男性が〝家族の給料〟を稼ぎ、女性は〝小遣い銭〟を稼ぐのが典型的な事例だった。

女性は男性よりも11年早く収入獲得力のピークに達する[118]。男性55歳に対し、女性は44歳だ。この差は、よく知られているガラスの天井効果を示唆していて、女性のキャリアと給与はたとえ男性と同じ速度で上昇しても、リーダーの地位にたどり着く前に上限に達してしまう。また、母親のペナルティーが累積し、昇進や給与見直しの資格や会社の最重要プロジェクトへの参加機会などに関わる昇給の障壁を会社が取り除いていない場合、女性のキャリアを通じた給与の伸びが鈍ることもある。すると、女性の給与は男性の給与に比べてはるかに遅れを取ってしまうので、格差はおのずと増幅され、女性はもはや次の大きな職務への〝準備ができている〟とは見なされなくなる（「ダグのほうがずっと給料が高いのだから、それだけの価値はあるはずだ！」）。子どもがいる女性の70%以上は有給の仕事に就いているのだから[119]、単に女性が親になるために職場から〝身を引いている（オプトアウト）〟わけではなく、そこにははるかに多くの事情が絡んでいる。

多くの研究によると、男女間の賃金格差は、女性がキャリアの天井に達したときや子どもを産んだときではなく、大学卒業直後から始まるという。そこには、ロースクールやMBAプログラムを修了してフルタイムで働く高給の卒業生も含まれる。子ども時代の小遣いにさえ、性別による賃金格差が見られるという証拠がいくつかある。[120] 2011年にチャールズ・シュワブ社が行った調査によると、家事や正式な仕事で10代の女子が稼ぐ金額は、10代の男子が稼ぐ1ドル当たり約73セントだった。大卒の母親の大半が、子どもを持つ前に学校を卒業する人生設計を立てているとすれば、女性が〝身を引いている〟と考えるだけでは、やはり最初の賃金格差の結果を説明できない。女性が、給料の低い会社の職場環境こそが自分の将来を支えてくれると期待して、そういう会社に就職しているなら別だが……。個々の企業では、キャリアの初期にある女性たちに賃金格差はないかもしれないが、全体としては、会社独自の選別効果が性別をめぐっていくらか働いているのは明らかだ。つまり、賃金差別が存在すると考えるか、女性が意図的にトータルリワードの罠にはまり、最初から公正な給与を犠牲にして、より柔軟な勤務形態や福利厚生を選んでいると考えるかのどちらかになる。法学部出身者なら、これを悪影響と呼ぶだろう。MBA取得者なら、双方に不利な状況(ルーズルーズ)と呼ぶだろう。

ビジネスリーダーのみなさん、どのようにして会社の新米ママの信頼を得ていくか、よく考えてほしい。精査されない運営手法のせいでペナルティーを科される人が誰もいないようにするのが、あなたの責任だ。あなたの会社では、育児休暇を取っている人は、休暇中の給与見直しから除外されているのだろうか？　ボーナスプールは比例配分されているのだろうか？　有給休暇はまったくないのだろうか？　アメリカの労働者の4分の1（ほとんどが低賃金で、ほとんどがマイノリティー）には有給休暇がなく、アメリカは先進国のなかで唯一、いまだに有給休暇を法制化していない。有給休暇を与えないことで、あなたは女性（あるいはその他の主な保護者）に、生活費がこれまでよりはるかに高くなっている時期に、減給（と、おそらく永久的なキャリアへの打撃）を受け入れるよう求めている。その女性たちが、会社の業績を支えるチームや戦略の開発に貢献したことは間違いない。なぜ彼女たちも同様に報酬を得ることができないのか？　女性が〝身を引いている〟という言い訳は、たいてい会社が責任を〝逃れている〟（コップアウト）ことを意味している。

　もしかすると、妊娠（Pregnancy）を5番めのフェアペイのPにすべきかもしれない。

ゼロに到達してそこにとどまること

同一賃金を達成して維持することは、会社の報酬チームだけの責任ではない。公正な給与を実現するには統合的なアプローチが必要で、多くの物事をうまく進めなくてはならない。法律を制定して、最低限だが意味のある一貫した基準に従うよう企業に求めることもできる。たとえば、少なくとも年1回必ず、統計的な外れ値がないか給与の見直しを行うこと、その方法の透明性を高めて従業員に公開すること、そして報告書を収支決算といっしょに開示することなどだ。企業はさらに一歩進めて、人材の発掘から雇用、業績管理、昇進、そして退社に至るまで、従業員のライフサイクルのあらゆる段階で公平性を確保するよう努力できる。ピートたちには簡単にできるはずだ。ただ先入観を持たずオープンな姿勢でいればいい。

　世間の人々は、企業が単独で同一賃金の問題を解決することに信頼を置きすぎている。力の分担という考えが熱意を持って受け入れられることはないだろう。キャリー・グレイシーはこう言っている。「賃金は力関係であり、従業員は給与について話し合う際、巨大な不均衡を感じざるをえない。雇用者はあなたの職務、収入、職業上の評判を支配している。すべての情報、経験、そして弁護士を備えている。ゲームのやりかたを知っているのだ[121]」。

グレイシーの言うとおりだ。黄金律（ゴールデン・ルール）〔「おのれの欲するところを人に施せ」というキリストの教えのかなめとされる行動規範〕の古典的なもじりでは、金（ゴールド）を持つ者がルールをつくると言われる。企業は公平な給与のための金を持つだけでなく、ルールも決めている。鉱山も、つるはしも、一枚だけの地図も、環境調査の原稿を書くペンも、すべて所有している。わたしの同業者である報酬管理の専門家たちが舞台裏で多くの成果を上げている一方で、同一賃金に向けた既存の法的枠組みは、たとえいくらか進捗があるとしても、企業がその進捗について透明性を持って語ることを妨げている。はっきり言って、多くの企業が今のやりかたを好むのは、説明責任から逃れられるからだ。改善する意志だけでは不充分であり、力を持つ者があらゆるルールをつくっておいて、それを破ってもなんの報いも受けずにいるのは許されない。法律の制定でビジネスリーダーシップ全体を機能させなければ、進歩は遅く、賃金は不平等なままだろう。アフリカ系アメリカ人の活動家フレデリック・ダグラスが言ったように、「要求がなければ、権力は何も認めない」。

もっと力を分散させて均衡を保てば、給与の話をタブー視する風潮を打ち破り、ピートの一団に対抗できる。既存の構造的な力の不均衡を自発的に認めていくらか権限を譲り、ブラックボックスをあけて賃金の仕組みを説明し、報復を受けずに賃金について話し合える場をつくり、同一賃金の分析と報告に関するごく基本的な法的標準化を回避するために闘うのをやめれば、残っている賃金格差を思っているよりもずっと早く縮められる。

ある長期研究では、企業が給与プロセスに組織的な説明責任と透明性を導入すると、確かに賃金格差が縮まることがわかった。過去の給与データを使って、給与差の許容できる理由すべてを調整したところ、女性の年間昇給率は男性よりも0・4%、黒人従業員の昇給率は白人従業員よりも0・5%

低い程度にとどまった。正式な基準とプロセスを構築し、給与決定を調整、監視、却下できる委員会を設置するなど、説明責任と透明性を高める一連の対策に乗り出したところ、説明できない格差が消えたのだ。マサチューセッツ工科大学教授のエミリオ・J・カスティーヤは、この結果をまとめてこう書いている。「意思決定者が公正な決定をすることに責任を課されるとわかっていれば、人口統計上の偏りは生じにくくなるだろう[122]」。

とはいえ、社内方針変更の効果を測定するためにこのような対照研究を行う学術部門や、統計的に厳密な正式の賃金平等分析を行うベンダーを雇えるのは、大企業だけだ。しかしどの企業でも、社内で何が起こっているのかを知るために、賃金格差のデータ表を作成することは簡単にできる。不平等な賃金はたいてい、「メイヴは女性だから給料を下げよう」とメールで言うような、あからさまな形では起こらない。賃金差別はほとんどの場合、悪しき慣習の積み重ねや、社内ガバナンスの不備、ビジネスリーダーが社内で発生している不協和音に気づけないか、気づこうとしないことから生じる。監視されていない給与慣行は、のちに給与調査データに現れ、不公正な賃金の永続的なサイクルと、市場のありかたに対する誤った意識を生み出し、従業員はなぜなんの変化も起こらないのかと首をひねるしかない。

規模の大小にかかわらず、あらゆる企業は最低限の基準としてシンプルな賃金格差分析を使える。だからこそ、わたしは賃金格差分析法を支持しているし、厳密なのはうわべだけかもしれない調整後の結果を選んでこちらの分析を早々に退けるべきではないと考えている。賃金格差分析では、業種を越えて大企業と中小企業を比較でき、それぞれについて似たような疑問が提起される。上層部の大半が男性なら、もちろん賃金格差の数字は大きくなるだろう。では、なぜ上層部の大半が男性なのか？女性の労働時間が男性より短いなら、会社のスケジュール管理や休暇の方針は報酬の選択にどんな役割を果たしているのか？　男性のほうが女性全般よりも生産性が高いことを会社は示せるのか、あるいは男性は単に、配偶者が家庭生活での無給の仕事を必要以上に担っているおかげで、指導的役割に早く到達できるのだろうか？　マイノリティーグループの賃金格差は本当に〝パイプラインの問題〟（おもにテクノロジー業界で、確保できる人材の不足で多様性が欠如している問題）のせいなのか、それとも不公平な昇進慣行や、リソース不足の開発プログラム、社内での推薦や多様性のない学術プログラムに関わるえこひいきのせいなのか？　過小評価グループに属する優秀な人材が会社を去ろうとしているなら、あなたが計算をする前に、彼らは結果をじかに感じていると考えるべきだろう。

　今日まで、ほとんどの大企業は、世界的な賃金格差のデータの公表に取り合わないか、積極的に反対するかだった。2020年、フェイスブックの取締役会は、世界的な賃金格差のデータの中央値を公表するという提案の拒否を、株主に促す声明を発表した。取締役会はこの提案を「不要であり、株主にとって有益ではない」とし、会社は「過去4回の年次総会のたびに同様の提案を拒否してきた」と述べた。取締役会は長い前口上のなかで、会社での多様性とマイノリティーの代表性（レプリゼンテーション）を高めるための取り組みをひとつずつ読者に説明し、複数年にわたって100%（1ドル当たり1ドル）の世界的な賃金平等を達成しているとアピールした。フェイスブックは、現在の標準である賃金平等1・0のもとでは合法的なリーダーシップを発揮しているが、誰にも強制されないので、共有に応じるデータを制限している。おそらく暗黙の理由は、そのデータが会社にとって不名誉であるうえに、一般読者にとっては論争や混乱を招くものだからだろう（本書を読んだあなたは動じないだろうが）。現在の状況では、自発的に立場を変える企業はほとんどないだろう。

　ここでもまた、ビジネス・ラウンドテーブルのメンバー企業は、世界的な賃金格差分析法に不可欠な要素について意見をまとめ、自社の世界的なデータをいっせいに発表することで、率先して進歩をめざすチャンスを手にしている。実践すれば、（数学上の）血が流れるだろう。しかし、不名誉な事実をさらすことで、市場の他のメンバーがあとに続き、改善に向けた新たな基準がつくれるだろう。厳密に法的な意味での私利に従って、賃金格差を縮めるため今すぐ真摯に取り組めば、のちにいっそう高くつくことになる国家レベルの規制を避けられるかもしれない。

これまでに受けた就職面接のなかで最もスムーズに進んだのは、わたしが同じフロリダ大学の出身だと最高幹部が気づいたときだった。わたしたちは母校のバスケットボールチームとその歴史的な連覇について25分間話し、仕事の技術的な部分については残り5分ですませた。避けようのないことだった。わたしたちは経歴や物腰、そう、社会経済的な属性まで似ていたのだ。この職務に就けたのはおもに技能のおかげだと思いたいが、共通の経験をすぐさま構築できた能力（あるいは運）が役立ったのは間違いない。ほとんどの人が、同じような方法で職を得ている。少なくとも職務の70％は、ネットの応募者のなかからランダムに選ぶのではなく、個人的なつながりによって決まっている。[123]

交渉においては共通のつながりをつくることが重要だと、この研究は示している。そして、自分の技能と、つかみどころのない〝カルチャーフィット〟〔企業文化になじめていること〕の両方を明確にすることが目的の就職面接は、交渉以外の何物でもない。あまり知られていないが、ここにも男性が有利な点がある。男性は世間話をしながら交渉をリードすると、すぐさま本題に入る人に比べて好ましい印象を与えるので、自分に有利な条件を引き出しやすいことがわかった。ここでの例に当てはめるなら、職を得られるということだ。研究によると、女性は同様の行動を取っても利益がほとんどないという。[124]

白人以外のグループは、面接の段階にたどり着くまでに余分なハードルに向き合わされる。マイノリティーの求職者は、履歴書を提出する前に、自らの人種を推測させるような学校やサービス機関に関する記述を削除して〝白人化〟すれば、面接を受けられるチャンスが2倍になる。[125] 公的に多様性に積極的な立場を取っている企業でも、そうでない企業でも効果は同じだ。別の研究によると、エミリーやグレッグなど〝白人風〟の名前を書いた応募書類は、ラキーシャやジャマールといった名前を書いて提出した同じ応募書類よりも、面接まで進める確率が50%高くなったという。[126] これらは、企業世界における〝試験前のマラソン〟と呼ばれている。こういう問題は、たとえプロセスの速度を落とすことになってもすべての求職者が公平に扱われるように、社内のしっかりしたスポンサーシップ制度と代表者からなる採用パネルを設けることで解決できる。大手企業の女性リーダーのうち、90%は職場に公式のスポンサーがいる。[127] 振り返ってみれば、バスケットボール好きの非公式のスポンサーが、本書を含めたわたしのキャリアの行く先を決めたのかもしれない。

大きな賃金格差は、雇用に関わるすべての分野で格差がある企業にとって、最終段階の指標だ。賃金の公平性は、プロセスの公平性とキャリアの公平性がなければ生まれない。そして解決策は、個々の慣行を変える間に合わせの調整ではなく、キャリア全体を考慮した包括的なものでなくてはならない。企業がリーダーシップのあらゆるレベルで従業員と顧客基盤を代表しているかどうか確かめることで、変化を起こせるだろう。統合され慎重に重複性を持たせた慣行を導入し、公正な給与をたゆまず追求するうえでの盲点をなくそうと努めれば、マイノリティーの代表性(レプリゼンテーション)を高める機会が生まれる。力は数によってもたらされるものだから、代表性(レプリゼンテーション)は力を生み出す。

おおぜいで声をあげることにどんな力があるか、アイスランドの例を見てみよう。1975年、アイスランドでは女性の90%がストライキを決行した。本業や有給の仕事だけでなく、家事や育児などの無給の仕事も放棄した。当時、賃金格差ベースで、女性の賃金は男性の賃金の60%にも満たなかった。翌年、アイスランドでは初の同一賃金法が成立した。現在アイスランドの女性たちは、デモの記念日には毎年、1日のうち賃金格差のせいでただ働きに相当する時間分を残してあらゆる仕事を中断し、行進を始める。女性たちは進歩を祝うとともに、やり残している課題を認識する。2005年には、デモは午後2時8分に始まった。2008年には、2時25分に出発した。そして2016年には、2時38分になった。このペースで行くと、行進は2068年まで終わらない。[128] ほとんどの国では、最後の行進をする世代はまだ生まれてもいない。

賃金格差は存在するのか、それは解決すべき問題なのかという議論はもうやめよう。賃金格差は給料を支払うずっと前に始まっているが雇用体験全体に関わっていることを認識し、いかにも健全に見せかけるのはやめて本当の進捗状況を報告することで、もっとしっかりしたビジネスと、家族を抱えた従業員の生活を築いていける。たゆみなく努力すれば、これまで思っていたよりずっと早く、行進用のブーツを脱げるだろう。

8. 給与制度は崩壊する?

未来の仕事はすぐそこまで来ていて、現代の人々の職務にも具体的な関わりがあるという。すでにきらびやかな会議や、政府のタスクフォース、コンサルティング会社などが、根本から職場が変化する未来をみんなが進んでいけるよう手引きしている。そこでは人工知能が、人類を全知と退化の交配種のようなものに貶めるつもりだというのだ。2019年5月、インターネットの検索頻度の推移を示すツール、グーグルトレンドでは、〝未来の仕事(future of work)〟という言葉が最高点の100点を記録し、2013年5月の3点という低い点数から大きく上昇した。

提案されている未来では、キャリア生活での自己実現は成し遂げられているはずだ。上司が権限を与えてくれれば、好きなときに、好きな場所で、好きなように働ける。まだ自由さが足りないというなら、この未来では、自分が自分の上司になれる。未来の仕事への動きは、ボトムアップの改革だけではなく、経営企画部門にも及んでいる。華やかなものを追いかけがちな中間管理職は、ビジネスの機動性を〝解き放つ〟究極の解決策としてこの未来をもてはやす一方で、経営陣は、コストの推移とリスク軽減の機会を静かに計算している。この未来を追う試みは、もう何十年も前から行われている。実を言うと、2004年4月にも、〝未来の仕事〟はグーグルトレンドで100点近くを記録しているのだ。これまでと違うのは、今ではこの未来を実現するためのテクノロジーがあり、どこでも、現実に新しい未来をあらゆる職務に適用していけるということだ。未来の仕事は、今では「未来の仕事™」になった。キーボードを持ち上げろ、わたしたちは包囲されている。

未来の仕事の展望には、祝福と警告がある。明るいバージョンでは、未来はアプリが利用可能な『スイスのロビンソン』〔デフォー『ロビンソン・クルーソー』を下敷きにしたヨハン・ダビット・ウィースによる児童文学作品〕のようになる。ロボットがメールや不労所得の流れを監視しているあいだ、わたしたちは夕焼けを絵に描いたり子どもと遊んだりして至福の日々を過ごす。あまり明るくないバージョンでは、わたしたちは蹂躙され、映画『マトリックス』で培養される胎児のようなものに貶められる。人間は生きるために生まれるのではなく、機械の支配者の動力源となるために培養されるのだ。もしかすると、両方の未来が同時に存在するかもしれない。少数の特権階級が絵筆を手にし、残りの人々は電源につながれる。このすばらしい新世界に人々を導くのは、ボブ・ロス〔テレビ番組『ボブの絵画教室』で有名なアメリカの画家。穏やかな語り口で「小さな幸せの木」の描きかたを教えてくれる〕のような管理職の誰かで、コンサルティング料を取って、わたしたちの存在に関わる雇用不安に、小さな幸せの木を接ぎ木する手助けをしてくれるだろう。

「未来の仕事™」は、実のところ、未来の〝力〟についての話なのだ。雇用者の力のモデルについては、賃金を通じて力が弱まるにつれて、何が公正な結果につながり、何がつながらないかはすでにわかっている。未来の仕事が雇用の解体（崩壊！）を意味し、作家のダニエル・ピンクが昔〝フリーエージェント社会〟と呼んでいたように、ひとりひとりが自分の雇用条件を決めるようになるなら、次に起こるのは賃金の解体だろう。便宜上、この新しい仕事の信奉者をFOWL（Future of Work Leaders）と呼ぶことにする。彼らのモデルが現在のルールのなかでどのように機能するのか、その未来を追う価値が今もあると信じていいのか確かめるために、すでにFOWLとなっているグループを見てみよう。

未来の賃金は、過去と現在の賃金と同じく、自分たちでつくるものだ。前章に続いて本章でも、フェアペイ・ミックスモデルの〝力〟の要素を深く掘り下げていく。力のありかたによって、社会や法律の変化で、望ましい未来が実現することもあれば、妨げられることもある。ディストピアへの道を歩まないようにするため、ほかの人たちより未来の仕事に向かって進んでいる雇用グループに焦点を当て、すでにフェアペイ・ミックスが活用されたり阻害されたりしている場に注目しよう。それは、経営幹部、フランチャイズ従業員、ギグエコノミーワーカー、そしてアーティストだ。経営幹部は人々の理想を体現している。それぞれのPは適切に機能し、結果として賃金の上昇はとどまるところを知らない。ほかのグループでは、どのPも機能していない。まず基本的な力を確立しなければ、プロセス、優先、許可という選択肢で公正な給与を得る試みは効果を発揮しないからだ。

雇用の解体による賃金の問題は今に始まったことではないが、現時点で直接的な影響を受けていない大多数のオフィスワーカーによって、ずっと隅に追いやられていた。今や状況は変わった、とFOWLたちは言う。「未来の仕事™」は目の前にあり、もう後戻りはできない。

彼らの言うとおりなら、何を選ぶかははっきりしている。公正な給与を事業経営の入場料に組み入れることで、未来のために機能する未来の仕事をつくっていける。誠実さと透明性を持って事業に取り組むことで、新しい技術ツールを善のために使って過去の過ちを正し、現代の法的枠組みによって力をもっと適切に分配することができる。あるいは逆に、給与を与える側と受け取る側の力の差を深める制限のない新技術で加速された未来の仕事を追い求め、最低賃金の保護や労災補償、有給休暇、ヘルスケア、退職金など、長年にわたってシステム全体に弾力性を持たせるために（文字どおり）闘って勝ち取ってきたすべての制御装置を停止させてしまうこともできる。

世界最大のヘッジファンドの創設者で、『PRINCIPLES（プリンシプルズ）——人生と仕事の原則』の著者であるレイ・ダリオは、人々がすでに胎児培養場の方向へ進みすぎていて、「持てる者は上昇し、持たざる者は下降する自己強化型のスパイラルをシステムが生み出している」ことを心配している。同感だが、ダリオが〝自己〟と見なすシステムが、勝手にそのスパイラルを生み出しているとは思わない。そのスパイラルは、人々が何を許すことにしたかを示しているのだ。ダン・ヒースが著書『上流思考——「問題が起こる前」に解決する新しい問題解決の思考法』で述べているように、悪い結果も含めて「すべてのシステムは、得たままの結果を得るよう完璧に設計されている」。「未来の仕事™」にはもっとよい給与制度が必要だ。

FOWLたちを頭から否定するつもりはないし、あまり冷笑的になるつもりもない。働きかたは確かに変わりつつある。新しい世界では、技術革新反対論者（ラッダイト）たちは食べていくのに苦労するだろう。テクノロジーは急速にあらゆる人の働きかたを根本的に変化させていて、かつては仮説として考慮されていた疑問が今では必須となっている。一度にひとつの会社でしか働いてはいけないのか？　決まった曜日に決まった時間働くのが理想的なのか？　全員が好きでもない都会に住み、交通渋滞で時間を浪費し、楽しむ余裕もないまま地球に害を与え続けるべきなのか？　誰もが副業を持つ必要があるのか？　自宅で仕事をするようになっても、コンピュータがメールトラッキングツールと生徒追跡用ビデオ通話を備えた円形刑務所になってしまうのか？　権力者と、オンデマンド式清掃員や配達員や保育士からなる新しい使用人階級とのディストピア的な二分化を避けられるだろうか？　未来が今ここにあるとすれば、わたしは不安を覚える。

わたしたちの選択は、もはや周縁部にいる人たちだけに影響を及ぼすのではなく、周縁部を固定することで、あらゆる人にとっての雇用者の力の基盤をリセットしている。2014年、フェイスブックはスタートアップ時のスローガン「すばやく動いて破壊せよ」を取り下げ、もっと弾力性のある「安定したインフラですばやく動け」に変えた。これは適切なヒントであり、すべての従業員とその給与にも適用すべきアイデアだ。よりよい給与のモデルには、より安定したインフラが必要で、安定性は意図的な力のバランスによってもたらされる。わたしは、力のバランスが悪すぎる場で未来の仕事がどう展開しているかを最前列の席で（ときには運転席で）見てきたが、未来の仕事も、未来の給与も、これからはるかによくなると信じている。しかし、慎重にならなければ、今度は誰にも手に負えないほど悪化する可能性もある。

CEOの組合代表

賃金の歴史は定まったものではなかった。何年ものあいだ、戦時には給与に上限を設け、平時には給与の上限を外し、学者の気まぐれで給与を再編成し、税法によって給与の制御を失ってきた。何年にも及ぶ策謀を経て、経営幹部たちは今、株価の上昇に応じて株主から手数料のようなものを受け取る一方で、損失を被るリスクからはある程度守られるというライン・オブ・サイトの業績制度に基づいて報酬を得ている。これが現代人の設計した、頂点に立てば金が儲かるというシステムだ。

経営幹部が特別扱いされるのは、人々が彼らを有名人や、場合によっては半神半人に近い〝他者〟と見なしているからだ。彼らは雇用の創出者、世界の建設者として称賛され、宇宙の真の支配者として神話化される。彼らは〝つくる人〟であり、そのほかは〝受け取る人〟なのだ。こういう創造の物語は、単なるたとえ話ではない。ノースカロライナ大学チャペルヒル校は、ある調査を行い、アメリカのキリスト教徒に神がどんな姿をしていると思うか尋ねた。すると、現れた合成画像は、古代イスラエルで労働者階級の両親から生まれた息子の姿ではなく、《フォーブス》誌が次のような示唆に富む見出しで描写した姿だった。「科学が明らかにした神の顔は、イーロン・マスクに似ている」[129]。

ビジネスリーダーを、崇高な目的に従って人々の生活に善をもたらす現代の救世主として見ている人もいる。経営者自身も、多くはこんなふうに自分を見ている。作物を潤す雨と引き換えに、見境なく無数の血の犠牲を求める者として神々を見る古風な人もいる。どちらも、共生をめざす信念体系ではない。経営幹部、とりわけ次世代のビジネスリーダーたちに対する不満と怒りの声は高まり、決定的なものになりつつある。わたしも属しているこの世代は、親世代のような経済的安定を経験していない。経済的安定どころか、急速な経済成長が一部の人間に集中し、よりよい明日という偉大な約束が、〝通常の〟歴史的な不況のサイクルよりはるかにひどい世界的な経済崩壊でたたきつぶされるのを見てきた。多くの先進国で現在の傾向が続けば、わたしたちは親世代より高い教育を受けたにもかかわらず、親よりも生涯年収が低い初の世代になるだろう。これに対して、人々はウォール街を占拠し、自分たちが主導権を握ったら億万長者（キャンセル・ビリオネア）を消し去ると約束した。この原稿を書いているあいだにも、世界的なパンデミック、大恐慌時代並みの失業率、過去数十年で最悪の人種間の不穏状態を同時に経験している。左も右も、多くの人が革命を望んでいる。ほとんどの人は、どれほど不平等な状況にあるかを過小評価している。

アメリカ人に、CEOの給料は一般労働者の何倍だと思うか尋ねると、30倍くらいという答えが返ってくる[130]。50年前には、それが正解だった。現在ではその10倍、つまり一般労働者の給料の約300倍だ。続いて、理想的な比率はどのくらいであるべきか尋ねると、7倍くらいが適当という答えだった。21世紀のアメリカ人は、紀元前4世紀のアテネ市民と驚くほどよく似ている。プラトンは、最高所得が最低所得の5倍以下であるべきだと考えていた。より現代的な比較をしたのはピーター・ドラッカーで、1984年に、適切な比率は20倍であるべきだと述べた。世界的に、CEOと労働者の給与比に大きな開きがあるのはめずらしくない。とはいえ、どこもアメリカほど極端ではない。自分のことを世界に通用する人材だと考えている経営幹部は、(アメリカで)基準が設定されれば、他の国もすべて従うべきだと思っている。ただでさえ金持ちを食べてやりたいと思っていた人たちが、まだ前菜のメニューしか見ていなかったことに気づいたら、何が起こるだろうか?

プラトンどころかドラッカーの時代に比べても、企業はより大きく複雑になっているが、役員報酬の増加率は企業の規模や業績、あるいは業界によって完全に説明することはできない。アメリカの上場企業で給与の開示が義務づけられている報酬額上位5人の経営幹部(NEO)の給与は、これらの要素だけで決定されるなら現在の半分程度にしかならないだろう。[131] 企業とその職務上の責任の大きさなど、明白な計算で給与が説明できないなら、方程式にはもっと多くの変数があるはずだ。この追加の変数は、フェアペイ・ミックスで説明できる。

役員報酬パッケージの設計を生業としているわたしの同業者で、現在の役員報酬のエコシステムに存在する問題を知らない人はいない。レイ・ダリオが警告している自己再生型スパイラルを生み出すよう完璧に調整されたシステムだ。すべての企業がいっせいに飛び降りでもしないかぎり、乗り続けるしかない回転木馬のようなものだと誰もが知っている。今あるシステムの解体は起こりそうにないので、それよりもわたしの関心は、役員報酬から得たどんな教訓をあらゆる人の報酬に適用できるかに向いている。だから、正確にいくらなら充分なのかや、適切なCEOと労働者の賃金比率はどのくらいであるべきなのか(はっきり言えば、もっと低くなるべきだ)など、役員報酬を公正にするのに不可欠なものについての議論に時間を割くことはしない。理由はこのセクションで後述するが、大声でそういう主張をしても、耳を傾けてはもらえない。それよりも、役員報酬のどこが特有なのかや、どうやって経済の重力をうまく制御してきたのかを、フェアペイ・ミックスでどう説明できるかに注目し、その教訓を他の人々に当てはめてみよう。

アーチ・パットンが基本的な給与調査を行った時代以降、たくさんのことが起こった。今では、正確な〝市場〟相場の算出に使える既定の回帰方程式を備えた役員専用の給与調査があるだけでなく、報酬委員会やコンサルタント会社、グラス・ルイスやインスティテューショナル・シェアホルダー・サービシーズ（ＩＳＳ）などの第三者監視機関も設立され、物事を動かし続けている。これらのオブザーバーはそれぞれが独自の計算を行い、会社が乗り物から降りるのが早すぎるときには喜んで教えてくれるだろう。

役員報酬で最も重要な役割を果たすのは、会社の取締役会から選ばれた小集団である報酬委員会だ。委員会は、報酬額上位５人の経営幹部の給与と、会社の全体的な報酬哲学を設定する任務を負う。次に、社内の報酬チーム（わたしのような仕事をしている従業員）が、そのガードレールを使って、全従業員の給与を設定する。委員会のメンバーは、この仕事の報酬として現金や株式を受け取るが、はるかに実入りのよい本業として他社のリーダーの地位に就いている（あるいはそういう地位から引退している）ことが多い。つまり、多くの委員は間接的に自分の利益を代表しているので、あまり突っ込んでプロセスに疑問を唱えたくない動機がある。報酬委員会は、役員たちの組合のようなものだと考えてほしい。

それでは、フェアペイ・ミックスが報酬委員会にどのように適用されるか、いくつのＰが働いているか見てみよう。

優先――報酬委員会という名前そのものに、優先権がある。委員会には目的があり、その目的は報酬だ。チェック。

許可――取締役会が新しいCEOを決めるとき、報酬は最後のハードルになる。取締役会と候補者のあいだの打診はかなり前から始まっていて、今では意気投合している。移行計画が進められ、この人物がいかに会社の（次なる）不朽の王（たいていは男性）あるいは女王としてふさわしいかについて株主を納得させるためのプレスリリースが作成されている。候補者はおそらく、尋ねてもリスクはないので、さらに多くの報酬を要求するだろう。金のような些細なことのために今さら引き返すのは、どちらにとっても愚かに思える。ポーカーのプレイヤーはこれをポットコミットと呼ぶ。取締役会は、候補者が主要なサインオン・ペイを含む入社時の給与について交渉するだけでなく、多くの場合、最終的な退職条件についても事前に交渉することを予期している。ときには、次期経営者が自らの物理的な転居を要求することもある。これがきっかけとなって、ワインコレクションや馬の輸送を専門とする法人転居業者の家内工業が生まれた。役員へのメッセージは、求めよ、さらば与えられん。チェック。

プロセス――報酬委員会は、役員報酬を設定する最終的な責任があるかもしれないが、自分たちでスプレッドシートを開いて入力するわけではない。アーチ・パットン式の専門知識と独立性を提供するコンサルタント会社が雇われる（そして継続的に雇われることを望む）。会社の報酬チームが提案することもある。そう、会社には、自分の上司の上司の上司の上司の給料がいくらであるべきかを提案する従業員がいる。どこに問題があるのか？　報酬の見直しを頼まれていない団体までもが、とりあえず提案をするだろう。たとえば、同業他社の選考プロセスを把握している監視団体が、似たような規模や業界の企業との比較を計算してくれる。つまり、経営幹部はたくさんの異なる情報源から自分の給与についての定期的な報告書を受け取っていて、自分たちに関するかぎり、合格点はAだけなのだ。チェック。

力——従来の経済理論によれば、給与の最高額に上限を設けると、人は昇進を受け入れる気や、最高の仕事をする気がなくなるという。したがって、給与に上限を設ければ誰もトップに就く契約には応じないだろうし、給与の報告書がB評価で戻ってきたら全力を尽くして働いてはくれないというのだ。昔の経済学者は、大物のビジネスリーダーと直接仕事で関わることはあまりなかったのだろう。そういう職務をいやいや引き受けたり、数十年にわたるキャリアを慎重に計画せずに引き受けたりする人はひとりもいない。ある程度の金額、つまり隣席の人より約1ドル多くなれば、地位は給料と同じくらい（あるいはそれ以上に）重要になる。また、経営トップは、自分が交代すれば取締役会が多大な変更管理業務とリスクを負うことになり、採用ミスをしたという悪い印象を持たれてしまうこともわかっている。次期CEOは、新しい取締役の選抜に発言権を持つので、取締役たちは自分の地位を危険にさらすことになる。直接関与している人たちにとっては、CEOが明らかな失敗をしていないかぎり、役員報酬を維持し、権力の力学に疑問を唱えないことが最善の利益になるのだ。チェック。

フェアペイ・ミックスの4つのPがすべてチェックされ、機能していれば、給与の増加はあとからついてくることがわかる。給与が成層圏にまで達したのは、フェアペイ・ミックスの各要素が可視化されて、義務づけられた役員報酬の透明性が促進剤として働いているからこそだ。役員報酬に透明性がなければずっと低く抑えられたのではないかと反論する人もいるだろう。この理屈はもっともらしく聞こえるが、わたしは透明性を低くすることが給与問題の正しい解決策だとは思わない。それよりも、役員報酬モデルをあらゆる人に適用して、給与の透明性をさらに高める努力をし、そこから給与を増やすための適切な支援インフラを構築していくべきだ。

役員は自分の給与に対する蔑みの言葉を聞き慣れているが、誰であれ、今より高い給与を提示されて断る人はほとんどいないだろう。優れたリーダーの存在は重要であり、その業績には充分な報酬が与えられるべきだ。しかし、力に対する抑えが利かないと、最高の報酬が得られるのは高い成果を上げた人だけでなく、たまたま幸運に恵まれた人になりうる。あらゆる仕事において、成果のシナリオは4つしかない。高くて幸運、高くて不運、低くて幸運、低くて不運。役員報酬は、そのほとんどが会社の株価に基づいているので、全体的な経済状況がよければ思いがけない利益がランダムに入ってくる一方で、運の低下はあらかじめ決められた退職パッケージと取締役会の裁量で守られている。何が起こっても給料が支払われることを、どんな制度と呼ぶべきだろうか。それも成果に対する給与なのか、あるいは保護としての給与のようなものか。どちらにしても、他の従業員すべてに同じルールが適用されなければ、それを公正な給与と呼ぶわけにはいかない。

資本主義のよき天使から全員に向けた啓示でもないかぎり、役員報酬を抑えたり、会社の下層に資金を向け直したりするには、企業の機会費用の計算を変えるための法律が必要になる。労働者より役員を選ぶ企業にはきびしい罰金を科すとともに、高額所得者の1ドル1ドルに報酬をもたらすインセンティブを排除する高度に累進的な（そして強制的な）法人税および個人所得税を導入しなければならないだろう。これらはむずかしい問題なので、ひとまず〝億万長者を消し去れ〟と書かれたマグは下に置いておこう。こういう変化を起こすための政治的な意志が存在するとしても、法律制定と罰金だけでは、役員たちがフェアペイ・ミックスでフラッシュを引き続けているという根本的な問題を解決することはできない。大企業の場合、役員報酬を半分またはゼロまで下げても、すべての労働者に再分配するために蓄えられる金額はそれほど大きくない。わたしの概算によると、ほとんどの大企業では、経営幹部の総収入は会社の給与予算全体の5％以下、つまり会社が毎年の昇給に費やす金額とほぼ同じだ。ここにはふたつの教訓がある。ひとつめは、第2章で見たように、多くの企業は賃金支出全体にそれほど影響なく（額面は大きく見えるかもしれないが）最低賃金労働者の生活を劇的に改善できるということだ。ふたつめは、従業員全員に意味のある昇給を行うには、金持ちから搾り取るだけでなく、もっと包括的な解決策が必要になるということだ。

役員報酬を抑えるための最新の試みは「名指しで非難する（ネーム・アンド・シェイム）」法律で、最も常識外れな役員報酬パッケージを可視化して、一般の人々のきびしい視線にさらすことを目的とする。CEOと労働者の給与比の公表はこういう法律の一例であって、結果は興味深い読み物や毎年の見出しのネタにはなるものの、効果は限られている。衝撃度は徐々に薄れ、数字は正当化されやすいからだ。比率が最大の企業はたいてい、高度に分散されたグローバルな雇用主でもある。たとえば、世界的な玩具メーカーであるマテルについて考えてみよう。2020年、会社は30対1でも300対1でもなく、約3000対1という比率を報告した。この結果は、報告対象となる中位の労働者がどこを拠点としているか、この場合はインドネシアの製造工場の従業員だったことに起因していた。インドネシアの工場労働者の賃金が公正かどうかについて標準的な判断基準を持つ読者はほとんどいないので、みんなすぐに興味を失ってしまう。

恥をかかせることで規制するもうひとつの法律、「セイ・オン・ペイ」は、役員報酬の承認について株主に発言権を与えることを目的としている。しかし、不合格になることはまれで、投票には拘束力がなく、票数合計は参加記念品のような位置づけにすぎないので、こういう法律の効果もやはり限定的だ。だからといって、恥をかかせる法律が無意味というわけではない。「セイ・オン・ペイ」法は導入されはじめたばかりだが、すでにいくらか意図した結果が得られている。「セイ・オン・ペイ」法が成立した国では、CEOの給与は平均で約7％減少した一方で、企業の業績は5％向上した。[132] またこういう法律は、企業に驚きを与え、少なくとも社内的にこれまでとは違う考えかたをさせる効果がある。報酬チームは、給与比率データをまとめるときには落ち着かない気分になり、公の場で数字の正当性を説明させられることがないよう願っている。自分たちのオペレーティングシステムが、別の結果を出すようには設計されていないことを知っているからだ。

現在の役員報酬のように、全従業員の給与の透明性がもっと高まれば、企業は報酬体系を迅速に整える必要に迫られるだろう。こういう取り組みを促進するために、「上位5人」の報酬開示の方法を、「下位5人」の従業員にも適用できる。わたしの知るかぎり、現在このデータを自主的に開示している企業はない。読者が共感できるデータを示すために、下位5人はグローバル本社がある国から選ぶべきだ。つまり、CEOがアメリカにいるなら、企業はアメリカを拠点とする下位5人の従業員の職務と勤務地（名前は除く）を開示しなくてはならない。報酬委員会は、下位5人の給与をフルタイムに換算して報告することで、役員や会社の一般的すぎて役に立たない報酬哲学だけでなく、会社全体の給与慣行のプロセス、優先、許可の構造を承認することになる。もし下位5人の給与が毎年変わらなかったり、毎年の昇給プロセスがなかったり、開示のなかで報酬哲学がきちんと説明されていなかったりするなら、委員会の責任を問うことができる。下位5人はほぼ間違いなく、製造工場や小売店など、大人数の職務に就いている人たちだろう。つまり実際上、企業が下位5人の給与を上げる場合、同様の職務に就いている人全員に昇給を適用する包括的なプロセスの一環として行うしかない。多くの人が下位5人と同じ賃金で働いているなら、報告にはその人数を記すべきだろう。

報酬委員会の権限を広げることで、階層のなかでの地位に左右されがちな、誰が昇給に値するかという社内の優先順位争いを避けることができる。下位5人の給与は会社の最低賃金のような役割を果たし、組織全体に昇給の連鎖を起こすだろう。そのついでに、何か問題含みの傾向がないか（きっとある）確かめるために、下位5人の従業員の人口統計学的属性も開示するよう求めよう。

役員報酬と給与の透明化の影響から得られる教訓は明確だ。すなわち、勝てないなら、仲間になればいい。

フランチャイズ戦争

映画『デモリションマン』では、シルヴェスター・スタローン演じる主人公ジョン・スパルタンが、1996年に冷凍保存されて以降、世界がどれほど変わってしまったかを初めて知る場面がある。時は2032年、スパルタンは眠りから覚めて復活している。サンドラ・ブロック演じるレニーナ・ハクスリーに夕食とダンスに誘われたとき、スパルタンは車がタコベルへ向かっていることに気づいて驚く。昔は高級料理やダンスフロアで知られる店ではなかったからだ。ハクスリーはこう応じる。「タコベルが、フランチャイズ戦争に生き残った唯一のレストランだって知らないのね。今では、すべてのレストランがタコベルなのよ」。

この場合のタコベルのように、レストランがひとつしかないとすれば、業界で独占力を振るっていることになるだろう。独占（モノポリー）は、その名がついたボードゲームでおなじみの概念だ。独占力と似た言葉に、買い手独占（モノプソニー）がある。独占力があれば、レストランはひとつしかなくなり、外食の予算はすべてさまざまな種類のタコベルに使われることになる。買い手独占力があれば、雇用主はひとりしかいなくなり、すべての収入はさまざまな種類のタコベルから得られるようになる。言い換えれば、わたしがポーランドで見た状況のようなものだ。

わたしは数年間、タコベルをはじめピザハットやケンタッキーフライドチキン（KFC）などの巨大ブランドを展開するヤム・ブランズの国際的な報酬を管理していた。スターバックスでの職務を辞したあとヤムに入社し、移行期間中にヤムの東欧パートナー、アムレスト（アメリカン・レストランツの略）から電話を受けた。数週間後には、ポーランドのヴロツワフにあるアムレストのオフィスで席に着き、会社の経営陣と協力してレストランの賃金に対するアプローチの改善に努めていた。わたしはヤムの報酬モデルだけでなく、スターバックスのアプローチも理解していたので、理想的なパートナーだった。それが重要だったのは、アムレストがこの地域でヤムとスターバックスの両方に加え、バーガーキングといくつかの小さなブランドもフランチャイズ展開していたからだ。

給与管理に対する提案のひとつは、ブランドに関係なく、すべての給与プログラムを企業レベルで設計するというものだった。各ブランドのさまざまな職種における微妙な差異を統一するという、業界ではよくある考えかただ。たとえば、スターバックスのバリスタと、KFCのレジ係の給与が同じになるかもしれない。そういう方法のほうが管理業務が効率的に行えるし、統一されたアプローチを取ることで、各ブランドが賃金アップを餌に互いの労働者を〝密猟する〟ことを防げる。消費者にとっては、アムレストのレストランブランドはそれぞれが競争相手だ。従業員にとっては、給料はどこも同じでアムレストから支払われる、という考えかただった。

このようなモデルは、ときには業種さえ異なるたくさんのブランドを同時に展開しているコングロマリットによって世界じゅうで使われている。アラブ首長国連邦では、アメリカーナ・グループという会社（名前のつけかたに特徴があることに気づいただろうか）が19の異なるレストランブランドを運営している。アメリカでは、フリン・レストラン・グループが多くのタコベルやファミリーレストランのアップルビーズ、ベーカリーカフェのパネラ・ブレッド、ファストフードチェーンのアービーズなどを運営している。ルクセンブルクの企業JABホールディングは、サンドイッチ・チェーンのプレタ・マンジェからペット病院まで、さまざまなビジネスを展開している。エンジンの製造で知られる三菱は、日本でKFCを長年運営していた。オイル交換のチェーン店や税務サービス、ホテルや空港の売店なども、この方式で運営されている。わたしの気に入っている事例、クウェートのアルシャヤ・グループは、中東、北アフリカ、東欧に90もの異なるブランドを展開する過程で、独自のモールを建設して客を呼び込んでいる。他の業界と同じく、こういうグループの給与プログラムに関する公開情報はほとんどないのだが、わたしの推測では、ブランド間で積極的に競合する給与プログラムを使っている企業はほとんどないだろう。

誤解のないように言っておくと、フランチャイズやライセンシングを展開しているコングロマリットが本質的に公正な給与に反しているというわけではない。近年では多くのフランチャイズブランドが、統一された給与プログラムがなくても、賃金低下の影響を制限することに合意して、明確な〝従業員の密猟禁止〟条項を削除することを決めた（あるいは圧力をかけられて、そうした）。わたしがともに働いたグループでは悪質なものは見たことがないし、多くは公正な給与を支払う責任を真剣にとらえていた。経験から言えば、グループの規模が大きいほど、全体として雇用経験や労働条件を改善する能力と誠実に取り組む意欲が高い。問題は、フランチャイズ加盟店とブランドが別々の存在なので、従業員がブランドの帳簿には記載されないという法体系の分離から始まる。低すぎる賃金や、店長がチップをくすねたり従業員に時間外労働をさせたりするなどの賃金泥棒の話は、今ではブランドではなくフランチャイズ加盟店の問題となっている。

構造自体が公正な賃金の障壁になっている場合、能力や誠意だけでは不充分だ。サービス業で低賃金が続いている原因は典型的な二人三脚問題だけでなく、構造的な市場競争の欠如によって問題がさらに悪化しているからでもある。トマ・フィリポンは『大転換——いかにしてアメリカは自由市場を放棄したか(*The Great Reversal: How America Gave Up on Free Markets*)』で率直にこう述べている。「潜在的な労働者の選択肢がひと握りの雇用者でしかないなら、雇用者は労働者に対して市場支配力を持ち、賃金を低く抑えることができる」[133]。フランチャイズ加盟店は意図的に賃金を低く抑えているわけではないかもしれないが、上げなければならないという圧力もあまり感じていない。

地元の起業家の家族が独立したフランチャイズを経営し、近所の労働者の需要と供給に応じて賃金を設定するという想像図は、多くのブランドにとって正確ではない。マクドナルドが、その店舗とサプライチェーンを通じて、他のどの企業よりも多くの黒人億万長者を生み出したというのは本当のことかもしれない。しかし、この業界にとっては例外的で、新たなマクドナルド億万長者の誕生はもはやまれになるのではないかと思う。大規模なコングロマリットや、未公開株式投資会社の参入も増えつつある。たとえば、バーガーキングやフライドチキン・チェーンのポパイズチキン、ドーナツ・チェーンのティム・ホートンズコーヒーといったブランドを所有するブラジルの3Gキャピタルなどだ。この種の事業は雇用を生み出し、オーナーに大きな富をもたらす。そうなったとき、公正な賃金の支払いに苦労することがあってはいけない。

フランチャイズ戦争が終わって、すべての雇用主がタコベル(映画の国際版の吹き替えに合わせるならピザハット)になっても、労働者はほかに行くところがないので、賃金は上がらない。たぶん、わたしたちはすでにその未来のなかにいるのだろう。意味のある競争がないところでは、市場の上昇は、最低賃金法や団体交渉のような、賃上げへの別の圧力からしか得られない。アメリカを含むいくつかの国では、ブランド企業はいわゆる〝共同雇用に関する法律〟によって、フランチャイズ加盟店に賃金設定をさせることは敬遠せざるをえない。つまり、フランチャイズモデルの代表格であるマクドナルドが、あすからアメリカ国内の全店舗で会社の最低賃金を時給15ドルにしたいと考えても、簡単には実行できない。フランチャイズ契約のもとで運営されているブランドは、フェアペイ・ミックスの影響力を外注することで、給与に関わる責任を分散する方法を学んだ。結果として、業界もだが、従業員はそれ以上に苦しむことになった。

この問題を解決するために、雇用条件や賃金に関する権限を別の場所に委任している国もある。オーストラリアなどで行われているひとつの方法は、セクター別交渉だ。第6章で簡単に説明したとおり、労働条件や最低賃金を、個々の会社ではなく業界全体で交渉し、法制化するというものだ。そのうえで、取り決めは競合する企業すべてに一貫して適用される。アメリカを拠点とするフランチャイズ本部は、このモデルが広く実施されれば業界が急速に滅びてしまうと予測するかもしれないが、そういう報道はひどく誇張されている。わたしがヤムに在籍していたころ、KFCオーストラリアはブランドの輝く道標となっていた。オーストラリアは成長目標を達成し、国内では傑出した経営能力を持つ人材を次々と送り出すことで知られ、KFCとヤム両方のCEOを輩出していた。

いずれは、セクター別交渉モデルや、物価スライド方式の生活に足る最低賃金など、力を分担できる取り決めを、競争上の優位性を高める局面と見なせるようになるだろう。賃金設定の権限がうまく委任できれば、ブランドは従業員の体験にもっと時間を割くことができ、離職率の低減や職務設計の改善、キャリア開発などで生産性を高められる。同時に、こういう努力によって賃金管理のコストを削減し、業界の評判を向上させられるだけでなく、最も重要なのは、フランチャイズの労働者が公正な賃金を得る機会をつくり出せることだ。

プラットフォームの問題

フランチャイズの労働者はフェアペイ・ミックスから部分的に切り離されているのに対して、労働者の5人にひとりは、もっと距離の遠い完全に分離された就労契約で働いている。ここには清掃員や建設作業員などの低賃金労働者だけでなく、独立請負業者や第三者の人材派遣会社に雇用されている人など高賃金労働者も含まれる。アメリカ労働省賃金・労働時間局の元局長デイヴィッド・ワイル教授はこのような状況を、「分裂した職場」と同名の著書のなかで呼んでいる。分裂した職場では、どんな労働者でも郵便仕分け室から重役会議室まで出世できるという考えが、今では単なるノスタルジアになっている。電子メールとインスタントメッセージのテクノロジーによって郵便仕分け室がなくなったからではなく、キャリアのはしごから郵便仕分け室が切り離されたからだ。

医師やフリーランスのウェブデザイナーなど、労働者が独立していることで起業家としての強みを生かせる職業では、分裂した職場がうまく機能することもある。けれども、パフォーマンスの明らかな差がなく、起業の機会や賃金を上げる力もない仕事には、公正な賃金に至るまでに大きな障害がある。

不公正な賃金が生じるリスクは、最初に仕事の契約が交わされて最後に仕事が提供されるまでの、雇用系統の始点と終点で最も高くなる。スターバックスでは、この2点を「最初の10フィート」と「最後の10フィート」と呼んでいる。コーヒーの木を育てている農家と、客にスキニーバニララテを手渡しているバリスタのことだ。この2点は、完全に分離された就労契約で人員が配置されることが最も多い場所でもある。10フィートの原則の背景にあるビジネス哲学は、サプライチェーンの始点と終点をきちんと扱えば、福利厚生の整ったフルタイムの正社員がいる中間部分が自然とうまく運ぶというものだ。最初の10フィートの賃金には、もっと注意を払う必要がある。とりわけ、請負業者が下請け業者を管理し、どちらも会社の報酬専門家による審査から法的に10フィート（一般人にとっては約1万フィート）離れているグローバルな工場であればなおさらだ。最後の10フィートも、特に不公正な給与が生じるリスクが加速、集中している。ここでは、いわゆるギグエコノミーという形で利用されるようになった人たちに焦点を当てよう。

ギグワークは、人々が非正規の補助的な収入を得る後押しをすることによって、市場で重要な役割を果たしている。[134]特に、従来の職務間の格差をならす必要がある場面で有効だ。また、ギグは間接的な目的にも役立っている。イノベーションのための空間を切り開くとともに、労働者にとっては、あまり好きになれない本業の安定性を手放すことなく、プロとして取り組む準備が整う前に異なる職種に挑戦できるからだ。一方、楽しい集まりとしての〝ギグ〟しか知らない人もいる。意に反して知人のバンドやコントを見るはめになった経験は誰にでもあるだろう。ＪＰモルガン・チェースの調査によると、ギグワークに就く人が得ている補助的な収入は、失われた本業の給与所得の73％を補っている。これはギグワークの利便性を示す前向きな指標であるとともに、たいていの人が本業でいかに低い給与しか得ていないかを表してもいる。

雇用者側にも、ギグの実験的な活用によって、年間を通じて正社員に余分なコストをかけることなく需要のピーク時に調整可能な労働力を利用して生産を増やせるという利点がある。しかし、ビジネスの成功や失敗に応じて職務を迅速に拡大・縮小する機会を設けた結果、社会的な妥協が行われ、ギグワークには従来の雇用者の義務と考えられていた長期の保護があまりない。トータルリワードの罠に引き込む餌として、柔軟性という言葉がいかに頻繁に使われているかにはお気づきだろう。

ギグワークをめぐる論争は、こういう仕事が存在すべきかどうかという問題ではない。ギグワークは昔からあったし、これからもなくなりはしない。テクノロジープラットフォームは、利用可能な労働者と利用可能な仕事のマッチングを改善し続け、それによって労働者は自分の労働力を制御する力を持つことができ、従来の雇用システムではうまくいかなくても、さまざまな形の収入の可能性が得られる。ふたつの大きな問題は、ほとんどのプラットフォームが金額の決定権を持っている現状でギグワーカーは自分の労働の価格をどう設定するのか、そして雇用の一形態としてのギグワークの規模にある。ギグワークが標準的な雇用形態になっても、働く人たちがギグプラットフォーム自体を利用できるだけの給与すら受け取れないようなぎりぎりの規模では、自主性は得られても、苦労して勝ち取ってきた安定性や安全保護、福利厚生は失われてしまう。どんな仕事でも基本的な尊厳が守られることを期待するなら、最後の10フィートが自宅の私道にまで迫ってきたとき、新しいテクノロジーに備わった利便性をもっとバランスよく生かせるよう努力しなくてはならない。

こういう損失は、アメリカとヨーロッパの労働団体のネットワークが2016年に発表した「プラットフォーム・ベースの労働に関するフランクフルト・ペーパー」にまとめられている。このグループが強調しているところによれば、ギグプラットフォームは経済の他分野と同じルールに従っておらず、この構造的な力の不均衡があらゆる労働者の立場を悪くしている。フランクフルト・グループの主張のメリットを論じずに、あるいは彼らがプラットフォーム技術に明らかな実用的利点を見出していることを認めずに、旧体制の保護主義者として退けるのは怠慢だろう。この論文は、「情報技術を賢く利用すれば、よい仕事へのアクセスの拡大が大いに期待できる」という楽観的な呼びかけで締めくくられている。その大きな期待を実現するために、グループはプラットフォーム企業に対し、「既存の法律の文面や精神を〝回避する〟ためにテクノロジーを使うのではなく」、自らが生み出してきた力の不均衡に対処するよう求めている。

もしFOWLたちの言うとおり、ギグワークが未来の仕事になるのだとしたら、今進んでいる道は、公正な給与が支払われる未来にはつながらない。企業は労働者に賃金を支払うために利益を上げなくてはならないが、主要なプラットフォームのうち現実的な収益性への道筋を示している企業はほとんどない。確かに、市場シェア獲得のために高成長に投資する副産物として、損失が生じるのも無理はないだろう。ところが、各取引のユニットエコノミクス（特定のユニット、ここでは1取引当たりの採算性）について利用できるデータは、多くのプラットフォームのビジネスモデルが失敗する可能性を示している。プラットフォームの最大手であり、理論的には高成長期を通じてトップを走っているウーバーは、2021年には黒字化すると発表していたが、これまでのところ取引ごとの損失は加速し続けている。テクノロジーは普及しているし、ウーバーはいずれ黒字になるだろうが、やがて株主たちが、最大手のギグプラットフォーム数社以外のあらゆる企業に、持続的な利益を生み出せるタイプの企業への転換を迫る日が来るかもしれない。ウーバーとその同業他社は、生き残りをかけて自らのビジネスモデルを覆し、物流を担う企業や公共交通機関を管理する地方自治体にプラットフォームをライセンス供与するか、あるいは完全な自律走行車の利用に移行するかもしれない。どの場合でも、会社が必要とするギグワーカーの数は大幅に減少するだろう（ゼロになる可能性もある）。そうなれば、コーネル大学教授ルイス・ハイマンが述べたとおり、ギグプラットフォームが成功するのは、よりよい代替物を提供できなかった「サービス経済の廃棄物」[135]としてのみだという説を、ウーバー（とその同業他社）が実現することになるだろう。

かつてFOWLたちにそのかされたギグワーカーたちは、ギグがすでに行き詰まっている世界で、どうやって給料を稼げばいいのか？　自動化があらゆる仕事を変え続けるなかで、プラットフォーム企業がどのように時代に適応していくかとは別に、計画を立てておかなければならない問題だ。ユニバーサル・ベーシック・インカム（UBI）をこの問題に対する答えと考える人が増えているが、第1章で述べたとおり、公正な給与と堅固な雇用創出が可能なシステムを、政治的な人質行為に近い包括的な埋め合わせと安易に引き換えにするべきではないとわたしは思う。ほかの解決策を探るには手遅れかもしれないが、ＵＢＩは家族の介護など無報酬だが必要な仕事やパンデミックなどの緊急事態に対応するのに役立つツールではあるものの、公正な給与を支払う良質な雇用を生み出せるシステムのかわりにはならない。ＵＢＩを持続可能にするには、〝ベーシック〟インカムの上に居座っているものをどうにかする必要がある。

ギグプラットフォームに対して、公正な給与を支払う良質な雇用を生み出すよう法的な圧力をかけることは、充分な考慮に値する。あらゆるギグワークの代表として今後も利用され続けるはずのウーバーは、業界最大手として、ある種の法的措置を課されれば存続が危ぶまれることに気づいている。防波堤として、会社はギグワーカーに時給21ドルの最低賃金を支払うことなど、長年にわたって先手を打つための提案を行ってきたが、その計算をどうやって成り立たせるのかについての詳細はほとんど説明していない。プラットフォームに批判的な人たちは、独自の調査を引用し、一般的なギグワークの賃金はプラットフォーム企業が約束した金額よりはるかに低く、待ち時間や必要な乗り物のメンテナンスを考慮すると純益は最低賃金を下回ることが多いと述べている。

ギグプラットフォームに反対するグループのなかで、独立系レストランのオーナーほど大きな声をあげている人たちはいない。彼らは取引明細をネットで公開して、ただでさえ薄い利ざやがどのくらい宅配プラットフォームに振り分けられているかを訴えるのが常だ。一方でプラットフォームは、取引の反対端からもかすめ取っていることで知られる。宅配ドライバーたちは、基本給からチップを差し引くという悪名高い慣行によって、顧客のチップがプラットフォーム自体の利益補填に使われるのを目の当たりにしてきた。不公正な給与にはびこっていた古き陰謀の復活だ――第４章でウィリアム・Ｒ・スコットが触れたホテル支配人の例を憶えているだろう。世界じゅうで数え切れないほど起こっているギグワーカーのストライキや、家賃が払えず車で寝泊まりしているギグドライバーたちの何ページにもわたる新聞記事を目にしたなら、プラットフォームが法的に今後どうなるかを心配するのも無理はない。

ギグプラットフォーム企業は、法的な闘いが深刻なだけでなく、自ら招いた事態であることを知っている。COVID-19パンデミックとそれに続くアメリカの大量失業のさなかに、ウーバーのCEOダラ・コスロシャヒは、自社のプラットフォームで働くギグワーカーを支援する連邦政府の補助金を求めて、トランプ大統領に丁重な手紙を書いた。つまりウーバーは企業として、健康保険や失業保険への加入や退職金など労働者に不可欠なものを、核となるビジネスモデルに組み入れてこなかったにもかかわらず（プラットフォーム側は、そういう取り組みが法的に禁じられていると主張するだろう）、納税者にギグワーカーを保護してくれるよう直接求めたのだ。実のところ、ウーバーとその同業他社は標準的な雇用保護に反対し続け、パンデミックのない通常の状況では、ギグワーカーが会社の負担でそれらの手当を受ける資格はないと考えるべきだと主張している。誠意ある給与という考えがまだ漠然としているように思えるなら、このシナリオはあるべき姿とは逆だと考えてほしい。コスロシャヒは白旗を掲げて降伏する一方で、特にギグワーカーを完全な従業員として分類することに関し、のちにきびしい譲歩を迫られることがないよう努めていた。大統領への手紙は、労働者の現状について非があることを、業界を代表して認めた画期的な告白にほかならないと考えるべきだろう。

ウーバーの手紙の第3段落には、ギグワーカーが基本的な雇用保護を受けられる新しい種類の通算可能（ポータブル）な福利厚生制度を、2年前に会社が提案していたことが記されている。ギグワーカーは正確には標準的な従業員ではなく、従業員と独立したフリーランサーの中間的な存在で、法律では明確に定義されていない立場だというのだ。数カ月後、コスロシャヒは《ニューヨーク・タイムズ》の意見記事で、これを「第三の道」と呼んだ。[136] ウーバー社CEOは立法者たちに、会社がかつて法律制定を支持していたことを思い出させようとしていた。「誰もが、仕事で怪我をしたとき、病気になったとき、退職するときには、自分自身と愛する人たちを守るための選択肢を持つべき」だからだ。会社は、試験的なプログラムと、ワシントン州の意外な有力者ふたりとのパートナーシップを発表した。地元のサービス従業員国際労働組合の委員長デイヴィッド・ロルフと、ベンチャー投資家のニック・ハノーアーだ。企業の力の不均衡を辛辣に批判してきたハノーアーは、シアトルで早くから最低賃金15ドル運動を熱心に支持していた。しかし残念ながら、2年たっても通算可能(ポータブル)な福利厚生プログラムに公的な進展はほとんど見られない。立法面では、ウーバーをはじめとする大手プラットフォーム企業のグループが、カリフォルニア州だけで少なくとも2億ドルを投じて改革に反対するロビー活動を成功させ、会社のために抗議活動をしたギグワーカーに経費を直接払い戻すことまでしたという。

労働組合から、プラットフォーム・オーナー、プラットフォーム利用者に至るまで、すべての関係者は、現行の法律ではギグワーカーへのケアが不充分であり、こういう労働形態はまだ未来を担うには程遠いことに同意している。プラットフォーム企業に非があるのは明らかで、少なくともウーバーの場合、会社もあっさりとそれを認めている。「もっと対策が必要なことはわかっている」とたまに低姿勢の発言はするものの、約束に対する不誠実さは蔑まれてしかるべきだろう。とはいえプラットフォーム企業は、陥ってしまった苦境のすべてを自らつくり上げたわけではない。プラットフォームのエコシステムにおけるギグワークは法律が未整備のグレーゾーンなので、適切な法律の制定を繰り返し行う必要がある。コスロシャヒはこう述べた。「自分たちの役割を果たす準備はできているが、より大胆な行動を取るためには新しい法律が必要だ」。これは、第4章でジェフ・ベゾスが口にした言葉とあまりにもよく似ている。ベゾスはふたたび賃金を上げる前に、「わたしたちに挑戦してみろ」

と自社より力の弱い企業を挑発した。まるで自社の給与額や従業員の福利厚生になんの権限も持たず、独自の意思で作用しているらしき市場に人質に取られているかのような口ぶりだ。

解決策は、垂直統合された企業に固執して、分裂した職場を完全になくすことではない。そうなれば、ひとつの会社が最初の10フィートから最後の10フィートまでのプロセスを自ら管理することが求められ、また別の力の不均衡を招いてしまう。これでは競争が制限され、イノベーションが阻害され、企業は得意とする仕事に集中できなくなる。柔軟な雇用に伴う利益を得るには、正規の請負業者のためにしっかりとした対策を講じ、他の従業員に社会的な負担をかけないようにする必要がある。ギグプラットフォームに必要なのは、法律上の分類を更新することだけではない。コスロシャヒが直接呼びかけたとおり、潤沢な資金のある基盤も必要だ。

これを「フレキシキュリティー」と呼ぶ人もいる。flexible（柔軟な）とsecurity（保障）を組み合わせた造語だ。この考えは、ウーバーとその同業他社がさまざまな形で提案している通算可能（ポータブル）な福利厚生プランをしのいでいる。実行する方法はたくさんあるが、まずはわたしが報酬専門家の立場から問題をどう解釈しているかをお伝えしよう。プラットフォーム企業のみなさんはこれを案内状と考えて、手持ちの実際のデータでわたしには不明な部分を埋め、ここに示されたギグワーカーの実情を改善するために活用してほしい。

すべての報酬プログラムは設計原則から始まる。[137] 設計については、解決策は柔軟性、比例性、普遍性、革新性、独立性を提供しなくてはならないというコスロシャヒ、ロルフ、ハノーアーの規範に従えばいいだろう。計画の新しいバージョンでは、比例性、集約性、自主性の3つの原則に簡素化された。[138] それぞれの規範を満たすうえでのわたしの提案は、すべてのギグワーカーが自分に合った通算可能（ポータブル）な賦課方式の制度を利用できるようにすることだ。

ギグワーカーは、1週間に複数のプラットフォームで合計8時間以上、または標準的な1日の労働時間を働けば、総収入の最大20％のマッチングファンド〔複数の組織が共同で資金を提供し合う制度〕を通算可能（ポータブル）な口座に拠出できるようにすべきだ。ギグワーカーが給与の最大20％の拠出に協力したなら、プラットフォームも20％拠出しなくてはならない。この基金は年2回権利確定されて、その後はいつでも利用でき、拠出金には大学費用預金プランと同じ税制優遇措置と柔軟性が適用される。プラットフォーム企業は、プランのマッチングファンドに加えて、収益の基本10％を柔軟に利用可能な現金資金（キャッシュファンド）に拠出する必要がある。プラットフォーム企業は、口座に繰延ボーナスを付与することもでき、すると労働者がプランに資金を残す気になるから、企業はファンドへの投資で利益を得て、管理費を相殺できる。アメリカでは健康保険が保証されているとは言いがたいので、平均で週に16時間〔標準で2日〕以上働いたギグワーカーは、会社の毎年の新規加入サイクルに合わせて健康保険に加入できるかどうかが判断され、一般的な従業員と同じ比率で補助を受けられるようにする。最後の点はとても重要だが、複数の理由から、たやすくはないだろう。それはアメリカの医療制度と雇用との結びつきが全体的にどのくらい有効なのかを物語っているが、ここでは触れない。複雑な状況にもかかわらず、プラットフォーム企業が医療へのアクセスについて進歩しているのは立派なことだ。

従来の雇用関係では、従業員ひとり当たりのコストは賃金の約30％増しになる。追加分の費用には雇用税や福利厚生が含まれるが、現在プラットフォーム企業はそのほとんどを支払っていない。わたしの提案はこの雇用関係を反映しているが、労働者が自分の裁量で加入を断る権限を与えている。ギグワーカーは、給料を全額受け取る差し迫った必要がある場合や、福利厚生のある一般的な職務にすでに就いている場合は、ファンドに拠出しなくてもいい。ここで、3つのフルタイムのシナリオで計算した結果を見てみよう。現在のアメリカ連邦最低賃金である時給7ドル25セント、時給15ドル、そ

	決まった比率	シナリオ1	シナリオ2	シナリオ3
A. 基本時給	—	7.25	15.00	23.25
B. 基本福利厚生基金	10%	0.73	1.50	2.33
C. プラットフォームの拠出	20%	1.45	3.00	4.65
現在の年間報酬総額　A		15,080	31,200	48,360
A+B		16,588	34,320	53,196
A+B+C		19,604	40,560	62,868

【表】ギグワーカー向けマッチングファンドの提案（単位：ドル）

してウーバーが2020年にシアトルのドライバーの中央値とした時給23ドル25セントだ。[139]

最低でも、連邦最低賃金に通算可能(ポータブル)ファンドへの10％の基本拠出金を加えると、追加の給付は1時間当たり約75セントとなる。これは、ウーバーが2020年の計画で提案した、週に35時間働くコロラド州の中央値のドライバーが「約1350ドルの福利厚生基金」を積み立てられるという内容とほぼ一致する。[140] このように、わたしのプランはさらに手厚いだけでなく、設計原則も満たしている。労働時間に比例して積み立てられ、複数のプラットフォームの通算可能(ポータブル)な口座に集約され、労働者が自分の裁量で基金を使う自主性も提供される。シナリオ3では、時給23ドル25セント稼ぐフルタイムのドライバーは、追加の給付でひと月当たり約1200ドル受け取ることができる。

多くのギグワーカーはマッチングプランに全面的には加入しないだろうから、プラットフォーム企業の総コストは最大30％の支払いを間違いなく下回るはずだ。予測として、退職金のマッチングプランと同じくらいの加入率が想定できる。年収4万ドル以下の人の40％以上が利用していないので、たくさんの〝自由になるお金〟が残っている。労働者が自分のお金をもっと簡単に利用できるようにすれば、ギグワーカーのマッチングプランはさらにうまくいくだろう。

もしプラットフォーム企業が主張どおり、副収入と柔軟性が得られる職務を提供しているのなら、そしてその柔軟性が本物で、給与を低く抑えるためのトータルリワードの罠ではないのなら、わたしのプランは関係者すべてを正直にさせ、会社の行動をそちらへ進ませる動機になるだろう（ライン・オブ・サイトだ！）。現実では、請負業者がプラットフォーム・ギグワークを主要なフルタイムの収入源として利用しているとすれば、プラットフォームのコストは指数関数的に高くなり、条件は一般的な雇用に近くなるはずだ。

マッチングシステムだけでは、誠意ある給与を中心とするモデルの規範を完全に満たすことはできないだろう。経済のかなりの部分がギグワークに移行しているのに、健康保険が従来の雇用関係に結びつけられたままではなおさらだ。マッチングプランを最大限に活用すれば、不可欠な福利厚生が得られ、誰でも気軽に加入できるような追加給付金として機能する。しかし、これはたやすい仕事ではない。別のモデルも試すべきだろう。ニューヨークのブラック・カー・ファンドはそういうアプローチのひとつで、1回の乗車につき2・5％のコストを不可欠な福利厚生基金に追加している。このモデルは、すべての設計原則、特に自主性の規範を満たすには不充分に思える。利用者の手数料に頼らせるよりも、プラットフォーム自身が時間をかけて直接金銭的な義務の多くを負担することで、ギグワーカーが最も必要とする不況のときに、基金がしっかり役立ってくれるだろう。

プラットフォームベースのギグワーカーの給与を公正にする最善策はまだ決まっていないが、現在のモデルが機能していないという認識の広がりには勇気づけられている。わたしたちの基準は、職務の形態、労働時間、使っているテクノロジーにかかわらず、仕事を充実させるために力を高めていけるような未来の仕事の追求にあるはずだ。「未来の仕事™」は、高めていかなければならない。
そう、発射台(プラットフォーム)のように。

飢えた（というほどでもない）アーティスト

第7章を書き始めたのは、恥ずかしい失敗をしたあとのことだった。ジェンダー・アイデンティティーの視点から公正な給与をよりよく理解するために、作家で人材育成グループ「レディーズ・ゲット・ペイド」の創設者でもあるクレア・ワッサーマンと連絡を取った。ところが困ったことに、音響技術にひどく疎いせいで会話の録音にしくじり、ファイルには自分の声しか残っていなかった。プロの手助けがどうしても必要だったわたしは、ナッシュヴィルを拠点とするミュージシャンで友人のカイル・コックスにメールで相談した。カイルはすぐに、わたしの失敗が広範囲に影響するもので、クレアの音声はまったく保存できていなかったと伝えてきた。カイルはすべてを試したうえに、無料でやってくれるつもりでいた。友人だからというだけでなく、彼の業界では専門技術に報酬が支払われないのはよくあることだったからだ。彼の意向はともかく、わたしはベンモ（アメリカの個人間送金アプリ）で支払いをした。プラットフォームが公正な給与に貢献できるという証拠だ。驚いたカイルとわたしのあいだで、次のようなやりとりが行われた（そう、本章で使うことを想定して、わたしはきちんとした文章でメッセージを書いたのだ）。

カイル：嘘だろ(GTFO)、それこそ90秒しかかかってないよ［GTFOは「感謝！ 完全なる公正な結果」(Gratitude! Totally Fair Outcome）の略ではない］。
わたし：いや、この仕事を90秒で終わらせるには、きみが技能や設備に投資してきたキャリアが必要だったんだよ。きみの専門技術のおかげで、ぼくは何時間も節約できた。

自分を褒めたいわけではない。芸術が人生に喜びをもたらしてくれるというだけでなく、10代を通して音楽をCDに焼いていたこともあって、芸術界には金銭的にも大きな恩義がある。もうCDに焼く人はいないが、アーティストのビジネスモデルは常に、不公正な給与が生まれやすい環境にある。ヴァージニア・ニコルソンは、著書『ボヘミアンのなかで（*Among the Bohemians*）』で、1900年代初期のアーティストについて、「お金のないマイナーなアーティストは、天才と同じように飢えようとする」と述べている。人はみんな、芸術的な仕事をして大金を稼ぐことを期待してはいけない、〝飢えたアーティスト〟でいるのが取り決めの一部だという考えをいつの間にか身につけている。間違いなく社会に価値を与えているグループだが、従来の方法では優先、許可、プロセス、力の構造にアクセスできない仕事に、どうすればフェアペイ・ミックスから得られた教訓を適用できるだろうか？

常套句となったオスカー・ワイルドの言葉に、銀行家が集まれば芸術の話になり、アーティストが集まれば金の話になる、というものがある。この言葉が共感を呼ぶ理由は、常套句を重ねるなら、まさに「時は金なり」だからだろう。仕事が遊びを通して時間で報われるにしろ、支払いを通して金で報われるにしろ、重要なことは同じだ。つまり、誰かを別の誰かと比べたときの相対的な価値が重要になる。銀行家はアーティストの創造性にあふれた時間が欲しいと思い、アーティストは銀行家の創造性にあふれた資金が欲しいと思う。どちらのグループも、自分が公正と見なすもの、つまり自分の可能性を生かすためのより多くの資源を求めている。

銀行家とアーティストの（たくさんあるうちの）ひとつの違いは、アーティストという職業への参入と撤退には障壁がないということだ。もしあなたがひどい投資銀行家で、適性がないせいで失業したり、証券免許を取り消されたりすれば、銀行業を続けることはできない。しかし、どんなにひどいアーティストでも、副業としてなら続けられる。成功した銀行家も、芸術に取り組める。たとえば、ゴールドマン・サックスのCEOであるデイヴィッド・マイケル・ソロモンは、世界じゅうのナイトクラブで別名DJ D-Solとして知られている。反対に、副業として銀行業を始めるアーティストはいない。アーティストに対する公正な給与について話すとき、わたしが話題にしたいのは、ちょっとかじることや副業の段階を抜け出して、献身と技能の両面で最初の境界線を越えた人たちのことだ。自分の技能をフルタイムで追求するだけの力をつけ、それで生計を立てることをめざせる人たちが、確実に公正な給与を受け取れるようにするにはどうすればいいのか？　プロのアーティストと呼べるのはこういう人たちだ。〝DJ債務担保証券〟〔ゴールドマン・サックスは、2007年に販売した債務担保証券に関わる証券詐欺の疑いで民事提訴された〕には、好きにしてもらえばいい。

プロのアーティストに対する公正な給与の問題は、考えている以上に大きい。全米芸術基金によると、アメリカにはネブラスカ州の人口に相当する200万人以上のアーティストがいる。そのうち35%は自営業者だ。[141] 残りの65%のアーティストは、デザイン会社やプロのオーケストラなどの企業に所属していると考えられる。この65%の人たちにとっては、公正な給与のルールは会計士の場合と変わらない。アーティストは、自分の仕事が数字や企業のプロセスに変えられることを考えてうんざりするかもしれないが、残念ながら、デザイナーや作曲家、俳優にも、第6章で紹介したフェアペイ・ミックスとその戦術が適用される。そう、企業のアーティストのみなさん、あなたの作品を数字に置き換え、それを給与調査に含めることは可能なのだ。こういう理由から、少しのあいだ本書の間口を広げて、企業の給与エコシステムに加われない35%の人々に焦点を当ててみよう。

世界的に見て、芸術志向の強い労働力が、アメリカと同じく全体の約1%だと仮定する。世界の総労働人口が30億人だとすれば、世界のアーティストの総人口は約3000万人となる。そして3000万人の35%が自営業者なら、世界で約1000万人が芸術で自活しているということだ。これはアイルランドの人口の2倍に相当するのだから、もはや「ダブルアイリッシュ」は節税戦略ではなく、独立したアーティストの数を表す略語にしたほうがいい。

あらゆる種類の独立したアーティストを含む給与データを見つけるのはむずかしいので、音楽業界から入手できる統計をより広範囲に解釈してみよう。音楽業界では、最も成功した1%のアーティストが、音楽による収益全体の77%を稼いでいる。[142] 収益は所得に直結するわけではないが、入手できるデータからすると、アーティストの給与は企業の給与よりも不公平だと考えられる。芸術界では、戦利品のほとんどは一部の勝者のものになる。おおぜいに安定した給与をという名目は、駆け出しのころは絵空事に過ぎず、多くの新人アーティストはお金以外の何かで仕事の支払いを受け、たいていはメディアで取り上げられるのと引き換えに搾取される。すべてのアーティストには、それぞれの物語がある。デザイナーは「どこにでもあるようなものだから」、ちゃちゃっとロゴをつくってくれと頼まれる。カメラマンは友人の結婚式で、「いいカメラを持っているから」、その日を楽しむかわりに写真を撮るように言われる。昔、友人のマットはメジャーなレコード会社と契約する前に、衣料品大手ギャップの地元の店舗でライブをし、ジーンズで支払いを受けた。これは持続可能な生活ではないが、公平に言えば、デニムによる収入の中央値が生産性に見合っているかを計算したことはない。

芸術界の給与は不公平かもしれないが、だからといってアーティストが食べていくにはケヒンデ・ワイリー〔アフリカ系アメリカ人の肖像画家。バラク・オバマ元大統領の肖像画を描いたことで有名〕並みに名を上げる必要があるというわけではない。ここで定義するプロのアーティストのほとんどは、飢えてはいない。労働統計局の「画家、彫刻家、イラストレーターを含むファインアーティスト」のカテゴリーは、おそらくかなりの割合が企業アーティストだろうが、2018年の賃金中央値を見ると5万ドル弱で、他の業界とほぼ同じだ。[143] アメリカの大都市を拠点とするオーケストラの初任給は6桁に達し、全国の個人所得中央値の2倍以上になる。そしてやはり他の業界と同じく、上位1%のアーティストが、庶民より指数関数的に高い報酬を受け取っている。

けれども企業の役員とは違って、アーティストが自分の給与規定を決められる給与環境で働いていることはめったにない。つまり、最上位にいる人が不公正な給与の犠牲になることもある。テイラー・スウィフトは、アーティストに対する公正な印税支払いを求めて、ストリーミング・プラットフォームのスポティファイを3年間ボイコットした。ジェニファー・ローレンスと女性共演者たちは、(流出したメールによって)男性共演者よりはるかに報酬が低かったことを知った。アメリカの女子サッカーチーム(そう、アスリートはアーティストなのだ)は、男子チームと比較した自分たちの給与に対する怒りをあおり立て、2019年のワールドカップで優勝したときにはスタジアムじゅうに「対等な賃金を!」のチャントを鳴り響かせた。NPR(アメリカ公共ラジオ放送)の番組『プラネット・マネー』では、NBAのレブロン・ジェームズが、キャリア全体では驚くほど低い報酬を受け取っていたという考えを大きく取り上げている。公正な給与と給与設定のプロセスは、その人の取り巻きの数にかかわらず、重要だ。

アーティストの報酬についての経済学者のモデルは、「ボーモルのコスト病」と呼ばれる。歴史的に見て(少なくとも1970年代までは)、給与は生産性に応じて増加してきたが、アーティストは時が経過しても効率よく作品を生み出す能力がそれほど向上していないという考えかただ。ビートルズの曲を演奏するにも、肖像画を描くにも、サッカーチームを守備につけるにも、常に同じ人数と時間が必要になるだろう。一方で、アルバムの制作やイベントチケットの販売につながる管理上のもの、たとえば法的な契約やギャラリーのレンタル料などは、アーティストのコストに占める割合が高くなり、時の経過とともにアーティストの手元に残る分は減っていく。インターネットを通じたアートの流通モデルにおける大きな変化は、顧客がアートにお金を払う意欲を低下させ、このコスト圧力を加速させた。こうして、クリエイターの報酬は少なくなった。アーティストは最初の10フィートの問題を抱えている。

アーティストが自分の報酬についてどう考えているのか（「いつも考えている」という答え以外）を理解するため、わたしはデレク・ウェッブに電話した。ウェッブはバンドやソロ活動で100万枚近くレコードを売り上げたプロのミュージシャンだ。起業家でもあり、ミュージシャンが音楽活動で生計を立てる手助けをするための会社をいくつか創設した。そのうちの1社は、ノイズトレードという初期のインターネットプラットフォームで、アーティストが郵便番号などの顧客データと引き換えに自分の音楽を提供できる場をつくった。会社はその後、ライブイベントの対象となる観客を絞るためにそのデータを利用するもっと大きな企業に買収された。

ウェッブによれば、人々が信頼できると感じ、共感を覚えるアーティストが最大の報酬を得るという。わたしは企業に対して同じことを言ってきた。高い信頼があれば低迷期にも回復力が得られるし、従業員（あるいはファン）に深い信頼感をいだかせる企業は持続的な競争力を生み出せる。信頼は、企業（そして独立したアーティスト）が、周期的な不況やまだ実験段階の小説を発表しているときなど、一時的な不安定期にも耐えられるようにする。ウェッブによれば、アーティストが「ルールその1、偉大であること、ルールその1・5、共感を呼ぶこと」を破りさえしなければ、信頼を築く力を持てるという。ぜんぶでいくつのルールがあるのか、何分の一まであるのかは聞かなかったが。

《ワイアード》誌の共同創設者であるケヴィン・ケリーは、かつて「1000人の真のファン」というエッセイを書き、デレク・ウェッブのようなアーティストたちはそれを慎重に検討した。ケリーによれば、真のファンとは、「あなたがつくったものならなんでも買ってくれるファン」のことだ。あるアーティストに真のファンが1000人いて、それぞれがアーティストの作品に毎年100ドル費やせば、アーティストは6桁の収入を得られる。ウェッブは、自分の真のファンについて、「5%のファンがぼくのキャリアの80%を支えてくれている」と明かした。「真のファン」は、ノイズトレードの背景にある考えかたでもあり、アーティストは将来の売上のためのリードジェネレーター（見込み客の獲得に向けた営業活動を促進するもの）として、自分の音楽をダウンロード用に投稿できる仕組みになっていた。ノイズトレードは、フェアペイ・ミックスを適用したと言ってもいい。アーティストが自分の価格設定、著作権、配信に関する力を持ち、新しい作品やツアーの計画についてファンに伝える許可を得られるようにし、ファンがダウンロードした音楽の対価をアーティストに直接支払うプロセスをつくり、アーティストが自分への支払いを優先してくれる人を見つけられるようにしたからだ。

アーティストの場合、仕事の金銭的な面は比較的きちんと決まっている。グッズやチケットの値段はそれほど変わらない。現在、音楽ストリーミング・プラットフォームはすべてのアーティストにストリームごとに同じ印税を支払っているので、アーティストは量に応じて報酬を得ており、わたしが目にしたなかでは真の能力給に最も近いプランかもしれない。とはいえ、初めからそうだったわけではない。当初プラットフォームは、昔ながらの企業の報酬チームが給与を計算するときと同じように、アーティストの給与計算をアルゴリズムのブラックボックスのなかに隠していた。しかしテイラー・スウィフトのような有力なアーティストの心強い協力を得て、アーティストたちが自分の給与明細をネットで公開し始めると、プラットフォームは透明性を高めて体面を保つ必要から、少なくとも相対的な機会ベースでは、より平等なモデルへ移行した。役員報酬の世界でも、同じ学びがあった。公正な給与は構造的な力をよりどころとし、透明性を通して可能になり、不誠実な対応がある場合には、恥をかかせることで変化を促せる。

しくじったインタビューはさておき、クレア・ワッサーマンに言われたことは、はっきりと憶えている。「[公正な給与の実現に向けた]最善の策は、自分の収入額を公表することです」。デレク・ウェッブも、わたしに似たようなことを言った。「アーティストは自分の収入額を、観客に対しては少なめに言うが、友人に対しては多めに言う傾向がある」。職業を問わず、自分の価値に見合う金額を稼ぐには、稼いでいる金額に価値を感じる必要があり、過小評価されていると感じるなら隠すことなく正直になるべきだ。ありのままを明かすことで、すべての人にとって働きやすい、よりよい未来の仕事が見えてくる。力が公正な給与の構造的な前提条件になっているなら、自分がいくら稼ぎ、いくら稼ぎたいかを公表する機会を見つけよう。重役たちはそうしている。なぜ、あなたはしないのか？

自分で思っている以上に、あなたには力があるかもしれない。

終章　公正な給与の未来

わたしはこの本を、ふたつの極端な状況のなかで書いた。執筆を始めたころ、雇用、株式市場指数、GDP成長率など、経済の健全性を示す一般的な指標はすべて好調だった。特に失業率は記録的な低水準に達し、2007年の大不況後10年以上にわたる着実な低下傾向をさらに進展させていた。成功は、人口統計学的、社会経済学的な面では不均衡だったが、広く共有されていた。本業の成長が豊かな雇用創出につながり、多くの都市や州で最低賃金の引き上げが可決されたことで、わたしが報酬の仕事に就いて初めて、経済成長に伴って意味のある形で底辺層の賃金が上がり始めた。

ところがその数カ月後、世界、とりわけアメリカは世界的なパンデミックに不意をつかれ、それに続いて（そしてそれに関連して）人種平等を求める前例のない抗議が起こった。経済的な痛みが広がったことから、雇用構造の安定性、回復力、平等性を高めるよう、システムの変更が求められた。大企業も支援を表明して、これまで聞かれなかった「社会正義」や「白人優越主義」という言葉を使い、会社の維持には役立ったが多くの人に損をさせてきた社会秩序を解体するために有意義な資金を拠出すると約束した。それなのに……。

光も闇も、報酬とその仕組みの世界に根本的な変化をもたらしはしなかった。実際、運営方法はほとんど変わっていない。これまでと同じスケジュールで同じ給与調査に参加し、同じ方針とプログラムを実施して、必要な人材を誘致し、つなぎ留め、やる気にさせる必要最低限の給与を支払うよう手段を講じている。危機を乗り切るために、企業は一時的な方針の調整と賃上げに加えて、事業活動の一時停止が想定される事態を考慮して一時帰休や一時解雇を計画した。物事はすぐに正常に戻るとわかっていたので、標準的な戦略で充分だと考え、なぜ業界の基本構造は何も変わったように見えないのか、立ち止まって考えることもめったになかった。よく引用される狂気の定義〔「狂気とは、何度も同じ行動を繰り返しながら、違う結果を期待すること」という政治家がよく引用する言葉〕とはなんだったか？

企業人の考えかたは、昔も今もディケンズ流だ。最良の時代もあり、最悪の時代もあったが、その両方を避けられないものとして受け入れてきた。わたしたちの役割は、市場の有名な見えざる手を冷静に監視し続けることで、介入することではないのだ。景気の乱高下やそれに伴う人々の暮らしぶりは、企業が基本的に給与をどう考えるかにほとんど影響を与えない。市場と給与には、限られた結びつきしかないからだ。企業が給与をどのように支払うかは、どの従業員を優先するか、どういうプロセスを構築するか、給与について話せるような機会を許可するか、そして給与を決めるうえで従業員との力の分担をどうするかに左右され続けるだろう。

パンデミックが発生した当初、わたしは同業者のグループと毎週会議を行い、混乱に対する反応や秩序を保つための計画を共有するようになった。この会議には世界最大級の小売企業やｅコマース企業も参加し、誰もが市場情報の生命線として頼りにしている数社のベンダーが進行役を務めていた。

これらの企業を合わせれば、世界の雇用のかなり大きな割合を占めるので、わたしたちの行動は多岐にわたる危機のなかで従業員の暮らしぶりの指標となるはずだった。多くのメンバーとは長年いっしょに仕事をしてきたので、すでにファーストネームで呼び合う仲で、平穏な時期にも同じ会議や討論会に出席していた。それなりの人数が一時的な特別手当を名案だと考え、賛成するようリーダーたちを説得すれば、それが市場の標準となるだろう。病気休暇の方針の範囲拡大が適切だと考える人が複数いれば、すぐに全員が同じ考えを持つようになるだろう。気づくといつもどおり、わたしたちは改革を主張するために、ゆっくりとした二人三脚をしていた。自由市場は機能していたが、それはある程度までだった。このひと月を、次に四半期を、次に1年を乗り切るために必要なものならなんでもよかった。最初から長期的な構造改革について考えていた人はほとんどいなかったが、状況が正常には戻らないことが明らかになるまでに、長くはかからなかった。

業界の一部では以前から予測されていたが、立ち向かうことができずにいた失敗の痕跡が、今では誰の目にも明らかになっていた。最良の時代にも、企業が生み出した新たな職務の多くは、生きていくのがやっとの低賃金で、福利厚生が限られ、経済進出の機会もほとんどない悪い職務だった。最悪の時代には、こういう職務はあっさり使い捨てと見なされた。これまで企業が考える公正な給与、つまり市場が考える公正な給与は、人並みの生活ではなく、お互いの不誠実さを推定したもので定義され、競争力があると考えられる金額を支払うこと、さまざまな度合いで内部バイアスを監視することに限定されていた。給与の仕組みを変え、従来とは異なる形で従業員に投資すべきだという主張は、かつてないほど高まった。

公正な給与には、問題解決に臨むための心構えが必要になる。急いで公正な給与を実現するなら、指標よりも心構えを優先させるべきだ。指標は重要で、同一賃金やリーダーシップの発揮、低賃金労働者への投資など、公正な給与に改善が見られることを示す正確なデータは欠かせない。しかし、指標は高い目標に向かうためのガイドとして用いるのがいちばんいい。グッドハートの法則〔特定の数字を目標にすると、操作の対象になるので信頼できなくなるという法則〕は、給与にも当てはまる。目標になった指標はよい指標ではなくなり、数字を動かすために操作されてしまうだろう。言うまでもないが、操作と公正な給与は両立しない。

公正な給与を高い目標として信じ、誠意ある給与を実践するつもりなら、絡み合った4つの分野に焦点を当てた心構えを持つべきだ。つまり、信頼を築くこと、真の競争を生み出すこと、無防備さを称えること、そして不平等に対する弁解を受け入れないこと。この4つの任務を、新たな実用最小限の報酬哲学と考えてみよう。未来の公正な給与をどう実現していくべきかを、これから説明する。

公正な給与は信頼を築く

ビジネスリーダーが公正な給与を実現するつもりなら、それを求めるあらゆる動きを受け入れなくてはならない。実業界のリーダーのみなさんは、わたしの願いを検討してみてほしい。給与をブラックボックス化する従来の方法では、あなたが生み出した（あるいは無視した）問題を解決することはできない。給与の透明化を実現するには、あなたがシナリオを書き、数年かけて会社を変化させて称賛されるか、従業員や立法者が先頭に立つかのどちらかだが、彼らは厄介な問題の後始末をする義務を感じていないだろう。もし従業員が情報交換をしていないと思っているなら、すでにメッセージのやりとりの面で遅れを取っている。第2章の調査結果では、自分の給与が公正だと信じている従業員は5人にひとりだけだが、会社側は、5人にふたりが自社の給与プログラムを信頼していると考えていることがわかった。言い換えれば、給与管理を担当している者も含めてほとんどの従業員は、あなたのやりかたは失敗だと考えている。彼らが事実を公表したらどうなるだろうか？

ハーバード・ビジネス・スクールのフランシス・フレイ教授は、永続的な信頼を築くには、信憑性、共感、厳格さという3つの構成要素があり、成功するには3つすべてがそろっていなければならないと言う。[144] 給与についての信頼を築くうえでも、「品格、連携、コスト管理」の3つの要素で説明できる似たような道をたどるだろう。品格の高い企業は、多様な人々を代表者として採用することで、信憑性を実現する。うまく連携する企業は、力を持つ者だけでなく、あらゆる方面に耳を傾けることで共感を得られる。そして給与への投資には、厳格な目標設定と、持続のための効率的なコスト管理が必要になる。フレイの三位一体とわたしの三位一体のどちらか、あるいはできれば両方を選ぶにしても、公正な給与に対する立場を決めて従業員との信頼関係を築くうえで、いちばんの問題となるはずのことについて述べておきたい。つまり、法的な影響についてだ。

公正な給与の問題を無視する日々は終わったのだという、この新しい現実を胸に刻んでほしい。この課題を受け入れてリーダーとしての役割を認識しなければ、会社の競争力は低下してしまう。変化を起こさなければ、わずらわしいパッチワークのような現地の法律にビジネスを取り囲まれることになる。法律で定められた賃金平等の時代を迎えようとしている今、すでにいくつの異なる同一賃金の方法論があるか考えてみてほしい。こういう場面が、拠点のあるすべての場所で繰り返されたら、弁護士や報酬の専門家など、収益を生まない管理職員を何人雇う必要があるだろう？　そうするかわりに、最初から正しいことを行い、時間をかけて従業員との信頼関係を築けば、不適切な給与管理が招いた訴訟や広報活動への備えを少なくできる。時とともに積み重なった管理上の負債は、構造的な現実の問題を長く放置しすぎて悪化させた代償だ。会社や業界がきちんと行動してこなかったからといって、従業員が不公正な給与を受け取っていいはずがない。

公正な給与への道を選ぶなら、給与に関わる法律がビジネスの負担を増やすことはほとんどないだろう。そのおかげで給与に関するすべての新しい法律や企業レベルの訴訟を回避できるわけではないが、歓迎すべき改革もいくつかある。給与規定を現代化すれば、同業他社や、旧体制を回避する目的で設立された新規参入企業と対等に競争できるようになるはずだ。たとえば次のようなルールを明確にする法律が、有利に働くだろう。同一賃金の報告、低賃金労働者の安定した賃金上昇を保証するための、連邦最低賃金法の強化をはじめとする力の分担の取り決め、従業員が報復を受けることなく賃金について質問できるよう評価基準を制度化した賃金の透明性、そしてすでに多くの人を失望させている未来の仕事に対処するための雇用区分の現代的な基盤。給与についての新たな法的決定の適用に直接責任を負う人間としてわたしが言えるのは、法律がビジネスの成功とは根本的に相反するという脅しは誇張であり、効果的な法律はビジネスに明快さをもたらして、確かな情報を得たうえでリスクの少ない戦略的な選択をするのに役立つということだ。

ここで、みなさんが受け継いでいく遺産について訴えかけたいと思う。価値観を基盤としたリーダーを自任する人にとって、公正な給与はコンサルタントが〝鬼に金棒〟と呼ぶものであり、文化的な変革を起こすためのものでもある。ダン・プライスは著書『価値ある決断』で、自分の会社グラヴィティ・ペイメンツで最低賃金7万ドルを導入したあとに起こったことを詳しく書いている。[145] 変更直後の数年で、チームの10％が初めての家を購入し、会社の退職基金の拠出額は2倍になり、借金を抱える従業員の3分の1は50％以上返済した。親になる余裕ができただけでなく、休暇制度が柔軟になったおかげもあって、会社ではベビーブームが起こった。グラヴィティ・ペイメンツの従業員は、以前より健康的な食事をするようになり、ジムに行く回数が増え、家族旅行をし、新しい趣味を始めたと報告した。給与を公正にすれば、豊かな人間らしい生活を送れるようになると言っても過言ではないだろう。その人の価値に見合った給与を支払うだけで、ほかにどんな社会問題が解決できるか、あなたのもとで働くためなら熱い炭の上でも歩くような人たちが何を達成できるか、考えてみてほしい。

みごとな演説や、実効性を欠いた公正な給与の誓約書に署名するだけでは足りない。あらゆる労働者は能力の限界まで昇進するという考えを有名にした『ピーターの法則――「階層社会学」が暴く会社に無能があふれる理由』の著者らは、もうひとつのあまり知られていない「ピーターの気休め薬（プラシーボ）」という法則について説明している。プラシーボを使う人は、イメージを実績にすり替えることで、無能を隠して（著者らの考えでは誰でも無能だ）、自信過剰な態度を見せ、たいして役に立ってはいないが「少なくとも害は及ぼしていない」[146]。ここでは、〝まっとうな職務〟をつくるという誓約書に署名することが、そのプラシーボに当たるだろう。正しいことをしたいというジェスチャーには見えるが、薬効は何もない。本当の処方箋は、企業の慣行を検証し、解決に向けて資金を配分することだ。もし会社がすべての人を尊重すると言ったり、大胆にも労働者を不可欠な存在と呼んだりしていながら、公正な給与を払っていない場合や、不公平な給与の監視も修正もしていない場合、それは中立的な立場を取っているのではなく、積極的に害を及ぼしていることになる。企業が正しいことをしたいと言いながら何年も説明責任を果たさないまま〝発展〟しているなら、彼らの信念は共謀に変わっていく。

あなたがビジネスリーダーなら、自社で最も給与の低い人の収入はいくらか、なぜそうなっているのか、従業員全員がきちんとした楽しい生活を送れるようにするにはどんなプロセスと方法論を採用すべきかを常に把握しておく必要がある。意味のある変化を起こすためには、公正な給与を譲れないものとして信頼を築き、チームのメンバーにも同じことをする許可を与えなければならない。もし、あなたが「企業文化は戦略を朝食にして食べてしまう」（経営学者ピーター・ドラッカーの言葉とされ、企業文化は戦略にまさるという意味）という格言を信じているのなら、最低でも従業員が朝食用のテーブルを買って、充分な食べ物を用意し、席に着いて家族と食事を楽しめるようにしてほしい。

公正な給与は競争を生み出す

正式に公正だと認められる給与の額や範囲はない。したがって、わたしは公正な賃金の最低額や最高額を示したり、ネットで見つかるさまざまな生活賃金の計算表のどれかを使うよう勧めたりはしていない。また、最上位と最下位の格差を大幅に縮めたほうがよいと考えてはいるが、役員報酬の上限を決めるべきだとか、一定の値まで下げるべきだとも言っていない。何が公正で何が公正でないかについて、その種の発言はしないように努めてきた。公正な給与とは、何かの達成や解決策ではなく絶えず監視を必要とするうえに、公正な給与への道のりは企業ごとに違って見えるだろうと考えているからだ。

上司が終章を読んで合図を出せば、すぐに公正な給与のスイッチを入れられる企業もあるかもしれない。こういう企業は、報酬哲学を修正し、ブラックボックスをあけ、方針を立て直して、給与調査の神聖視をやめ、給与格差を監視し、公正な給与の基準を満たしていない面に的を絞って投資を行えるだろう。それ以外の企業や業界では、経営モデルをもっと持続可能なものに切り替え、公正な給与を管理する自社の能力を見直し、持続的な変化を加えていくためにシステムのインフラを整えるのに、時間を必要とするだろう。迅速に移行を進めるには、企業は公正な給与の支払いを法令遵守のための行いとしてだけでなく、競争上の義務として扱う必要がある。ただし、給与だけで競争を始めるわけにはいかないだろう。これまで何度も見てきたように、支えとなる事業戦略や人材戦略なしで給与だけを上げても簡単に模倣されてしまい、会社に独自の戦略的価値をもたらすことはないからだ。公正な給与を競争上の強みととらえる会社は、必要な場所の給与を増やすだけでなく、公正な給与の支払いや慣行をすべての行動に織り込んで、競合他社との差別化を図らなくてはならない。

つまり、公正な給与を競争力を高めるための機会と考えるなら、企業はその任務を人事部の下請けに外注してはならないということだ。報酬チームは、一見自由で非効率な点だらけの市場を、こうあってほしいという姿ではなく、あるがままに追跡するしかない。それは、需要と供給、そして優れた才覚を持つ人と彼らの労働力の価格を決められるだけの情報と力を持つ人が相互に補強し合う、絶え間ない変化のスナップショットだ。透明性が高まり、ビジネスリーダーたちが給与の問題に（自身に関わる問題だけでなく）進んで取り組むようになれば、人材獲得競争が促進され、結果として企業は、キャリア開発や、多様な代表者からなる対応の早い組織設計など、雇用のあらゆる分野で鋭敏さを高めるしかなくなる。こうして、将来の従業員はどの会社が自分の可能性を発揮できる場所かを知り、雇用主はビジネス環境の変化に機敏に対応できるようになる。公正な給与を、実用最小限の額を超えるものと考えるなら、給与を支払う側と受け取る側の双方に相互的な競争上の強みが生まれる。

ほとんどの企業が競争力を高める機会として給与を見ていないのは、給与の本当の役割をきちんと理解していないからだ。それは、従業員が現在差し出せる仕事の価値だけでなく、潜在能力まで表すものだ。企業は、前半部分の現在の職務に対して必要最低限の金額を支払うことに力を注ぎすぎて、後半部分の潜在能力に充分な報酬を与えていない。従業員は、もしかすると実現可能な道筋がないことに気づきもしないまま、自分の出世の見込みを自分で管理させられている。こういう状況から、公正さに関して重要なのは、結果の平等ではなく、機会の平等だと一般には考えられている。この考えかたは原理的には正しいが、とりわけ機会を得る機会が公平に与えられていない場面など、現実面では問題がある。

機会の平等を主張することが多いのは誰なのかに注意してほしい。潜在能力を発揮する機会を持つことができたおかげで、給与のゲームですでに勝利している人たちだ。結果の平等は、機会の不平等によってそれが完全ではない場合、無視することはできない。女性が上級職に昇進しない場合や、給与が従業員の生活必需品やさらなる教育に充分な金額を提供していない場合、結果は間違いなく重要になる。あらゆる困難を乗り越えて自分の道を切り開いた人々の逸話を称賛することはできるが、企業のトップに到達した人のほとんどは、開拓精神のおかげでそこにたどり着いたわけではない。意図的に機会への道を増やし、競争を妨げる障壁を調べて取り除けば、結果の平等性を高められる。マーティン・ルーサー・キング・ジュニアの言葉に少しつけ足してみるとこうなる。「人種統合された簡易食堂［機会］で食事できるとしても、ハンバーガー［結果］を買うだけのお金を持っていないなら、なんの得があるだろう?」。

あなたの職場にどのくらい競争の機会があるかを確かめる簡単なテストがある。管理職に就いているなら、自分が昇給を求めたらどうなるか考えてみよう。もし直属の部下が同じことをした場合よりも、了承を得るまでの障壁が少ないと考えられるなら、会社の競争の機会には問題があり、従業員の仕事の価値と潜在能力を制限している可能性がある。こういう問題が生じるのは、フェアペイの「P」が検証されていないせいであることが多い。下位の労働者の「プロセス」のほうが煩雑なのかもしれないし、会社が要求を「優先」しなかったり真剣にとらえなかったりするのかもしれないし、職務要件が不自然なほど高いか排他的であるせいで従業員が昇給や昇進を求める「許可」が得られないのかもしれないし、問題を追及する「力」が足りないのかもしれない。より多くの競争を通じてより多くの機会をつくることで、より公正な給与という結果が得られるだろう。

公正な給与は無防備さを称える

未来の職場は、どんな名称がつけられるにしても、ふたつの特徴を持つことになるだろう。つまり、透明性への期待がしっかり根づいた状態で運営されていること、そして誰にでも機会が得られる制度を通じてすべての従業員の豊かな潜在能力を認識していることだ。成功する企業は、従業員が自分の個性をしっかり仕事に生かせれば、組織が推進力を得て新しい方向をめざせることを理解するだろう。最も貴重な再生可能資源が従業員の能力であることに気づき、キャリアのなかでできることの定義を広げ、行く手をふさぐあらゆる障害を取り除こうとするだろう。可能性の時代に、従業員の進路を阻むような職務を創出する企業は、とうてい生き残れないだろう。

従業員に豊かな可能性を与えるには、まず透明性を保つこと、つまり無防備さを引き受けることが必要になる。ヒューストン大学ソーシャルワーク大学院の研究者ブレネー・ブラウンが述べているとおり、「無防備さは真実のように響き、勇気のように感じられる」。給与の支払いかたは、人の能力をどう評価しているかについてすべてを物語る。そして透明性は、システムに説明責任を問うためのツールを全従業員に与える。会社は透明性を高めていくあいだ、給与について受ける鋭い質問を歓迎しなくてはならない。特に、その質問が会社の弱点をあらわにし、改善の機会になるとすればなおさらだ。

次のふたつの発言に見られる違いを考えてみよう。

「給与を上げてほしいのですが」

「わたしの給与はコミュニケーション・スペシャリストの給与範囲の中間値より14％低いのですが、やっている仕事は会社のレベリングガイドにあるシニア・コミュニケーション・スペシャリストの基準に近いです。次の四半期の給与見直しから、わたしの給与とジョブレベルを修正する計画を立ててもらえますか？」

ふたつめの発言が可能になるのは給与の透明性があるからこそで、鋭い質問には誠意ある具体的な回答が求められる。自分の給与に問題があることを明らかにして、具体的な調整とスケジュールを提案すれば、要求が簡単に却下されることはないだろう。本当の同等集団と比較した自分のパフォーマンス、そして会社のジョブレベリングガイドで説明されている職務への期待をどう見ているかなど、上司に会話の道筋を示せば、昇給の可能性が高まるだろう。正直に言えば、従業員も上司も給与についての気まずく無防備な会話は避けたいと思っているが、管理職は求められたときにうまく対応できるよう準備をしておくべきだ。透明性の高い資源とプロセスを通じて給与に明確な期待値を設ければ、確かに無防備にはなるが、その後は習慣化されて、キャリア開発についての会話に付随するものになる。誰もが望むのはそちらの会話だろう。

ハーバード大学教授のアリソン・ウッド・ブルックスとレスリー・K・ジョンによると、よりよい質問をすることは、力関係の均衡を取る方法として充分に活用されていないという。よい質問は、ふたつの目的を達成することがわかった[147]。情報交換によって学ぶことと、印象操作によって好感を持たれることだ。給与は成果、つまり職務で何を行うかですべてが決まると考えられているが、職務をどのように行うかも同じくらい重要だ。両方の要素が毎年の業績評価に結びついている企業もある。つまり、リーダーの地位に到達するには、仕事だけでなく、人間関係の管理も効率的に行わなくてはならない。残念ながら、ＬＧＢＴＱ＋コミュニティーの83％、黒人労働者の78％、異性愛者の白人男性の45％など多くの人が、〝カヴァーリング〟と呼ばれる方法で、うまく溶け込むために自分のアイデンティティーの一部を隠して仕事上の人間関係を管理している[148]。無防備になることには本質的な力関係が絡んでいるので、自分の個性を充分に仕事に生かせないと感じている周縁部の人々にとって、挑戦することは常に隠すことと同義に感じられるだろう。

もしあなたが力を持つ地位にあり、こういう不均衡を認識しているなら、自分のためだけでなく、力の弱い他の人たちのためにも、給与について質問する習慣をつけよう。サポートスタッフの給与はどのようなプロセスで上がるのか、そして決定権を持っているのは誰か。会社は過小評価グループに対する公正な給与を優先事項にしているか。あなたのチームが給与を最も重視すべき(許可を与えるべき)キャリアの時期はいつか。公正ではないと思われる慣行を変えるために、自分はどんな力を持っているか。公正な給与の勝利を、必ず称賛しよう。ブルックスとジョンはこう言っている。「仕事においても人生においても、個人的な関心と意欲を維持するには、質問のやりとりによって変化を起こす喜びを常に心に留めておく必要がある」。

企業は、給与について無防備になることを自ら選ぶにしても、法律や怒った従業員に強いられるにしても、間違いなく混乱に陥るだろう。どこから始めるかにかかわらず、持続性と一貫性が必要になる。最初の1年はきびしいだろう。むずかしい質問を受け、答えに窮することも多いだろうが、正しいことをしようとする姿勢は認められるだろう。2年めは楽になり、もっと自信を持って質問に答えられるようになるが、公正な給与という考えかたがまだピンと来ない人も多く、反感をあらわにする人(当然だが高給取りの人)もいるだろう。3年めには、誠意ある給与が会社の文化となり、新しい働きかたを受け入れられない人は、自ら会社を去るだろう。彼らの幸運を祈り、先へ進もう。

給与に対して無防備になる方向へ最初の一歩を踏み出すなら、長い道を歩むことになる。あなたの役割は、報復の心配なく給与についての質疑応答ができる適切なエコシステムと場を構築することだ。行動を起こすためのアイデアをいくつか紹介しよう。

・全従業員を対象とした公正な給与のトレーニングプログラムをつくり、管理職や人事部用の上級モジュールも用意する。

・共通のガイドラインの範囲内で、必要に応じて管理職や人事部リーダーに給与を調整する権限を与える。

・給与範囲を公開し、従業員が自分の本当の同等集団と比べてどのくらいの位置にいるのかわかるようにする。

・賃金平等分析の数字だけでなく、賃金格差分析の結果も公表する。

・雇用方針や契約に含まれる時代遅れの（そしてたいていは違法な）給与の秘密保持条項を廃止する。

・社内の後援プログラムに、給与に関わる指導の責任を負わせる。

・ネットワークのセキュリティーホールを発見するためのチームと同じように、プロセスの偏りを根絶するための〝レッドチーム〟を編成する。

・差別や報復を心配する従業員のために、秘密にできる手段を用意する。

・厄介な倹約家の管理職を回避するために、中央での資金プール管理によって積極的に給与調整のための資金を調達する。

行動を起こしてみると、改善の余地がいくつもあることに気づくだろう。

公正な給与とは同一賃金のこと、弁解の余地はない

不平等な賃金が存在することに議論の余地はないが、問題がすべての企業に等しく当てはまるわけではない。多くの企業は同一労働同一賃金の義務を真剣に（完璧にではないが）とらえ、現在では組織上の代表（レプリゼンテーション）性の格差を縮めることに注力している。変革のプロセスの初期段階にある企業や、自分たちが抱えている賃金不平等の問題にまだ気づいていない企業もある。悲しいことに、あまり大っぴらには言わないが、こういう考えに反感をいだいている企業もある。いずれにしても、誰もが最大限に能力を発揮できるようにしたいなら、意図的に経済に組み込まれ、今日までその影響を残している不公正を改めるという困難な仕事に取りかかる必要がある。同一賃金を求めるモラル面での主張は否定しようがないが（そしてもちろん、モラル面の主張だけでも充分なはずだ）、ビジネス面での主張はあまり知られていない。

従業員に公正な給与を支払えば、文字どおり従業員は賢くなる。経済的な不安に悩まされていると、仕事中もそのことが頭から離れず、それに伴う精神的ストレスで機能的IQが13ポイントも低下する。[149]全従業員の尊厳を守る文化を構築している企業では、同等の他の企業よりも株主への利益還元が20%高い。[150]職場で男女を平等に扱っている会社では、イノベーションが6倍増加している。[151]上級管理職に占める女性の割合が50%の企業では、競合他社と比べて自己資本利益率が19%高い。[152]ひとつの企業や個人が平等を達成することで他の企業や個人が犠牲になるのではなく、より競争力の高い基準が設定されてシステム全体が改善されるのだ。

もし女性が男性と同じように経済活動に参加した場合、今後10年間で世界の年間GDPは28兆ドル増加すると考えられる。[153]この数字は、家庭での無報酬の労働についての責任をより公平に分担して、男女両方が生産性の高い仕事に参加する余地をつくることを前提にしている。公正な給与を実現する機会を認識しなければ、アメリカ合衆国もう1個分、あるいはイギリス10個分に相当するほどの成長を逃すことになる。同じマッキンゼーの調査によるもう少し控えめな見積もりでは、各地方の基準を地域別の業績トップを上限にした場合、年間のGDPが12兆ドル増加するとわかった。地理的に言えば、ここ10年の中国経済の規模、あるいはメキシコ10個分の規模にほぼ等しい。この結果を女性の代表者以外にも広げてすべての過小評価グループにも当てはめ、すべての従業員の潜在能力を制限することで生じる隠された明らかな代償について考えてみよう。人材プールを拡大して、すべてのジョブレベルにわたるすべての従業員の代表性(レプリゼンテーション)を高めて、意思決定者の経験と視野を広げれば、ビジネス上のプラス効果は加法的ではなく指数関数的になるだろう。

同一賃金は偶然の産物ではなく、企業が採用基準や雇用方針、昇進慣行、業績管理システムを設計することで達成される。企業は大きな視野で考えるために、雇用のライフサイクルの各段階を見直して、小さなことから始めればいい。問題を簡素化して差し迫った次の課題をまとめ、最も直接的な行動を取ろう。給与を公正にする計画に弾みをつけるには、複雑になりがちな傾向を抑えることが必須だ。最良の企業は、公正な給与に向けた最初のぎこちない小さな一歩から学んだあと、規模を拡大して急速な変化を起こせる簡素なプロセスをつくる。大企業は企業内の給与や代表性(レプリゼンテーション)の格差を計算するためにベンダーを使ったり統計チームを雇ったりする必要があるだろうが、どんな企業でも個々のマネージャーが従業員名簿を見て、それほど苦労もなく改善の機会を見つけることができる。そしてもちろん、自分のチームに確実に公正な給与を支払うのは、人事部ではなくマネージャーの責任だ。

また企業は、改革の途中であっても、自らのインフラを〝ハック〟できる道筋を意図的につくるべきだ。ディズニーの画期的な「コード：ロージー」プログラムを手本にしよう。プログラムでは、本社勤務からテーマパーク勤務まで、会社に所属するすべての女性に、将来会社にとって必要となる希少な技術的スキルを学ぶ機会を提供している。プログラムを修了すると、理論的には一夜にして給与が2倍以上になる職務に就く資格が得られる。多様な人材を獲得するための仕組みの不足や、そのせいでなかなか解消されない賃金格差を嘆くかわりに、ディズニーは独自の仕組みを構築することにしたのだ。この種のプログラムをすべてのビジネス部門につくってもいい。とにかくたくさんのプログラマーが必要とされているからだ。こういうプログラムは、過小評価され、社会経済的に不利な立場にある集団が技能不足という神話から脱却するのに役立つ。企業が自ら創出した粗悪な職務の責任を労働者に負わせてきたという点で、「コード：怠慢（レイジー）」と呼べる神話だ。ほとんどの企業が人材調達、キャリアパス、昇進時の昇給に利用している標準モデルは、代表性（レプリゼンテーション）や給与に必要とされる急速な進歩を促すようにはつくられておらず、社内の低賃金層の労働者すべてを締め出していることも多い。

同一賃金実現の中心となるのは、すべての人には固有の能力と可能性があり、同じ頂点をめざすための多くの道（そして近道）をつくれるという信念だ。同一賃金を、ほかの誰かが解決すべき問題、あるいはチェックボックスに印を入れればすむ問題と考えているかぎり、他人だけでなく、自分の会社や経済全体の可能性まで狭めてしまうことになる。臆している場合ではない。もっと多くを、もっとうまくできるはずだ。

あなたには公正な給与を受け取る資格がある

何が公正で何がふさわしいかについて自分に言い聞かせる物語は、自身の経験と期待から生まれたものであることが多い。たいていは、期待を自分と釣り合わせることに固執するあまり、疲れ切って給与について人と話すのをやめてしまう。昇進や昇給のプレッシャーが加わり、ほんの少し成功するとすぐに始まるネガティブなひとりごとに圧倒されそうになる。〝それだけの仕事をしたのだろうか？　もっと上乗せするように要求すべきだったのか？　もっとよいオフィスにしてもらうべき？　詐欺師であることがばれて、昇給分を返すように命じられ、自分を信頼してくれた経営陣ひとりひとりに謝らなければならなくなるのはいつだろう？〟。祝杯をあげるどころか、心のなかで自分を罰しながら仕事に出かけるのだ。

わたしたちは、もっと大声で、もっと頻繁に、もっと透明性を持って給与を祝福しなくてはならない。なぜ公正な給与が重要なのかについて、よりよい物語を見つければ、自分や他人の価値を疑う罠に陥りそうなとき、踏みとどまるのに役立つ。次の年次業績評価の前に、今年のキャリアに何を求めるかという現在の物語だけでなく、ここにたどり着くまでの過去の物語や、どこをめざしたいのかという未来の物語も共有すべきだ。あとに続く人たちは、わたしたちがどうやって成し遂げたのかを知る必要があるだろう。先を行く人たちは、わたしたちが進み続けられるように道を開く必要があるだろう。

キャリアを重ねるにつれて、時期に応じて給与についての異なる物語が必要になる。子どもが生まれたばかりなら、昇進や昇給の機会が失われるなどの罰を恐れずに、スケジュールの柔軟性を高めるための物語が必要になるかもしれない。中堅の管理職にとっては、不安を抑えて、自分の価値がチームで上げた成果や年末のボーナス以上のものであること、メールチェックから解放された有給休暇を取る資格があることを思い起こせるような物語かもしれない。キャリア後半の生産ライン労働者なら、キャリアを通じて見せてきた忠誠心についてや、退職までのあいだまずまずの給料がもらえるまともな職務を確保して安心したいという物語になるかもしれない。そして経営者だとしたら、前回の製品発売に失敗したせいで資金繰りに困っているのに、家賃が値上がりし、銀行からは毎日電話がかかってきて、誰かの給料を上げることなど思いも寄らないのかもしれない。他者がキャリアを積むうえでの動機や葛藤を完全に把握している人はいない。つまり、誰もが成長し、学び、他者に共感する余地がある。

今こそ、公正という考えかたを復活させる時だ。子どもたちにはフェアプレーが教えられ、法制度の基盤となってはいるが、職場では、公正という言葉は不可解な禁句のような扱いを受け続けている。

労働者が公正な給与を求めて闘うのは今に始まったことではないが、企業が誠意を持って成文化に取り組み始めたのはここ最近のことだ。

では、公正な給与を目にしたとき、どうやって認識すればいいのか？ 1906年、カトリックの司祭であるジョン・オーガスティン・ライアンは、「生活賃金」と呼ばれる論文のなかで、同じ疑問について書いている。ライアンは、特定の結果に期待をかけるむずかしさを語りながらも、監視の目を向け続けること、公正な給与という考えかたを持つことの重要性を強調した。

薄明かりと暗闇を区別することはできるが、そのふたつが混じり合ってひとつになる瞬間を正確に特定することはできない。人工の照明が、しだいに弱まる日光よりも有効になるのがどの時点なのかはわからないが、暗闇が近づいて明らかに不便になる前に照明を利用するのがふつうだろう。

今こそ、給与の支払いかたにもっと光を当て、わたしたち自身と企業をしっかり利用すべき時だ。そのためには、仕事でも私生活でも、自分と他者の権利を守るために絶え間なく行動し、共通の給与問題の解決を見越して協力し、誰にとっても尊厳と誠意が重要であることを認め、そしてもちろん、努力に見合った公正な給与を受け取らなくてはならない。アダム・スミスは、公正な給与が多くの問題の根源にあることを認識して、ごく簡潔にこう述べた。「常に重要なのは、貨幣(かね)を手に入れることなのだとわかる」[154]。

助け合って、もっとたくさんの貨幣を手に入れよう。それが公正というものなのだから。

謝辞

この本の執筆に取り組んだ3年間、わたしはふたつの疑問を振り払えずにいた。「書けるだろうか？」、そして「書くべきだろうか？」。本を出版するのは初めての経験だったし、本業と家庭を両立させたうえで執筆時間を確保するのは容易ではなかった。自分の専門分野の基盤に疑問を唱えることで、なんらかの形でキャリアを危険にさらしてしまうのではないかと絶えず心配していた。けれど、もうひとつの疑問、「もし書かなかったら？」について考えたときのほうが、常にいやな気持ちになった。給与は是正する必要があるし、今こそそれを実行すべき時だと、わたしは心から信じている。さまざまな疑問を整理するのを手伝い、あらゆる章の最初の編集者となってくれた愛すべき妻のキャリーに感謝する。とりとめのないアイデアを実際の編集者に送る気恥ずかしさから、何度も救ってもらった。最愛の娘トーヴァ、いつも励ましてくれて、わたしが疲れすぎておもしろいことを言えないときも許してくれてありがとう。

編集者のレベッカ・ラスキンに感謝する。あなたは才気にあふれ、この本のほぼすべてをよい方向へ導いてくれた。わたしのへたな冗談の多くを削除してくれた大人の判断に感謝したい。もしへたな冗談が残っているとしたら、すべてわたしの責任だ。ハーパー・ビジネスのチームのみなさん、この本の出版を実現させてくれたこと、トーヴァがオフィスで新しい本を探し回るのを許してくれたことにお礼を申し上げる。

エージェントのローリー・アブケマイアー、わたしとこのプロジェクトを信じてくれてありがとう。あなたがいなければ、この本は存在しなかっただろう。あなたの指導、支持、励ましに心から感謝している。

いつも本の山をそばに置いて、手本を示してくれた両親にお礼を言いたい。本を読む人（リーダー）が指導者（リーダー）になり、指導者は本を読むものだと教えてくれた。姉さんたち、いつも応援してくれてありがとう。それに、おそらく長年にわたってしつこくからかってくれたおかげで、わたしは執筆という内面生活に目覚めたのだと思う。

トッド・サタースステンをはじめとするポートランド・ライティング・グループの仲間たちに感謝する。みなさんの後押しのおかげで、書き続けることができた。後押しと言えば、優しい言葉を書き送ってくれたり、途中の原稿を読んだりしてくれた友人たちにありがとう。特に力を尽くしてくれたセーラとクリス・オデル、セーラとカイル・コックス、レイチェルとマット・ハイヤーズに特別の感謝を捧げる。話を聞かせてくれたクレア・ワッサーマンとデレク・ウェッブにもお礼を言いたい。

この本は、《フィナンシャル・タイムズ》とマッキンゼー・アンド・カンパニーによるブラッケン・バウアー賞への応募エッセイとして始まった。このアイデアに可能性を見出してくれた《フィナンシャル・タイムズ》のアンドルー・ヒルとブラッケン・バウアーの審査員に感謝したい。みなさんの評価のおかげで、これを堅苦しい雰囲気のエッセイ以上のものにする自信がついた。

読者のみなさん、わたしを信頼してくれてありがとう。この本によって、給与のブラックボックスをのぞくことができ、あなたと家族の不安が和らいで、いっそうの繁栄がもたらされることを願っている。この本があなたの人生とキャリアにどんな影響を与えたかを、ぜひ聞かせてほしい。

最後に、ナイキのわたしの同僚たち、そしてスターバックスとヤム・ブランズの元同僚たち、仕事を改善する方法だけでなく、よい人間になる方法を教えてくれてありがとう。多くの人たちが、わたし個人にもわたしのキャリアにも大きな投資をしてくれたことに感謝したい。あなたたちの誰かに前もって読んでもらっていたら、きっとこの本はもっとよくなっただろう。報酬業界の同業者のみなさん、わたしたちの誰もが今、この分野を改善する機会を目にしていると思うので、みなさんからの連絡を楽しみにお待ちしている。さあ、仕事を始めよう。

本書へのご感想をぜひお寄せ下さい。

著者／デイヴィッド・バックマスター（David Buckmaster）
グローバル企業の人事部で社員の給与決定に関わってきた給与のエキスパート。「スターバックス」から、ケンタッキーフライドチキン、ピザハット、タコベルなどを傘下に持つ大手ファストフード・レストラン・チェーンの運営会社「ヤム・ブランズ」、さらに「ナイキ」を経て、現在は世界をリードするオープンソースの generative AI 企業「Stability AI」でTotal Rewards 部門の責任者を務める。欧米のみならず、ブラジル、メキシコ、ベトナム、シンガポール、アラブ首長国連邦などで――言い換えれば、資本主義国や社会主義国、君主国など政治体制を問わず給与を設計してきた。2018年、フィナンシャル・タイムズとマッキンゼー・アンド・カンパニーが顕彰するブラッケン・バウアー賞の候補者リストに選抜される。本作が初の著作となる。

訳者／桐谷知未（きりや・ともみ）
翻訳家。東京都出身、南イリノイ大学ジャーナリズム学科卒業。ビル・ブライソン『人体大全――なぜ生まれ、死ぬその日まで無意識に動き続けられるのか』、アダム・ファーガソン『ハイパーインフレの悪夢――ドイツ「国家破綻の歴史」は警告する』（黒輪篤嗣との共訳）、カリ・ニクソン『パンデミックから何を学ぶか――子育て・仕事・コミュニティをめぐる医療人文学』、キャロリン・A・デイ『ヴィクトリア朝 病が変えた美と歴史――肺結核がもたらした美、文学、ファッション』、フィリップ・ボール『人工培養された脳は「誰」なのか――超先端バイオ技術が変える新生命』、ジョセフ・E・スティグリッツ『これから始まる「新しい世界経済」の教科書』など訳書多数。

給料　あなたの価値はまだ上がる

発　行　2023年6月15日

著　者　デイヴィッド・バックマスター
訳　者　桐谷知未

発行者　佐藤隆信
発行所　株式会社新潮社
〒162-8711　東京都新宿区矢来町71
電話　編集部　03-3266-5611
読者係　03-3266-5111
https://www.shinchosha.co.jp

装　幀　新潮社装幀室
組　版　新潮社デジタル編集支援室
印刷所　株式会社光邦
製本所　大口製本印刷株式会社

ISBN978-4-10-507331-2 C0033

北朝鮮　核の資金源
「国連捜査」秘録
古川勝久
厳しい国際包囲網の中で、なぜ北は核とミサイルを開発できるのか。国連制裁の最前線で捜査にあたった男が、世界中に張り巡らされた非合法ネットワークを炙り出す。

AI監獄ウイグル
ジェフリー・ケイン
濱野大道訳
DNA採取、顔と声を記録する「健康検査」、移動・購入履歴ハッキング、密告アプリ――米中テック企業が作った最悪の実験場を告発。成毛眞氏、橘玲氏、驚愕!!

53歳の新人
NHKアナウンサーだった僕の転職
内多勝康
「NHKの顔」を辞めて飛び込んだのは福祉の仕事。未知の医療的ケア児施設で、53歳にして怒られ凹んでも、思い切ってよかったと現在の実感を綴る転職奮闘記。

エクソダス
アメリカ国境の狂気と祈り
村山祐介
米・メキシコの国境に世界中の移民が集まっている。砂漠を越え、密林を彷徨い、なぜ彼らは命を賭けて目指すのか? 私たちが知るべき世界の真実がここにある。

民主主義の死に方
二極化する政治が招く独裁への道
スティーブン・レビツキー
ダニエル・ジブラット
濱野大道訳
司法を抱き込み、メディアを黙らせ、憲法を変える――。「合法的な独裁化」が世界中で静かに進む。米ハーバード大の権威による全米ベストセラー。〈解説・池上彰〉

プーチンの世界
「皇帝」になった工作員
フィオナ・ヒル／クリフォード・G・ガディ
濱野大道／千葉敏生訳
謎多き大統領、ウラジーミル・プーチン。その〝正体〟を米研究機関の第一人者が徹底分析。〝男〟が真に求める「この先の世界」を理解した時、私たちは戦慄する!